一本通系列

企业法律一本通

一 master

孙艳 著

中华工商联合出版社

图书在版编目（CIP）数据

企业法律一本通／孙艳著．—北京：中华工商联
合出版社，2020.10
ISBN 978－7－5158－2838－1

Ⅰ.①企…　Ⅱ.①孙…　Ⅲ.①民营企业－企业法－基
本知识－中国　Ⅳ.①D922.291.91

中国版本图书馆 CIP 数据核字（2020）第 156552 号

企业法律一本通

作　　者：	孙　艳
出 品 人：	李　梁
责任编辑：	胡小英
封面设计：	子　时
版式设计：	北京东方视点数据技术有限公司
责任审读：	李　征
责任印制：	迈致红
出版发行：	中华工商联合出版社有限责任公司
印　　刷：	北京虎彩文化传播有限公司
版　　次：	2020 年 10 月第 1 版
印　　次：	2020 年 10 月第 1 次印刷
开　　本：	710mm×1020mm　1/16
字　　数：	250 千字
印　　张：	20.5
书　　号：	ISBN 978－7－5158－2838－1
定　　价：	68.00 元

服务热线：010－58301130－0（前台）

销售热线：010－58302977（网店部）
　　　　　010－58302166（门店部）　　　　　工商联版图书
　　　　　010－58302837（馆配部、新媒体部）　版权所有　侵权必究
　　　　　010－58302813（团购部）

地址邮编：北京市西城区西环广场 A 座
　　　　　19－20 层，100044　　　　　凡本社图书出现印装质量问
http://www.chgslcbs.cn　　　　　　　题，请与印务部联系。

投稿热线：010－58302907（总编室）　　联系电话：010－58302915

投稿邮箱：1621239583@qq.com

企业从事各种经济活动时，须与他人签订各种协议；发展到一定规模时，企业还须进行重组、集团化、上市融资；在企业发展过程中，还会涉及商标、专利、商业秘密保护等问题；企业终止时，还须清算、注销……

对于企业来说，法律贯穿于企业的一切行为之中。然而，在市场经济中，很多企业由于不懂法、不知法，最终遭受了巨大的损失，这种案例举不胜举。实际上，这些违法行为一旦发生，势必会严重影响企业的发展。随着我国社会主义市场经济体制的不断完善，依法规范经营行为，利用法律实现、维护企业的合法权益，已逐渐成为企业防范、控制、化解法律风险，促进企业健康稳定发展的重要手段。

由于企业的形式不同，其面临的法律风险在很多方面是不一样的，即便是同类企业，由于经营方式、业务范围等不同，其面临的法律风险也是不相同的，而且即使同一企业，其在不同的发展阶段也会面临不同的法律风险。

实际上，法律风险的成因比较复杂，由企业自身原因引起的风险占较大的比重。由于企业的经营比较复杂，很多民营企业的法治建设基础工作比较薄弱，根本没有意识到加强企业法治建设对防范企业经营风险的重要作用，而且其防范法律风险的意识比较薄弱，一些重大的投资决策、重大的经营活动在其前期工作中也缺乏法律工作人员参与，即使有些企业设置了法律事务机构，但也只局限于事后补救，主要以处理企业法律纠纷为主，事前预防的作用没有很好地发挥。

除此之外，很多企业依法经营的意识不够强，或者因为对法律了解不多，就会在不知不觉间违法经营，认为只要为了企业的利益，可以不顾法律约束，或者存在钻法律漏洞的侥幸心理，想打"擦边球"。可想而知，随着市场竞争越来越激烈，社会主义市场经济体制不断完善，民企须处理的法律事务越来越多，如何防范和化解法律风险，避免"法律陷阱"已成为民企面临的重大问题。

对于民企法人来说，必须了解一些基本的法律常识，即"懂法"，只有这样才能增强法律意识，守法用法，以法护身，反之，则"不懂法，害处大，如盲人骑瞎马"。

为了帮助民企法人轻松掌握法律基本常识，规范行为，合法维权，《企业法律一本通》汇集了多种法律常识，通过以案说法、审理结果、法条链接等板块，对我们在经营、人事、贸易、财税、知识产权、合同、纠纷及法律风险防控等方面的法律问题进行全面解读。

本书内容丰富，形式新颖，相信有了它的帮助，定能让民企的法律管理工作由复杂变简单，由烦琐无序变有序。

CONTENTS 目　录 <<

● 第三章

人事法律实务：有人的地方，就需要法律

● 第四章

贸易法律实务：如何保证科学、合理、最大化盈利

● 第五章

财税法律实务：不懂财税等于给罪恶开了一扇大门

● 第六章

企业知识产权的保护与侵权应对

● 第七章

合同法律实务：写下来的，未必就有法律效力

● 第八章

纠纷法律实务：为合法利益保驾护航

● 第九章

企业的法律风险防控

第一章 <<
4W2H
——解读民企法律入门之道

市场经济必须以良好的法治为基础。对于民营企业来说，要想达到利益最大化，必须了解有关企业经营的相关法律，并为此制定规范其行为的相应制度，才能确保企业合法经营，有效避免企业及员工的不规范行为，最终达到规避法律风险的目的。作为民企法人，学习有关法律知识刻不容缓。

第一节 What：民企法律概述

法律不仅是国家统治的工具，也是全体国民意志的一种体现，是由享有立法权的立法机关依照法定程序制定、修改并颁布，并由国家强制力保证实施的规范总称。一般来说，法律包括基本法律和普通法律。其中，基本法律主要包括刑法、刑事诉讼法、民法通则、民事诉讼法、行政诉讼法、行政法、商法、国际法等，而普通法律主要包括商标法、文物保护法等。法律是国家法的重要组成部分，民企有遵守的权利和义务。

对于民企来说，法律贯穿于企业一切行为中，守法不仅是法务的事情，也是全体企业成员的事情。如果民企负责人不懂法律，则有可能会在无意中触犯法律的"红线"，从而受到法律的制裁。为了避免各种纠纷，民企法人必须要对法律有个基本认识。通常来讲，与民营企业息息相关的法律主要包括以下几种：

1. 劳动法

为了保护劳动者的合法权益，国家制定了《中华人民共和国劳动法》（简称《劳动法》）。对于企业来说，掌握《劳动法》，才能建立合法的企业规章制度，并按照法律的相关规定，正确处理与劳动者相关的事务，比如合理安排员工的工作时间和休息休假，这样就能有效减少与劳动者的劳资纠纷，同时还能避免因违反《劳动法》而受到相应的惩罚。

2. 劳动合同法

企业在经营过程中雇佣员工时须签订劳动合同，以保障雇佣双方的合法权益。如果是因签订、履行劳动合同而引发劳动争议的，当事人可以向当地劳动争议调解委员会申请调解。如果调解失败，当事人一方要求仲裁的，应当自劳动争议发生之日起六十日内，向劳动争议仲裁委员会提出书面申请。当然，当事人一方也可以向劳动争议仲裁委员会提出仲裁。如果当事人不服仲裁裁决，可以向人民法院提起诉讼。

3. 公司法

《公司法》有广义和狭义之分，狭义的公司法是指《中华人民共和国公司法》，而广义的公司法是指规定公司的设立、组织、活动、解散以及其他对内对外活动的法律规范的总称。企业须注意的是，在《公司法》中所称的"公司"主要是指在中国境内设立的公司，其组织形式仅限于有限公司和股份有限公司。

4. 民法通则

《中华人民共和国民法通则》是对民事活动中一些共同性问题所做的法律规定，这里的民事活动是指公民或法人以设立、变更、终止民事权利和民事义务为目的的民事行为，比如买卖、借贷等。对于企业来说，了解《民法通则》的法律知识，在进行民事活动时，就能遵守法律的基本原则，并能依法管理好企业，规范自己的行为，避免因不懂法而承担相应的民事责任。

5. 民事诉讼法

与其他诉讼法相比，《民事诉讼法》具有处分原则和调节原则，是民事诉讼的程序法，其调整的对象是民事诉讼关系和民事诉讼活动。由于民事诉讼广泛适用于民事、经济、劳动争议、专利、商标，以及法律规定的其他特殊类型的案件，所以，对于企业来说，精通《民事诉讼法》也是非常有必要的，因为一旦与他人产生民事纠纷，就可以通过法律来保护自己的合法权益。

6. 合同法

在企业经营过程中，难免要与他人进行合作，为了减少纠纷，双方就要签订相应的合同。如果企业精通《合同法》，一旦与合作方发生合同争议，就可以通过《合同法》找到解决合同争议的途径，以此来维护自己的合法权益。

以案说法

因合同发生争议，申请仲裁，遭到对方拒绝；重新签订仲裁协议，怕仲裁偏袒，当事人向人民法院提起诉讼。这种做法对吗？

2013年6月，上海市红海健身房与北京市健身器械公司签订了一份购销合同，合同中的仲裁条款规定："因履行合同发生的争议，由双方协商解决；无法协商解决的，由仲裁机构仲裁。"2015年2月，双方发生了争议，红海健身房便向上海市仲裁委员会递交了仲裁申请书。然而，北京市健身器械公司拒绝答辩。

同年9月，上海市红海健身房与北京市健身器械公司协商后，重新签订了一份仲裁协议，双方约定，将合同争议提交到该健身器械公司所在地的北京市仲裁委员会仲裁。后来，红海健身房担心北京市仲裁委员会偏袒健身器械公司，没有申请仲裁，而是向合同履行地上海市人民法院提起诉讼，并向上海市人民法院说明了两次约定仲裁的情况。法院受理后，向北京市健身器材公司送达了起诉状副本，该器材公司向上海市人民法院提交了答辩状。

审理结果

上海市人民法院经审理认为，双方签订的仲裁条款无效，而双方重新签订的仲裁协议有效。上海市红海健身房起诉后，由于北京市健身器材公司没有提出管辖权异议，故而上海市人民法院有管辖权，所以，人民法院判决北京市健身器材公司败诉。

本案是一个因合同而引发纠纷的案例，在本案中，双方签订的购销合同中的仲裁条款无效，因为《仲裁法》相关的条文规定，仲裁协议应当具有下列内容：（一）请求仲裁的意思表示；（二）仲裁事项；（三）选定的仲裁委员会。由于合同中的仲裁条款没有指明具体的仲裁委员会，属于内容不明确，所以，该仲裁条款无法履行。

双方发生争议后，重新签订的仲裁协议有具体的仲裁委员会，所以是有效的，符合《仲裁法》的相关规定。虽然上海市红海健身房向法院起诉是不正确的，但根据《仲裁法》的相关规定，当事人达成仲裁协议，一方向人民法院起诉未声明有仲裁协议，人民法院受理后，另一方在首次开庭前提交仲裁协议的，人民法院应当驳回起诉，但仲裁协议无效的除外；另一方在首次开庭前未对人民法院受理该案提出异议的，视为放弃仲裁协议，人民法院应当继续审理。由于上海市红海健身房向上海市人民法院起诉时，未声明有仲裁协议，而上海市人民法院受理该案后，北京市健身器材公司又应诉答辩了。所以，可以将其视为上海市人民法院有管辖权，因此，上海市人民法院的审理和判决都是有效的。

法条链接

《中华人民共和国仲裁法》

第十六条 仲裁协议包括合同中订立的仲裁条款和以其他书面方式在纠纷发生前或者纠纷发生后达成的请求仲裁的协议。

仲裁协议应当具有下列内容：

（一）请求仲裁的意思表示；

（二）仲裁事项；

（三）选定的仲裁委员会。

第二十六条 当事人达成仲裁协议，一方向人民法院起诉未声明有仲裁协议，人民法院受理后，另一方在首次开庭前提交仲裁协议的，人民法院应当驳回起诉，但仲裁协议无效的除外；另一方在首次开庭前未对人民法院受理该案提出异议的，视为放弃仲裁协议，人民法院应当继续审理。

第二节　Why：民企法人为什么要懂法律

民企法人在管理企业的过程中，或多或少都会遇到一些法律问题，有时是自己的利益被侵犯，有时则是自己侵犯了他人的合法权益。不管是哪种情况，不懂法律的法人很容易在错误的路上越走越远，而懂法律知识的法人在解决这些问题方面则具有极大的优势。

1. 更好地处理劳动关系

企业在经营过程中，必须招聘数量不等的员工，自用工之日起，企业就与员工建立了劳动关系。如果民企法人懂点法律知识，就能较好地处理劳动关系。新员工入职后，企业通过登记新员工的基本信息对员工有了大致的了解，就能有效地避免因招用了尚未解除劳动合同的员工而承担连带赔偿责任。

对于在职的员工，企业不但能够按约定的合同正确履行自己的义务，还能依法缴纳社会保险，为员工提供相应的福利。如果员工发生工伤，企业也能按照法律的相关规定给予员工相应的赔偿金。当员工离职时，不管是企业提出的，还是员工提出的，企业都能依法与员工解除劳动关系。可以说，作为民企法人，懂点法律知识是非常有必要的。

2. 预防财务漏洞

不管民企是通过何种方式获得的资金，法人都可以将企业资金看做是自己的钱，这意味着法人将担负着重大的财务风险。然而，并非所有企业招来的财务人员都是敬业之人，有些财务人员该做的不做，敷衍了事；有些财务人员过于保守，做事不够开明，总是跟业务对着干；有些财务人员太精明，公私不分，常常将财务工作当人情来做。

如果法人懂点法律知识，就能合理设置职位，而不是为了节省成本，由一个人同时担任出纳和财务，或者主要负责人管理财务，这样不但能有效地预防有人利用财务漏洞徇私舞弊，还能把主要负责人从琐碎的资金来往账目中解放出来。

3. 依法维权

对于民企法人来说，除了要做到自己不违法外，也要预防他人侵犯自己的合法利益。企业法人不但要了解有关知识产权的法律知识，还要建立自己的知识产权保护体系，了解著作权、商标、专利、技术秘密等保护方法。一旦别人侵犯自己的合法权益，企业就能通过法律手段来保护自己。

4. 依法纳税

由于企业的经济性质和经营业务不同，其缴纳的税种和税率也是不一样的。一般来说，从事生产、销售的企业一般都要交纳增值税；从事提供应税劳务的，如广告、餐饮等企业要交纳营业税。

对于企业来说，企业所得税是针对企业利润征收的一种税，主要有核定征收与查账征收两种征收方式。除此之外，企业还要缴纳一些附加税和小税种，比如：印花税、房产税等。其中，城建税和教育费附加是增值税和营业税的附加。由于企业所在地区不同，城建税的税率也会不同。

按照税法的相关规定，企业完成注册登记后，从成立的当月开始，企业就具有了申报纳税税收的责任和义务，很多企业都认为没有收入就无须报税，从而导致未报税或漏报税，给企业带来了一笔不必要的罚款。如果法人懂点法律知识，就能不偷税、漏税，并能按照相关法律规定，在有效期限内申报并依法纳税。更重要的是，企业还能根据法律的相关规定，享受相应的税收优惠，并利用相应的避税方法合理避税。

以案说法

公司未按规定正确核算收入，故意隐瞒申报纳税，这样做是否合法？

上海某海运公司主要从事海上货运业务，注册资本2000万元。2014年度运输收入2400万元，利润总额为173万元。2015年1月，市地税稽查局对该公司进行稽查，发现该公司开具的运输发票内，单独注明的劳务费收入并没有计入运输收入缴纳营业税，而是将其计入其他应付款中。支付船员劳务费时，该公司也是从"其他应付款"科目中转出的。

之后，稽查人员对该公司的发票及记账凭证进行检查，发现该公司2014年1月至2015年发生了这类劳务费147万元。所以，稽查人员通知该公司，应立即补缴营业税，并缴纳相应的罚款，对此决定，该公司不服，并向人民法院提出申诉。

审理结果

人民法院认为，该公司没有将劳务费收入计入运输收入缴纳营业税，不按财务会计制度正确核算收入，将大量劳务费收入计入往来账上，故意隐瞒申报纳税，这种行为属于偷税行为。所以，人民法院最终判决，该公司应补缴营业税4.5万元，并处以所偷税款一倍的罚款。

本案是一个有关企业隐瞒申报纳税的案例。根据《营业税暂行条例》的相关规定，纳税人的营业额为纳税人提供应税劳务而向对方收取的全部价款及价外费用。所以，该公司所收取的劳务费应并入运输收入缴纳营业税。

法条链接

《中华人民共和国税收征收管理法》

第四十条 从事生产、经营的纳税人、扣缴义务人未按照规定的期限缴纳或者解缴税款，纳税担保人未按照规定的期限缴纳所担保的税款，由税务机关责令限期缴纳，逾期仍未缴纳的，经县以上税务局（分局）局长批准，税务机关可以采取下列强制执行措施：

（一）书面通知其开户银行或者其他金融机构从其存款中扣缴税款；

（二）扣押、查封、依法拍卖或者变卖其价值相当于应纳税款的商品、货物或者其他财产，以拍卖或者变卖所得抵缴税款。

税务机关采取强制执行措施时，对前款所列纳税人、扣缴义务人、纳税担保人未缴纳的滞纳金同时强制执行。个人及其所扶养家属维持生活必需的住房和用品，不在强制执行措施的范围之内。

第三节 When：法律贯穿在企业一切行为中

对于民企法人来说，在企业的发展过程中应该思考什么呢？一些企业一夜之间灰飞烟灭，从表面来看，好似是因为某个问题而引起的，实质上是企业整体法律风险已经到了无法控制的临界状态，被一根导火线点燃了，最后彻底爆发。

实际上，很多企业都存在这样的观念，他们认为自己经营得不错，事业蒸蒸日上，不会有任何的风险，即使有风险也不会降临到自己的身上，风险防范是其他企业的事情，与自己的企业无关。显然，这些企业缺乏风险防范意识，不能正确认识企业风险的客观性、潜伏性、复杂性。可以说，企业从成立起，法律就贯穿在其一切行为中，如果稍不注意，就容易受到法律的惩罚。那么，企业的哪些行为容易产生法律风险呢？

1. 创业形式的选择对应不同的承担风险

一般来说，个人创业可选的形式主要有个体工商户、合伙企业、个人独资企业和有限公司四种，由于形式不同，企业须承担的责任也是不相同的。

注册个体工商户虽对资金没有法定要求，其经营收入归个人或家庭所有。发生债务时，如果是个人经营的，以个人财产偿还；如果是家庭经营的，以家庭财产偿还。

对于普通合伙企业，发生债务时，先用合伙企业财产抵偿。在抵偿不足的情况下，由合伙人以其财产承担相应的责任。

一个自然人可以设立个人独资企业，一旦个人独资企业解散，原投资人对其存续期间的债务仍应承担偿还责任，如果债权人在五年内没有向债务人提出偿债请求的，该责任才会消灭。如果是有限公司，发生债务时，则以其资产承担有限责任，股东以其出资额为限对公司承担责任。

在个人创业过程中，很多投资人都把企业当作"私人物品"，认为企业的钱也是自己的。实际上，在企业制度中，这种想法是非常危险的，因为企业是独立的，它已脱离投资人而存在。如果连企业和私人的钱都无法分清，企业一旦发生债务承担连带责任时，创办人极有可能会涉及挪用资金罪等刑事案件。

尤其是在一人企业中，如果股东不能证明企业财产独立于股东自己的财产，应当对企业债务承担连带责任。所以，企业一定要建立一个完善的财务制度，投资人要把企业财产和个人财产分开，才能有效避免法律风险。

此外，如果是合伙，投资者之间一定要签订合伙协议、投资协议，并拟定公司章程。可以说，合伙协议和公司章程是企业的"宪法"依据，也是投资者之间权利义务分配的依据，因为它涉及利润分配和权力的行使等。如果合作一方违反相关规定，守约方就可以根据双方的约定，追究其责任。

另外，企业与投资人也须签订竞业及商业保密协议，大致内容可以是合作期间和合作结束几年内，不能从事同行业和与之相关的行业。这样，企业就能有效预防投资人因个人私心膨胀而导致双方合作关系破裂，同时还能避免因投资人泄露企业商机而给企业造成巨大的损失。当然，竞业协议也可以延伸到企业核心人员和中高管理层，甚至可以在新员工入职时实施。

2. 债权债务管理

如果企业对赊销及其账款的管理和控制不够重视，容易发生呆死账无法收回的现象，不但会给企业造成巨大的经济损失，还有可能会因资金链的断裂而倒闭。所以，为了避免这种情况，企业一定要建立账款回收制度，以及逾期款催收制度。同时，企业还要结合对合同的审查和履行的规范来规避风险。

除此之外，对于重大的项目和合同，企业一定要提前进行资信调查，遇到逾期情况时，企业一定要主动了解对方的经营状况和资产情况，并摸清其资产范围、性质和权属。一旦发生诉讼，企业就可以保全自己，将损失降低到最低。

3. 知识产权保护问题

在经营企业过程中，很多民企对商标、专利等知识产权不够重视，以至于技术泄密和侵权的事件频繁发生。为了避免这种情况，民企法人不但要建立知识产权整体保护策略、方案设计，还要建立企业内部商号、域名、商业秘密保护制度。

除此之外，企业要及时申请商标专利、版权注册、著名商标、驰名商标，还要及时对知识产权进行海关备案、质押登记，一旦发生侵权现象，企业须及时提出异议、复审行政程序。不过，发生纠纷时，企业一定要注意知识产权保护调查取证，并综合运用行政保护与司法保护进行知识产权保护。

4. 劳资关系

关于用工，如果企业不重视劳资关系的处理，就会频繁发生劳资纠纷，这会给企业造成一定的经济损失并影响企业的声誉。并且一旦企业违法，还可能会涉及更多的赔偿金，比如未缴纳社保的，还须补缴社保、赔偿，未签订合同的需补发双倍工资、经济补偿金、经济赔偿金等。

另外，如果企业违法用工，还将受到劳动行政部门的行政处罚。企业在应聘时，一定要对劳动者入职资格进行审查，否则，招用与其他用人单位尚未解除或者终止劳动合同的劳动者，给其他用人单位造成损失的，企业极有可能承担连带赔偿责任。同时，企业要充分发挥培训协议、保密协议和竞业条款的作用，以防劳动者利用培训知识和企业的商业秘密做出不利于企业的行为。

以案说法

公司未与劳动者签订竞业限制条款，也未支付保密费，员工离职后，公司商业秘密被泄露，员工是否要承担违约责任？

2012年3月6日，方晓涵入职甲公司，并与甲公司签订了保密协议，双方约定，方晓涵在职与离职后均须遵守保密协议的约定，否则方晓涵要承担违约责任。2015年4月21日，方晓涵离职，并进入甲公司的竞争对手乙公司。由于方晓涵泄露了甲公司的商业秘密，导致甲公司的业务量急速下降，给甲公司造成了一定的损失。于是，甲公司向人民法院提出申诉，要求方晓涵赔偿甲公司全部损失。

审理结果

人民法院经审理认为，甲公司虽与方晓涵签订了《保密协议》，但没有与其约定竞业限制条款，没有任何证据证明方晓涵泄露过公司商业秘密。所以，对于甲公司提出的诉讼请求，人民法院不予支持。

法条链接

《中华人民共和国劳动合同法》

第二十三条　用人单位与劳动者可以在劳动合同中约定保守用人单位的商业秘密和与知识产权相关的保密事项。

对负有保密义务的劳动者，用人单位可以在劳动合同或者保密协议中与劳动者约定竞业限制条款，并约定在解除或者终止劳动合同后，在竞业限制期限内按月给予劳动者经济补偿。劳动者违反竞业限制约定的，应当按照约定向用人单位支付违约金。

第四节　Who：法律不只是法务的事情

很多法人认为，法律只是法务人员的事情。这个观点是错误的，对于企业来说，无论是董事长、总经理还是部门负责人、普通职工，都要知法、懂法且守法。一切为企业工作的人，其对外一举一动都代表着企业的形象。如果企业员工做出违法的事情，不仅会对其自身造成恶劣的影响，也可能会给其所在的企业带来一定的损失。

1. 企业管理者

任何企业都是靠人来具体运作的，因此，人员的管理就显得尤为重要。那么，企业管理者便是将企业与员工联系起来的一根纽带，可以约束员工的行为。为了保障企业正常运转，所有员工都要依照规章制度来办事，身为企业管理者更应做出榜样，在执行职务时严格遵守法律法规、公司章程等，严于律己，忠于职守。

当然，身为企业管理者，不仅要完善自身，还要充分发挥其管理职能，人员管理是企业工作的核心，只有将管理做到位，企业才能更快更好地发展。然而，企业管理绝非易事，这就要求管理者在不触犯法律的情况下，能带领企业员工走上快速发展的道路。

在金钱的诱惑面前，很多人是无法抵挡的，企业管理者也是一样。通常来讲，企业管理者因为职权犯罪主要有以下几种：职务侵占罪、挪用资金罪、行贿受贿罪、偷税漏税罪、逃避商检罪、非法买卖运输禁止流通物品罪等，这些犯罪行为不但会给企业造成损失，违犯法律者自身也会受到惩罚，会被追究刑事责任，甚至可判死刑。

因此，身为企业管理者，一定要懂法，只有这样，才能有效避免自己职权犯罪，同时，也才能制订出科学合理并合法的决策，保证员工行为规范、合法。

2. 法务人员

法务人员是指在企业、事业单位、政府部门等法人和非法人组织内部专门负责处理法律事务的工作人员。既然是专门负责处理法律事务的人员，就要比其他员工更加懂法，这样才能承担起整个企业的法律事务。

法务不仅要深刻懂法，还要了解整个企业的情况，熟悉每个部门的工作流程，这样才能将法律贯穿于企业生产中的各个环节。法务还要与企业员工们保持良好的协同关系，获得各个部门的理解与配合，细心敏锐地找到问题，并尽全力解决问题，法务不仅是问题的发现者，更是问题的解决者。

预防风险、谨慎处事是法务的工作基调，法务要配合每个部门在低风险的前提下达到最高的工作效率。提醒、警示每一个有触犯法律趋势的人是法务的工作职责，及时发现风险并降低风险，将法律风险扼杀在摇篮中才是法务工作的最终目的。

3. 普通员工

员工是企业的灵魂。一个企业能够正常运作，是广大员工辛勤工作的结果。若说企业是一张硕大的网，那么员工便是编织成网的绳，无论哪根绳出现问题，网都会变得松散。所以，为了自己，更是为了整个企业，员工工作中不能随意出错，要做到知法守法，坚决不做触犯法律的事情。

在市场经济时代，企业独立面对市场，政府职权逐渐减小，法律便成为给企业保驾护航的唯一武器，法律既能保护企业，也对企业做出了一定的要求。首先是产品质量问题，对此国家专门制定了产品质量法、消费者权益保护法、食品卫生法等法律，来控制企业产品的质量，若产品出现损害消费者身体健康等问题时，便由产品生产者负全部责任。

企业管理制度、产品制作流程等虽由管理者制定，但最终的执行任务落实到了员工的身上，因此员工更应了解产品质量不过关的严重后果。还应积极配合法务的工作，当产品出现问题时及时上报，避免产生法律问题。

普通员工在工作中要严于律己，对于企业的财物不应有将其据为己有的念头，不能利用工作之便做违法犯罪的事情。对于企业内部的生产情况、工作流程、计划、客户资料等员工能接触到的企业资料要严格保密，强化保密意识，以免因无心之失造成企业的损失，自身也会受到一定的处分，严重者还会被追究刑事责任。

每一个员工都应热爱自己的工作，尊敬自己的工作，接受企业安排的任何法律教育活动，加强自身的法律意识，为了自己和企业今后的发展而远离违法犯罪的行为。

法律不只是法务的事情，而是企业每个成员的事情，只有当所有人都学习法律、依法办事时，企业才能更好更快地发展。

以案说法

公司员工获取并使用商业秘密该承担什么责任？

小宋系某香水公司的员工，在工作期间无意间获取了公司的一款刚研发成功的香水的配方，擅自委托厂家生产这款香水并进行销售。公司发现后向工商行政管理部门举报，工商局对小宋进行了行政处罚，小宋不服处罚，向人民法院提起行政诉讼，法院驳回小宋的诉讼请求，并判令其赔偿公司10万元损失。

审理结果

法院经审理认为，被告侵犯香水公司商业秘密的事实清楚，并有工商局的行政处罚为凭证，被告小宋的行为已经侵犯了原告的技术秘密，给原告造成了损失，依法应承担相应的侵权责任。故判令小宋赔偿香水公司损失10万元，逾期不履行的，按照《中华人民共和国民事诉讼法》第二百二十九条之规定，加倍支付迟延履行期间的债务利息。

本案是一个典型的因员工泄露企业商业机密而引发纠纷的案例，在本案中，该公司主要经营的就是香水，那么，香水配方就是该公司的商业秘密，小宋作为该公司的员工，擅自生产并销售香水，这种行为属于侵犯该公司所持商业秘密的违法行为，根据相关法律规定，理应赔偿。

法条链接

《中华人民共和国反不正当竞争法》

第十条　经营者不得采用下列手段侵犯商业秘密：

（一）以盗窃、利诱、胁迫或者其他不正当手段获取权利人的商业秘密；

（二）披露、使用或者允许他人使用以前项手段获取的权利人的商业秘密；

（三）违反约定或者违反权利人有关保守商业秘密的要求，披露、使用或者允许他人使用其所掌握的商业秘密。

第三人明知或者应知前款所列违法行为，获取、使用或者披露他人的商业秘密，视为侵犯商业秘密。

本条所称的商业秘密，是指不为公众所知悉、能为权利人带来经济利益、具有实用性并经权利人采取保密措施的技术信息和经营信息。

第二十条　经营者违反本法规定，给被侵害的经营者造成损害的，应当承担损害赔偿责任，被侵害的经营者的损失难以计算的，赔偿额为侵权人在侵权期间因侵权所获得的利润；并应当承担被侵害的经营者因调查该经营者侵害其合法权益的不正当竞争行为所支付的合理费用。

被侵害的经营者的合法权益受到不正当竞争行为损害的，可以向人民法院提起诉讼。

第五节　How：民企法律管理的原则

无论企业大小、境况如何，一个成熟的企业管理者总能充分认识到企业面临的危机，具有强烈的法律风险意识。随着市场经济的不断发展，社会主义法治建设的不断完善，企业所处的内外环境越来越复杂，人们的观念和思维方式也发生了重大的变化。这就意味着企业会面临更多的风险，需要企业管理者树立风险意识，加强防范企业法律风险，才能保障企业在和谐的环境中持续、稳定发展。为了达到这一目标，企业进行法律管理时，必须遵守以下基本原则。

1. 谨慎性原则

谨慎性原则是指在法律管理过程中，法律实务工作人员或者相应的管理者应尽可能全面、细致地收集企业所处的法律环境资料，分析企业经营行为所涉及的法律规范，并全面了解和判断企业的行为及相关主体的行为。

如果企业发生法律问题，在解决过程中要有全局观念，谨慎地提出相应的解决方案。也就是说，从识别法律风险到解决法律风险问题，企业始终都要有一个系统化和全局化的意识，提供一个最优化的解决方案，不能就问题解决问题，把问题孤立开来。同时，企业还要区分风险与收益、现实与长远的关系。

2. 主动性原则

主动性原则是指对于企业的各种行为，法律实务工作人员应该积极主动地从法律风险管理的角度去收集信息，建立日常跟踪机制，并制订应对方案，而不是在企业发生了法律问题后才想办法补救。

在企业法律管理过程中，建立成型的管理机制是最重要的，然后持续改进。由于法律风险会随着国家的立法状况和企业的生产经营管理情况的变化而发生变化，它会伴随企业的整个生命周期，所以，法律管理是一项长期的工作，是动态的运行结构，企业要根据内外部环境的变化，主动调整和优化企业法律管理的应对措施。

3. 标准性原则

标准性原则是指在企业各种行为中，法律实务工作人员应该对其进行分类归纳，并从法律的角度，帮助企业建立不同的操作程序，理顺授权手续，进行统一的制度设计。同时，还要根据法律风险的状况，比较成本和费用，在合法经营的原则下，正确选择应对法律风险的方式，比如承担、控制、转移和规避等方式。

对于企业来说，来自法律方面的风险有很多，为了更好地管理企业，控制法律风险，必须做好法律管理，并将其落实到企业每个具体活动中。有效地将具体的法律规范与企业的具体行为相结合，并建立标准化的管理规范和工作流程十分重要。在一定程度上，它能有效地避免企业付出较高的法律培训成本和产生难以控制的实施效果。

4. 合法性原则

合法性原则是指法律管理要与企业实际经营情况紧密结合，具有本行业、本企业的鲜明特点。由于行业不同，企业不同，其制度流程设计和风险防范方式也会有所差异，企业可以根据自己的实际情况选择。

一般来说，法律实务工作人员提出的方案和建议，都是在法律规范要求的基础上，把具体的法律条文进行分解，并将其转化为企业的具体管理制度和流程，以确保企业的运营是建立在合法的基础上。

以案说法

公司认为员工违反了公司的规定，欲对其进行处罚，
而员工提出了离职申请，公司还须支付相应的赔偿金吗？

2014年3月，沈晓兰进入广东某计算机公司工作，并与该公司签订了3年期限的劳动合同。2015年6月27日，该公司发现，沈晓兰利用工作之便经常在工作期间散布诽谤言论，还违反了保密规定，即私自录音。为此，该公司找到沈晓兰，告知其违反了公司规定，将对其行为进行严肃处理。

沈晓兰担心受到公司处罚，便向该公司提出辞职。2015年7月2日，沈晓兰填写完《离职结算单》，该公司向沈晓兰开具了退工单。该公司结算沈晓兰6月份工资时，沈晓兰拒绝交出保密资料，而双方在6月份出勤天数及工资标准上也发生了争议。于是，沈晓兰以公司单方面解除劳动合同为由，提出劳动仲裁，并在仲裁阶段将保密资料归还公司。

同年7月底，仲裁机关裁决，该公司应向沈晓兰支付经济补偿金5000元、替代期2500元，以及6月份工资等。该公司认为沈晓兰散布诽谤言论且违反公司规定私自录音，最后自行离职，不应支付赔偿金等，便向人民法院提出申诉。

审理结果

人民法院经审理认为，该公司提交的《离职结算单》未注明具体的离职原因，无法证明沈晓兰是自行离职的，在这种情况下，该公司向沈晓兰开具了退工单，可以确认该公司是单方面与沈晓兰解决劳动合同。根据《劳动法》相关规定，用人单位提出解除劳动合同，未提前30日通知的，应支付替代期工资及经济补偿金。所以，人民法院判决，该公司应支付沈

晓兰解除劳动合同的济补偿金5000元、替代期工资2500元、2015年6月份工资1020元及25%的经济补偿金255元，仲裁费300元由公司承担250元，沈晓兰承担50元，而案件受理费由公司承担。

本案是一个因公司认为员工严重违反公司规章制度而解除劳动关系引发纠纷的案例。根据《劳动法》的相关规定，严重违反劳动纪律或者用人单位规章制度的，用人单位可以解除劳动关系。不难看出，公司的规章制度是否合法，员工的哪些行为属于严重违反公司规章制度的行为，这些都是公司根据规章制度规范员工的前提条件。

根据《劳动合同法》和最高法院的司法解释，公司制定规章制度时，内容要合法，要经过民主的制定程序，并向员工公示。如果公司制定的规章制度不符合这些法定条件，则不能作为法院审理案件时的裁判依据，而且规章制度规定的可以解雇员工的情形也必须合法合理。所以，衡量一个员工是否严重违纪，公司不仅要看员工的行为是否符合公司制度规定的范畴，还要考虑员工实施这种行为是否恶意。

在本案中，该公司认为沈晓兰违反公司规章制度，解除了与其的劳动关系，根据《最高人民法院关于审理劳动争议案件适用法律若干问题的解释》的相关规定，该公司无法提供沈晓兰是否主动辞职的证据，所以，该公司理应承担举证不能的责任。由此可以看出，公司与严重违纪的员工解除劳动关系的程序是非常严格的，如果员工主动辞职，公司一定要保留书面的辞职证明。否则，公司将承担诉讼赔偿的风险。

法条链接

《最高人民法院关于审理劳动争议案件适用法律若干问题的解释（一）》

第十三条 因用人单位做出的开除、除名、辞退、解除劳动合同、减少劳动报酬、计算劳动者工作年限等决定而发生的劳动争议，用人单位负举证责任。

第六节　How much：民企法律管理的目标

改革开放以来，我国私人投资办企业的积极性空前高涨，民营经济得以长足发展。伴随着民营经济的快速发展，各种各样的问题也逐渐暴露了出来。一些中小企业的水平参差不齐，管理制度不够完善，法律意识比较薄弱，导致违法犯罪的现象时常发生，这不仅对企业本身造成了不好的影响，严重时甚至会阻碍社会发展。

为避免违法犯罪现象，企业法人就要牢牢将法律握在手中，记在心里，以管理学的视野，将法律作为一种管理资源，将法律这项技能融入企业管理的每一个细节中，帮助企业在法律允许的范围内以最小的成本赚得最大的利润。要想实现企业快速发展，在法律方面应达到以下目标。

1. 企业运作有章法

企业的各项行为都有章可循、有法可依，这是一个企业健康发展的基础，同时也是企业法律管理的首要任务。在实际经营中，企业可能会存在各种各样的漏洞，比如主要负责人监管财务，导致企业出现大量的资金亏空、公司处理员工问题简单粗暴导致劳资纠纷等。如果企业有良好的法律管理，可以制订合法的管理制度，明确不同岗位的权利和义务，各司其职，有效预防漏洞产生。

为了达到这一目的，企业在进行法律管理时，一定要将此目标融入其中，并可将其作为相关人员法律管理的考核标准和依据。

2. 合理避税

合理避税一直是每个企业都要面对的问题，企业与其偷税、漏税，不如科学筹划，将企业的税收负担降低到最低。要实现这一目的，企业可以通过加强法律管理，选择合适的人员做避税筹划，而这些人员必须精通相关的税法知识，从而做出合法有效的避税筹划决策。

实际上，合理避税与偷税漏税不同，它是合法的，是有效帮助企业发展的重要手段，企业通过合理避税不但可以依法纳税，还可以大量减少税款。

然而，对于企业来说，合理避税是一个庞大的知识体系，单靠懂点法律常识就想达到完美避税的目的是不可能的，甚至稍有疏漏就有可能变成偷税漏税，受到法律的严惩。因此，企业必须加强法律管理才能合理避税，降低企业的税收负担，从而达到利益最大化的目的。

3. 提升从普通员工到企业管理者的法律素养

在当今的很多民营企业中，企业管理者和员工的法律修养都有待提升。因为法律意识比较薄弱，无论是企业管理者，还是普通员工，都有可能因此而发生违法、违规的情况，更有可能在利益诱惑面前动摇。企业法律管理的目标之一就是解决这个问题，通过法律管理，提升从普通员工到企业管理者的法律素养，加强他们的法律意识，让他们在知法守法的前提下积极主动地工作，远离法律这根高压线。

以案说法

是集资诈骗，还是非法吸存？

犯罪嫌疑人朱某系北京某贸易有限公司经理。2014年1月至4月间，朱某未经有关单位批准，借北京某贸易有限公司的名义以高额回报为诱饵，举行某营销活动，宣称筹款用于西部开发。

在这次营销活动中，朱某宣称如果有人一次投资2000元加200元手续费，20天后返还2480元；一次投资3000元加300元手续费，20天后返还3820元，同时投资人还可以凭收据领一份价值100元左右的日用品。

在利润回报的诱惑下，几千人参与其中。通过非法募集资金，朱某总共非法占有人民币1200万元。公安机关经过大力追查，冻结了朱某用其本人及家人名义存储的所有存单，追回了朱某个人借出的款项，但至今仍有近100万元人民币无法返还。

审理结果

人民法院经审理认为，朱某的行为构成了集资诈骗罪，未经有关单位批准便以公司名义筹款，还宣称用于西部开发，但并未实际行动，因此是对投资者的欺骗行为，事后还将筹款存于个人及家人名下且外借，说明其主观上就是要非法占有这批筹款。故法院根据我国《刑法》第一百九十二条判处朱某15年有期徒刑并没收其全部财产。

本案的焦点是在朱某的行为属于集资诈骗还是非法吸收公众存款上。一般来说，集资诈骗是指以集资为名而进行诈骗，而非法吸存是指不应或不能吸收存款而吸收。这样看来，如果行为人采用的是虚构事实或隐瞒真相等方法，那么，他就构成了集资诈骗罪，而非法吸存不是以行为人是否使用了诈骗方法判断其犯罪的。因此朱某的行为属于集资诈骗，法院判决合理。

法条链接

《最高人民法院关于审理诈骗案件具体应用法律的若干问题的解释》

第三条 根据《决定》第八条规定，以非法占有为目的，使用诈骗方法非法集资的，构成集资诈骗罪。

"诈骗方法"是指行为人采取虚构集资用途，以虚假的证明文件和高回报率为诱饵，骗取集资款的手段。

《中华人民共和国刑法》

第一百九十二条　以非法占有为目的，使用诈骗方法非法集资，数额较大的，处五年以下有期徒刑或者拘役，并处二万元以上二十万元以下罚金；数额巨大或者有其他严重情节的，处五年以上十年以下有期徒刑，并处五万元以上五十万元以下罚金；数额特别巨大或者有其他特别严重情节的，处十年以上有期徒刑或者无期徒刑，并处五万元以上五十万元以下罚金或者没收财产。

第二章 <<

经营法律实务：
企业的一切行为无不在
法律之中

从成立到内部治理，再到并购、破产，法律贯穿在一个企业的经营全周期的一切行为中。对于企业经营来讲，如果不知法、不懂法，就等于随时都将企业置于风险和漏洞之中。了解并运用法律，是保障企业正常、健康发展的前提，也只有如此，才能保证企业的一切行为有法可依、有据可循。

第一节　企业设立、注册的法律说明

设立、注册，这是一个企业整个生命周期的初始阶段。这个阶段同样需要企业掌握和遵循相关的法律法规，只有如此，才能保证企业的合法性质。

（一）企业设立的法律说明

企业的设立作为企业运行的最初环节，对于企业今后的存续和发展有着深远的意义，但企业的股东往往在设立企业时对相关法律风险的防范意识不强，从而为企业后来的运营陷入纠纷埋下"祸根"。因此，处理好企业设立的相关法律问题，对于维护股东利益、防范企业未来可能发生的风险至关重要。

1. 企业设立时股东之间签署的协议问题

其实法律并没有要求企业股东之间签署任何协议，只是在实践中，公司章程作为设立企业时的必备法律文件，主要是用来规范企业运作的，对于股东之间权利义务涉及的较少，一旦股东之间发生纠纷，就会陷入因没有合同或者协议而难以解决的境地，所以企业股东如为两人以上，最好在设立企业时签订《投资设立公司协议》或《合作协议》。

2. 企业设立出资的相关法律问题

企业股东在设立企业时，公司章程确定的注册资本数额无须一次缴足，只要首期出资达到法律规定的一定比例即可。如果企业股东出资不实或抽逃出资，如已对企业债权人的利益构成实际损害，则要依法承担刑事责任或者行政处罚责任，根据《公司法》的相关规定，承担出资义务的股东应对公司债权人应承担赔偿责任。

以案说法

股东出资不实，公司其他的股东是否可以通过诉讼维护自己的权利？

原告A公司系某电子产品有限公司，于2012年6月29日依法成立，其经公司章程记载和工商管理部门核准登记的股东为原告机关工会和被告B公司。其中，机关工会登记的出资额为人民币现金500万元，持股比例为75%，被告B公司登记的出资额为人民币现金200万元，持股比例为25%。

经查，被告B公司对原告A公司应缴的200万元出资至今尚未到位，原告A公司在设立验资时，该200万元出资系由原告机关工会向他人借资后以被告B公司的名义缴存入账。原告A公司和机关工会因与被告B公司就该笔瑕疵出资发生争议，遂向法院提起诉讼。

审理结果

法院经审理认为，被告B公司没有向原告A公司及时出资，导致A公司无法正常进行商业活动，依照《中华人民共和国公司法》第四条、第二十八条第一款、第三十五条之规定，判决如下：一、确认被告B公司对原告A公司应当认缴的注册资本200万元，尚未出资到位；二、被告B公司在其出资义务尚未实际履行完毕前，对原告A公司不享有资产收益权；三、驳回原告A公司和机关工会的其他诉讼请求。本案受理费15010元，由被告B公司负担。

本案是一个因出资不实而引发纠纷的案例，在本案中，为了合资成立公司，原告A公司做了很多前期准备工作，其中，支出相应的费用就是一个客观存在的事实。双方签署协议后，被告B公司一直没有履行出资义务，导致原告A公司丧失了商业机会，这也是客观存在的事实。由于可得利益的损失计算没有相关依据，法院酌定被告B公司因违约而赔偿原告A公司人民币30万元，并解除了双方签署的《合资合作协议》。

法条链接

《中华人民共和国公司法》

第三十一条 有限责任公司成立后，应当向股东签发出资证明书。出资证明书应当载明下列事项：（一）公司名称；（二）公司成立日期；（三）公司注册资本；（四）股东的姓名或者名称、缴纳的出资额和出资日期；（五）出资证明书的编号和核发日期。出资证明书由公司盖章。

第三十二条 有限责任公司应当置备股东名册，记载下列事项：（一）股东的姓名或者名称及住所；（二）股东的出资额；（三）出资证明书编号。

（二）公司注册的法律说明

公司注册是为了取得独立的民事法律主体资格，注册时须办理一系列的手续，简单点说就是要经相关机关核准登记。公司注册的具体步骤比较复杂，因此在很多细节问题上都要注意严格按照法律的规章制度办事。

1. 公司名称

公司注册的第一步便是确定公司名称，在进行公司名称核准时要事先提交多个公司名称进行查名。这里拿上海注册公司查名的规则进行说明，同行业中，公司名称不能同名也不能同音，多个字号的，须拆开来查名。

2. 公司注册地址

企业注册地址必须是商用的办公地址，须提供房产证复印件。若是租房则要提供租房合同，且一般要求必须用工商局的统一制式租房协议，并让房东提供房产证复印件及房东本人身份证复印件。

3. 公司章程

企业注册时还要向工商管理部门提供公司章程，章程中应确定公司名称、经营范围、股东及出资比例，以及股东、董事等的权利与义务等。

当然，除了上述三点，企业注册还要注意其他很多问题，例如刻私章公章、申请企业营业执照、办理税务登记证书等。总之，在企业注册的过程中要处处留心，远离法律这条高压线，否则不但企业注册不成功，而且注册的相关人员还会受到法律的制裁。

以案说法

新开业登记注册的公司名称能否用刚被撤销的公司名称？

2013年1月19日，××市工商局核准了该市蓝天科技有限公司的注册登记，并发放了《企业法人营业执照》。同年9月，工商局发现蓝天科技有限公司登记注册时提交的材料为虚假材料，遂撤销了该公司的登记注册。

2014年3月，原蓝天科技有限公司的某股东与他人又申请登记注册成立新公司，名称依然为蓝天科技有限公司，工商局内部人员意见产生分歧，一部分认为不可用原来公司的名称，而一部分则认为可以。

审理结果

本案的重点在于2013年9月被撤销登记注册的蓝天科技有限公司是否具备法人资格。如果该公司具备法人资格，则按照《企业名称登记管理实施办法》中相关规定，不可使用原来公司名称。如果该公司不具备法人资格，则不影响其名称使用。据此，工商局向相关律师请教，经过探讨与协商，最终认为被撤销开业登记的公司自始至终无法人资格，因此新开业的公司可以用已被撤销开业登记的公司名称。

法条链接

《企业名称登记管理实施办法》

第十八条 登记主管机关应当在收到企业提交的预先单独申请企业名称登记注册的全部材料之日起，十日内作出核准或者驳回的决定。

第三十一条 企业名称有下列情形之一的，不予核准：

（一）与同一工商行政管理机关核准或者登记注册的同行业企业名称字号相同，有投资关系的除外；

（二）与同一工商行政管理机关核准或者登记注册符合本办法第十八条的企业名称字号相同，有投资关系的除外；

（三）与其他企业变更名称未满一年的原名称相同；

（四）与注销登记或者被吊销营业执照未满三年的企业名称相同；

（五）其他违反法律、行政法规的。

第二节 企业内外部治理的法律事务

内外部治理已经成为市场竞争环境下企业必须面对的核心问题，内部良好的企业治理结构是提高企业经营管理效率的基本要素，内部治理合理有序才能保证企业发挥股东（大）会和监事会之间的彼此制约作用。外部的市场监督和法制保障是企业外部治理的两种情形，其中法制保障是企业内外部治理不可缺少的环节，良好的司法运营体系和健全的法制能为企业提供公平的竞争环境，对企业的经济发展起着至关重要的作用。

（一）企业内部治理的法律事务

企业内部法律事务管理是指企业通过一系列的制度、程序和方法对企业运营中遇到的法律风险进行有效地防控和监督的动态管理机制。其实，企业的内部治理最主要的作用一方面是要明确股东、董事等的权利与义务，避免因权责划分而出现问题，另一方面便是建立与完善各种管理机制。

1. 股东大会和董事会的权责划分

明确区分股东大会和董事会的职权，如果职权规定发生混乱，便会出现不必要的纠纷，会对企业造成不好的影响。具体来讲，企业可以将股东大会的职权缩减为审议利润分配方案、增减资、合并、分立、终止、修改章程等方面，然后将具体的经营管理职权交给董事会。将股东大会和董事会的权力明确界定，有利于管理者们在实践中更好地履行自己的职权。

2. 建立和完善管理机制

首先是监事会设立。监事会的主要职能是监督董事、经理等管理人员及检查企业业务、财务状况。此外，还应设立激励与约束机制，以此激发管理人员与普通职工的工作积极性并约束他们的行为。若条件允许，还应设立流动机制、效率与公平机制等。

在企业内部的治理问题中，还有一点要注意，那就是避免专权现象。当一个人的权力过大，其感情用事决断错误的时候便会给企业带来不可估量的损失。企业的管理者们要建立起企业的文化体系，增强企业凝聚力，以便于管理。

3. 建立各项规章制度

对于企业来说，从成立开始就应该根据国家的相关法律规定，建立健全的各项规章制度，各机构都应该建立工作职责。

在建立各项规章制度的过程中，企业应该以国家法律规定为基础，根据企业经营范围的特点，结合企业的相关规定，深入细化制定《安全生产管理办法》《伤亡事故报告制度》《安全奖惩条例》等一系列制度和标准。对于这些标准和制度，企业应当从责任、权限到实施过程，每个环节都尽量详细、具体、可操作。

制定各项标准和制度的具体内容和要求后，上至企业管理者，下至企业职工，必须要认真贯彻执行。同时，企业也应该经常组织全体职工学习，培养职工的职业素养和法律意识。通过不断完善的规章制度使之合法化，才能使企业的各项工作有章可循，管理规范，责权分明，员工的工作绩效也会提高。

以案说法

公司成立后，内部分歧出现纠纷，怎么分割财产？

2013年5月，原告王志与被告张建共同筹资440万元成立某水泥厂有限公司。其中，王志出资375万余元，占总投资额的85.01%，其余的65万元由张建出资，占总投资额的14.99%。2013年6月3日，王志成为该公司的董事长，并与被告张建共同制定《某水泥厂有限公司章程》。由于经营有方，该公司成立后当年年产5万吨水泥，产品销售异常火爆，跻身为广东省民营企业最大规模200强。

为了加快公司发展，该公司准备新增10万吨生产能力，进行第二期工程建设，然而，在这个问题上，董事长王志与董事会成员意见不同，直接导致公司在生产、经营、管理等问题上出现重大分歧。

2014年9月8日，王志向人民法院提起诉讼，要求分立公司，并按股资分割权益。对于王志的这项请求，被告张建对公司分立没有任何异议，但认为水泥公司是两人合伙成立的，水泥公司的盈余收入300万元应该由两个股东平均分配。张建以此为由提起反诉，请求法院按出资14.99%比例分割该公司的资产归己方。

审理结果

经法院审理认为，公司财产按原、被告的股资权益分割（85.01%：14.99%），公司分立之后，公司的债权债务由王志享有和负责偿还，张建应享有股资权益，但是按照《中华人民共和国公司法》和该公司《某水泥厂有限公司章程》的规定，该公司没有确认劳务投入可以转化为资本，公司章程中也没有对此约定。因此，被告张建反诉的某水泥厂筹建期间的盈利由股东平均分配进入股本金的请求，理由不能成立，予以驳回。

在本案中，该公司的股东是王志，王志拥有股权的控制权，在企业分立之时，张建也应该按照公司成立时的出资比例，得到相应的经济赔偿。

法条链接

《中华人民共和国公司法》

第二十二条　公司股东会或者股东大会、董事会的决议内容违反法律、行政法规的无效。

第五十一条　有限责任公司设监事会，其成员不得少于三人。股东人数较少或者规模较小的有限责任公司，可以设一至二名监事，不设监事会。

（二）企业外部治理的法律事务

同必不可少的内部治理机制一样，企业的外部治理机制缺失同样会给企业带来各种各样的法律风险。因此，为了实现企业的有效治理，企业必须结合企业外部治理的实践，分析企业外部治理机制中存在的问题并对其进行优化。

一般来说，企业外部治理的主要内容包括产品市场的竞争和治理者市场的竞争等，它们是构成企业外部约束机制的主要部分，企业只有在注重企业内部治理机制的情况下不断完善外部治理机制，才能继续发展。那么，企业应该如何做好外部治理的法律事务呢？

1. 良好的外部独立审计

外部独立审计是企业外部治理机制的一部分，是一项能够约束投机行为的制度安排。它可以通过鉴证业务有效降低委托人与代理人之间由于信息不对称而产生的代理问题。

一般来说，外部审计的监管有以下两点优势；第一，能够保持股东与经理人利益均衡最大化；第二，能够证实经理人提供的财务报告的真实性及他们的良好经营业绩，以树立自身职业的信誉。总之，独立审计具有治理功效，能够起到外部治理机制的作用，一个高质量的外部审计对提升企业价值有着积极的作用。

2. 优化外部法律法规治理机制

法律法规不仅是企业进行事前规范和约束的一种机制，同时也是企业事后治理的一种方式，其强制性决定了有关完善的法律法规，能够更好地促进企业不断向前发展。所以，企业须优化外部法律法规治理机制，建立相关制度，以加强政府扶持力度。

3. 充分发挥中介机构和自律组织的外部约束作用

对于企业来说，要想加强外部治理工作，必须要发挥中介机构和自律组织的外部约束作用，加强对企业的监管力度，增强企业的透明度，以防企业内部操作，为企业的健康发展营造相对透明和公平的外部经营环境。

4. 构建市场竞争机制

对于企业来说，构建一个公平的市场竞争机制后，不仅可以为监督和约束经营者行为提供评判依据，也可以为实现监督和约束创造必要的机制和适宜的环境，使企业外部形成强有力的治理环境。一般来说，市场的外部治理主要来源于产品市场、资本市场、经理人市场和劳动力市场。

其中，资本市场可以对管理阶层施加压力，它是否真正有效将决定这个监控机制的有效程序。对于企业来说，资本市场对其约束的突出表现主要是在企业经营不利时，企业可以采取投票的办法，对企业管理进行制衡。

在有效的经理人市场中，经理人之间的竞争也日趋激烈。在企业内部中，不同层级的经理之间的竞争不仅可以约束在职经理的"逆向选择"和"道德风险"，还能激励他们为股东的利益进行服务。

一个具有竞争力的劳动力市场可以为企业和劳动者提供激励措施，以提高企业的雇佣效率。对于劳动者来说，如果不满意企业的工资、工作环境及其他的雇佣条件，可以辞职。这样，就能激励经营者不断改善管理，改善用工环境，为劳动者提供一个全面发展和潜能发挥的空间，从而达到留住人才的目的。

以案说法

公司之间不正当竞争该如何管理？

2012年，河北一家生产橡胶防老剂的A公司开始研制橡胶防老剂这种产品，公司也为该产品申请了专利。投产后，该产品的年产量及销售量均在一千吨左右，每吨可获利近2000元，经济效益较好，而且该项技术成果还多次获奖。2014年，原告发现市场上出现一种跟自己产品外观相似的同类型产品，并且价格相当便宜，产品外观包装上的名称也是"××橡胶防老剂"。该产品严重侵蚀了原告产品的市场份额，对公司造成了极其严重的经济损失。原告认为B公司生产的是假冒伪劣产品，属于不正当竞争。因此，原告A公司向法院提起了诉讼。

审理结果

法院经审理认为，原告A公司生产的橡胶防老剂应属于原告特有的商品名称，属于知名商品。在案件中，被告未经原告允许擅自使用其相同商品名称，这一行为属于不正当竞争行为，根据我国《中华人民共和国反不正当竞争法》第五条第（二）项规定，判决如下：一、被告不得继续使用原告的"××橡胶防老剂"的商品名称；二、被告库存的带有该商品名称的橡胶防老剂包装物须立即自行销毁处理；三、被告一次性赔偿原告的经济损失4000元；四、今后如果再次发现被告仍在使用原告的"××橡胶防老剂"商品名称，被告须追加赔偿原告经济损失20万元；五、案件受理费由被告承担。

在我国，工商行政管理机关和审判机关是享有知名商品认定权的机关。商品在其行业或本领域内的消费者知名程度是确定该商品是否属于知名商品的标准之一。只要商品在其领域内为绝大多数人所知晓，并享有较高的声誉，就可称之为知名商品。本案中的"××橡胶防老剂"符合上述标准，属于知名产品。被告利用该产品的知名度，采取不正当竞争的手段谋取经济利益，破坏了市场的经济秩序，最终受到法律制裁，所以我国司法机关制定的相关法规对于保护合法企业的权益方面起到了重要的作用，对于规范整个市场经济也是具有约束力的。

法条链接

《中华人民共和国反不正当竞争法》

第五条　经营者不得采用下列不正当手段从事市场交易，损害竞争对手：

（一）假冒他人的注册商标；

（二）擅自使用知名商品特有的名称、包装、装潢，或者使用与知名商品近似的名称、包装、装潢，造成和他人的知名商品相混淆，使购买者误认为是该知名商品；

（三）擅自使用他人的企业名称或者姓名，引人误认为是他人的商品；

（四）在商品上伪造或者冒用认证标志、名优标志等质量标志，伪造产地，对商品质量作引人误解的虚假表示。

第三节　企业并购与上市

在市场经济中，企业发展壮大最直接的方式就是重组并购，为了扩大自己的规模和增强产品竞争力，上市成了企业重要的战略抉择。在并购与上市过程中，企业必须了解和认清相关的法律事务，这样在遇到相关的法律问题时才会迎刃而解。

（一）企业并购的法律事务

企业发展到一定程度时就可以并购，虽然对企业来讲这是一个发展到新高度的标志，但这个过程中存在的法律事务也不得不重视，否则企业同样可能会面临各种各样的法律风险。针对目前日益活跃的企业并购现象，下面就企业并购中涉及的各方权益的法律保护问题进行探讨。

1. 有关并购的法律规定

理解并购的法律事务，首先必须了解我国法律对并购这种行为的规定。在我国现有法律中，《民法通则》《合同法》《公司法》中都有"并购"这一术语出现，前两部法律相对概括得比较笼统，《公司法》中则有比较详细的解释和法律规定。其中，《公司法》第一百七十二条、一百七十四条明确地规定了并购的法律特征，为企业进行并购提供了指导。具体来讲，《公司法》规定的并购的法律特征包括以下几点：

（1）并购是两个或两个以上的企业依照法律规定和合同约定合并为一个企业的行为，并购后，原公司解散，相应的原企业的法人资格也随之消失。

（2）并购后，被并购企业的权利义务，如债权、债务等由并购方企业全部承继，这种承继是法律层面的规定，不因当事人之间的约定而改变。

（3）并购虽然有相应的法律规定，但从根源上讲依旧是经济行为，为此，并购方须以市场本质向被并购方支付某种形式的对价（也存在特殊情况下的例外）。这种对价可以表现为以现金作为补偿或者购买代价，也可以表示为并购后企业股权的交付。

2. 关于并购的效力认定和违约处理

在具体实施过程中，并购合同一般被称为企业产权转让合同或者企业买卖合同。对其效力的认定，则主要依靠评估审计资产、核实转让程序等环节来实现。因此，如果有以下行为或事实存在，那么根据相关法律规定就可以被认定为无效合同，或者可以当事人的申请撤销合同。

（1）被并购方有严重欺诈并购方的行为。比如，被并购企业提供的资产负债表、审计报告等影响企业做出并购决策的信息和数据严重失实，或者对资产低值高估，故意隐瞒影响转让价格的重大事实等，这些情况都影响法律效力认定。

（2）并购方有严重欺诈被并购方的行为。这一点正好和上一点相对。具体来讲，这种欺诈行为可以表现为原企业某个负责人在企业被并购前就故意采取手段隐匿资产，抬高成本，使账面形成亏损，然后以并购方的身份低价并购企业。这同样会影响并购行为法律效力的判定。

（3）并购双方处于某种利益关系恶意串通，对企业资产高值低估，使并购方获得重大不法利益。

那么，针对以上种种违约责任，法律规定如何处理呢？

因为并购的是企业，合同标的也是企业，具有一定的特殊性，因此法律规定，在适用返还原则的同时，针对不同的认定无效合同或被撤销的因素，法律规定还须处理：

（1）因被并购一方的欺诈行为导致合同无效或被撤销的，并购方除了要求其返还并购财物外，还可以要求其返还并购后的企业所得，并且在实际经营中，如果并购后的企业出现亏损，也可以申请由被并购方承担。

（2）因并购方的欺诈行为导致合同无效或被撤销的，被并购方有权取得产权的增值部分，同时被并购方可以要求并购一方弥补因亏损造成的损失。

（3）对于第三种因为并购双方恶意串通而导致合同无效的，责任须由双方按各自过错承担。

以案说法

公司并购后债务由谁偿还？

2009年至2014年间，武汉市某工会为下属电器厂向银行借款共计1125万元，并且作为担保人为其担保。其后，武汉市某医药公司收购该银行不良信贷，成为武汉该电器厂的债权人。此前，该电器厂在隐瞒债款的前提下与另一温州商人蒋某订立资产并购协议，由蒋某出资购买该厂有效资产后在武汉设立港资电器公司。债权人——武汉某医药公司多次催讨未果，遂将债务人武汉该电器厂和担保人武汉市某工会及蒋某告上法庭。

审理结果

法院经审理认为，武汉该医药公司为该电器厂的真正债权人，有权追讨银行信贷，而武汉该工会为担保人，根据《中华人民共和国担保法》的规定，当事人在保证合同中约定保证人与债务人对债务承担连带责任的，为连带责任保证。连带责任保证的债务人在主合同规定的债务履行期届满没有履行债务的，债权人可以要求债务人履行债务，也可以要求保证人在其保证范围内承担保证责任。因此，法院判定武汉该工会具有偿还债务的连带责任，因此判处该工会及其下属电器厂依法偿还债务共计1125万元。因为该电器厂是在隐瞒大额负债的前提下与蒋某签订并购协议，因此法院判定该电器厂与蒋某之间属于无效合同，因此蒋某无须为此负债承担责任。

债务承担是公司债务移转的一种方式，是指在不改变债的内容的前提下，债权人、债务人通过与第三人订立转让债务的协议，将债务全部或部分移转给第三人承担的法律事实。通常在企业并购时会对债务情况进行调查，并据此约定债务的承担。企业并购时，债务常常也要同时被承继，但故意隐瞒导致并购方不知情而发生并购行为的，不在此列。

法条链接

《中华人民共和国公司法》

第一百七十二条 公司合并可以采取吸收合并或者新设合并。

一个公司吸收其他公司为吸收合并，被吸收的公司解散。两个以上公司合并设立一个新的公司为新设合并，合并各方解散。

第一百七十四条 公司合并时，合并各方的债权、债务，应当由合并后存续的公司或者新设的公司承继。

（二）企业上市的法律事务

在激烈的市场竞争中，企业为了迅速扩大生产规模、增强产品的竞争力、提高企业的经济效益，会选择上市或选择证券市场进行融资，广泛地吸收社会上的闲散资金特别是股份有限公司发展到一定规模后，企业上市往往是企业发展的重要战略步骤。

1. 关于企业上市的法律规定

从上市的实质条件来看，民企与其他性质的企业是一样的。首先，要判断企业的规模和业绩情况；其次，要看企业是否是限制行业；再次，看企业的历史沿革、股权是否清晰，是否涉及集体企业改制的问题；然后，看企业的经营状况，是否依赖关联交易、控风险能力如何等；最后，看企业近三年是否受到过重大处罚，包括税收、海关等方面。

当然，除了这些条件还有其他条件，企业只要符合法律的相关规定就能成功上市，根据《中华人民共和国公司法》及《股票发行与交易管理暂行条例》的有关规定，股份有限公司申请股票上市必须符合下列条件：

（1）股票经国务院证券管理部门批准已向社会公开发行。

（2）公司股本总额不少于人民币5000万元。

（3）公司成立时间须在3年以上，最近3年连续盈利。原国有企业依法改组而设立的，或者在《中华人民共和国公司法》实施后新组建成立的公司改组设立为股份有限公司的，其主要发起人为国有大中型企业的，成立时间可连续计算。

（4）持有股票面值达人民币1000元以上的股东人数不少于1000人，向社会公开发行的股份不少于公司股份总数的25%；如果公司股本总额超过人民币4亿元的，其向社会公开发行股份的比例不少于15%。

（5）公司在最近3年内无重大违法行为，财务会计报告无虚假记载。

（6）国家法律、法规规章及交易所规定的其他条件。

2. 企业上市后的股利分配法务

企业上市后，股利分配成为管理者亟须解决的问题。很多企业混淆了利润分配和股利分配的概念，其实，从财务的角度来看，它们是两个不同的概念。根据《公司法》的相关规定，利润分配必须依照法定程序进行，股利分配只是利润分配的一个步骤。

关于上市公司的股利分配，很多企业盲目迎合市场需要，明显有从众行为，市场喜好送股就送股，市场流行不分配就不分配。由于股利分配形式是多样化的，一般来说，上市公司的股利分配主要有现金分红、送红股和转增股本等三种方式，其分配程序如下：优先股股利、提取任意盈余公积金和普通股股利。

关于股利分配，《公司法》规定：

公司分配当年税后利润时，应当提取利润的10%列入公司法定公积金。公司法定公积金累计额为公司注册资本的50%以上的，可以不再提取。

公司的法定公积金不足以弥补前年度亏损的，在依照前款规定提取法定公积金之前，应当先用当年利润弥补亏损。

公司从税后利润中提取法定公积金后，经股东会或者股东大会决议，还可以从税后利润中提取任意公积金。

公司弥补亏损和提取公积金后所余税后利润，有限公司依照本法第三十五条的规定分配；股份有限公司按照股东持有的股份比例分配，但股份有限公司章程规定不按持股比例分配的除外。

股东会、股东大会或者董事会违反前款规定，在公司弥补亏损和提取法定公积金之前向股东分配利润的，股东必须将违反规定分配的利润退还公司。

公司持有的本公司股份不得分配利润。

以案说法

公司上市该具备怎样的条件？

某游戏科技公司是一家知名的IT企业，注册资本5000万元。公司成立两年来经营业绩十分突出。为了扩展公司业务，公司董事会决定，向国务院授权部门及证券管理部门申请公司上市发行新股，拟发行新股总额为人民币6000万元，每股面额2元。为吸引投资，其中的2000万元股份为优先股，优先股股东享有下列权利：（1）优先股股东可以用8.5折购买股票。（2）预先确定优先股股利11%，且不论盈亏保证支付。（3）优先股股东在股东大会上享有表决权。其余4000万股份为普通股，溢价发行，并将股票发行溢价收入列入公司利润中。

审理结果

法院经审理认为，该公司开业不足三年，根据《公司法》对公司发行新股有下列条件限制：（1）前一次发行的股份已募足，并间隔一年以上；（2）公司在最近三年内连续盈利，并可向股东支付股利；（3）公司在最近三年内财务会计文件无虚假记载，公司预期利润率可达同期存款利率。因此，法院对该公司根据三年盈利条件而发行新股上市的申请不予批准。

在本案中，该游戏公司不具备最近三年连续盈利的条件，该公司向优先股股东承诺不论公司是否盈利，都按固定利率支付股利，这违背了法律规定。此外，优先股股东一般不享有股东（大）会的表决权，该公司承诺优先股股东享有表决权也是错误的。该公司将溢价发行的普通股的溢价收入款列入公司当年利润的行为也是不正确的。

法条链接

《中华人民共和国公司法》

第一百四十一条　发起人持有的本公司股份，自公司成立之日起一年内不得转让。公司公开发行股份前已发行的股份，自公司股票在证券交易所上市交易之日起一年内不得转让。

第四节　企业解散、破产、注销的法律实务

企业宣告破产、解散，是市场经济竞争机制下的优胜劣汰现象。从这个意义上来说，破产既是企业的终结，又是经济资源重组的开始，但是由于目前立法不完善，与企业破产相配套的法规不健全，导致我国企业在处理破产、解散、注销等问题时存在诸多问题，因此，企业在执行这些行为的时候一定要掌握相关的法律法规。

（一）企业破产的法律事务

由于市场经济激烈的竞争，一些企业由于经营不善最终破产，企业在处理这些问题时须掌握相关的法律法规，避免遭受更大的损失。破产既是一种经济现象，也是一种法律制度，它是指债务人不能清偿到期债务，并且资产不足以清偿全部债务或者明显缺乏偿还能力时，法院依法终止其经营资格，成立清算小组，对其实施破产的法律程序。

1. 企业申请破产要成立清算小组

根据《公司法》的相关规定，公司宣告破产、解散的，应于15日内成立清算组，公司逾期不成立清算组会延误公司破产的法律进程。另外，根据《公司法》《民事诉讼法》《最高人民法院关于公司破产案例若干问题的规定》，企业破产清算组的成员应包括：政府主管工作部门人员、中介机构人员、公司股东人员，还应该包括债权人，如果这些清算人员中没有债权人，会导致清算过程无法正常进行。为了清算工作的规范操作，清算组成员可以聘请律师，在清算过程中出现问题时可以通过律师承担相应的赔偿责任来解决。

清算组成员在工作中应当忠于职守，依法履行清算义务。不得利用职

权收受贿赂或者其他非法收入，不得侵占企业财产。清算组成员因故意或者重大过失给企业或者债权人造成损失的，应当承担赔偿责任。

2. 清算组清查企业财产的范围

清算组在清查企业的财务时，清算组成员应该确定以下财产范围：企业经营管理的全部财产、企业享有的债权、企业解散时享有的股权、企业享有的其他财产权利。

清算组应该接管企业财产，并将企业的实物和债权进行清查登记。同时，清算组还要确认企业享有的债权，调查企业的对外投资情况，登记企业的其他权利，对企业的非金钱财产进行财产估价。

对于占有清算公司财务的持有人，清算组应该要求其交还财物，如果持有人无法交还相应的财物，清算组可以要求其作价清偿。如果清算公司进行了向外投资，清算组应当严格按照《公司法》和相关法律法规的要求，将对外投资进行回收，并责令相关股东交足尚未缴纳或已抽回的资金。

3. 关于破产申请条件

根据我国《企业破产法》第二条规定，企业法人不能清偿到期债务，并且资产不足以清偿全部债务或者明显缺乏清偿能力的，债务人可以向人民法院提出重整、和解或者破产清算申请；债务人不能清偿到期债务，债权人可以向人民法院提出对债务人进行重整或者破产清算的申请。

还有一点要特别注意，关于逾期申报债权的，《企业破产法》规定：债权申报期限自人民法院发布受理破产申请公告之日起计算，最短不得少于三十日，最长不得超过三个月；债权人未申报债权的，可以在破产财产最后分配前补充申报，但是，此前已进行的分配不再对其补充分配。为审查和确认补充申报债权的费用，由补充申报人承担。

4. 关于破产程序

一般来说，《企业破产法》的内容主要包括三部分，分别为破产程序规范、破产实体规范和法律责任。其中，破产程序规范包括和解、重整和破产清算等三种程序。当债务人无法清偿到期债务时，只要符合法定的破产条件，债权人或债务人就可以依法申请破产。破产申请后，经过法院审查，认为企业符合法律规定的破产条件就会受理。

以案说法

公司破产如何申请？

广东省某纺织品公司为民营企业，因管理者管理不当，造成公司严重亏损，资不抵债，数额巨大，高达640余万元，最终无力清偿到期债务。在此情况下，该公司经其主管部门某商业局批准，于2014年4月向该区人民法院提出破产申请。

审理结果

法院经审理认为，该企业因管理不善而严重亏损、资不抵债，数额达640万余元，并难以扭转亏损局面，依据《中华人民共和国企业破产法》的相关规定作出裁定：一、对该纺织品公司所有库存商品与固定资产予以扣押；二、对纺织品公司在银行开户的所有存款予以冻结，其帐号只能供该区人民法院和清算组使用。

这是一起因严重亏损，无力清偿到期债务，而向人民法院申请破产还债的案件。在本案中，该纺织品公司符合破产条件，所以该破产申请得到破准。另外，由于《中华人民共和国企业破产法》适用于任何性质的企业，人民法院根据《中华人民共和国企业破产法》的相关规定，做出了正确的裁定。

法条链接

《中华人民共和国企业破产法》

第三条　破产案件由债务人住所地人民法院管辖。

第七条　债务人有本法第二条规定的情形，可以向人民法院提出重整、和解或者破产清算申请。

债务人不能清偿到期债务，债权人可以向人民法院提出对债务人进行重整或者破产清算的申请。

企业法人已解散但未清算或者未清算完毕，资产不足以清偿债务的，依法负有清算责任的人应当向人民法院申请破产清算。

（二）企业解散的法律事务

企业解散是指已成立的企业基于一定的合法事由而使企业消失的法律行为。如果企业经营状况陷入困境或者有其他法定事由，想终止经营，可以通过股东请求法院解散企业。

1. 关于申请解散条件

最高人民法院提出，有些企业由于经营不当而陷入困境，虽然，企业还没有破产，但如果继续维持下去，势必会使股东利益受到更大损失。如果股东之间意见不同，分歧严重，而股东会、董事会又无法作出企业解散清算的决议，公司就会处于僵局状态。《公司法》应当针对这种情形，规定股东可以向法院申请解散公司，进行清算。

依据《公司法》的相关规定，以下列事由之一提起解散公司诉讼，并且不违背其他法律规定的，人民法院应当予以受理，并在查清事实的基础上依法判决：

（1）股东大会持续两年或者两年以上无法召开，公司经营管理发生严重困难的；

（2）股东表决时无法达到法定或者公司章程规定的多数，持续两年或者两年以上不能做出有效的股东（大）会决议，公司经营管理发生严重困难的；

（3）董事或者实际控制人有持续的压制、欺诈行为，严重侵害股东利益，且无法通过股东（大）会纠正；

（4）公司董事长期冲突，且无法通过股东会或者股东大会解决，公司经营管理发生严重困难的，导致公司可能或者正在遭受无法弥补的损害；

（5）其他经营管理发生严重困难，公司继续存续将造成股东整体利益受到重大损失的情形。

2. 股东强制解散公司的法定条件

在企业的运营阶段，如果因为管理者经营不当，发生资不抵债的情况，股东就可以强制公司解散，但是必须满足以下条件：（一）公司经营管理发生严重困难；（二）继续存续会使股东利益受到重大损失；（三）通过其他途径不能解决；（四）股东人数要求：公司全部股东表决权10%以上的股东。

以案说法

公司运营不当就能随意解散吗？

2010年9月，深圳市某公司A和公司B共同出资成立C公司，主要从事电子产品技术开发业务。后来因为经营不善以及A公司不履行合同义务，公司连年经营亏损，已无主营业务收入。为此，C公司其他股东和其小股东B公司向深圳市市第二中级人民法院提起诉讼，请求判令解散该公司。

审理结果

法院经审理判决如下：C公司连年经营亏损，公司股东会也没有达成有效决议，但该公司仍不具备解散公司的条件。首先，对于C公司经营不善A公司负有不可推卸的责任。A公司既没有按照合同约定向C公司转让技术，也没有根据仲裁裁决返还技术转让款，无疑在技术、资金方面都使C公司正常经营活动受到严重影响。如果双方股东能够依据业已生效的相关仲裁裁决和法院判决积极履行各自义务，C公司获得返还资金并更换法定代表人后，应会大大改善公司经营状况。此外，如果合法权益遭到侵害，作为公司小股东的B公司完全可以依法通过其他途径寻求相应的救济措施。据此，原告要求解散公司的诉讼请求法院判决不予支持。

在本案中，C公司在运营中遇到了困难，已经无力摆脱困局，因此试图通过解散来解决问题，而我国《公司法》规定，解散公司诉讼的一个前提就是"通过其他途径不能解决"。在本案中，C公司可以先依法通过其他途径取得相应的救济，不是只有解散一种途径。当然，如果公司其他股东非要通过解散来解决问题，那么，可以在提起解散公司诉讼前通过发送律师函、做会议记录等方式，创造"通过其他途径不能解决"的有力证据。

法条链接

《中华人民共和国公司法》

第一百八十二条 公司经营管理发生严重困难，继续存续会使股东利益受到重大损失，通过其他途径不能解决的，持有公司全部股东表决权10%以上的股东可以请求人民法院解散公司。

（三）企业注销的法律事务

当一家企业经营不当，发生严重的债务问题，无法运转，宣告破产，或者被其他企业收购、企业内部分立解散，或者由于一些业务经营方式不规范被依法责令关闭时，这时企业可以申请注销。但是，企业在注销之前要清算债权债务，不能通过注销来逃避法律责任。

1. 申请注销的条件

企业申请注销，要具备以下几种条件：（一）企业被依法宣告破产；（二）企业章程规定营业期限届满或者其他解散事由出现；（三）企业因合并、分立解散；（四）企业被依法责令关闭。

申请注销时还有一种情况须特别注意，那就是吊销营业执照也等于宣告企业已经被注销。这时候，如果企业管理者以后不打算再开公司，就无须重复办理注销手续。

2. 办理注销流程手续的注意事项

办理注销手续时，除了正常的流程和必要的手续之外，还有以下几点须注意。

（1）申请注销后，企业要成立清算小组。清算结束后30日内，企业须向公司登记机关申请注销登记。如果企业不正常注销，第二年不年检会被视为自动注销。虽然最终结果一样，但企业法定代表人、股东（大）会会因此被工商局列入黑名单，三年内无法再使用自己的名字注册企业，个人信用不良记录更是会保持七年之久。

（2）如果企业存在经营债务，那么清算小组应当自成立之日起十日内通知企业债权人，并于60日内在报纸上进行公告。在此期间，清算组不得对债权人进行清偿。为了避免日后发生纠纷，企业可以保留送达回执及载明公告内容的报纸，以作备案。

（3）因为企业注销不属于法律规定的可以终止劳动合同的行为，所以企业还须按照劳动合同约定的情形及我国相关法律法规的规定，对员工进行安置，并依法进行适当的经济补偿。

以案说法

公司注销能逃避法律责任吗？

张某在某市经营一家民营企业，员工苏某在一次工作中意外受伤，最终鉴定结果为三级伤残。工作期间，该公司并没有为苏某等员工办理工伤保险，因此苏某无法获得相应的保险赔偿。为了维护自己的合法权益，苏某多次找张某商议。最终，张某为逃避责任，以清算组负责人的身份，假称所有债权债务已清理完毕，向工商部门出具了公司注销登记申请书，并办理了公司注销登记。张某试图通过公司注销逃避法律责任，因此苏某将张某告上了法庭。

审理结果

法院经审理认为，张某为逃避责任，申请公司注销，根据《公司法》规定：清算组应当自成立之日起10日内通知债权人，并于60日内在报纸上公告。债权人应当自接到通知书之日起30日内，未接到通知书的自公告之日起45日内，向清算组申报其债权。张某未履行申请注销程序，因此，他申请注销的行为已经违法，法院不予批准公司注销；苏某在公司存续期间已被认定为因工负伤，根据《工伤保险条例》《公司法》第一百九十三条之规定，法院判决苏某有权向张某索要两万元的经济补偿。逾期不支付时，将追究其刑事责任。

根据我国《公司法》的规定，股东将公司注销，并不意味着就可以逃避向劳动者承担包括工伤赔偿在内的劳动保护责任。在本案中，张某是该公司的法人，也是清算小组的负责人，违反了法律的相关规定，苏某有权向张某索要赔偿。然而，该公司既没有对苏某做出相应的赔偿，也没有将公司注销的相关事宜向其通知，甚至没有向社会发出注销公告，注销明显存在违法行为，理应受到法律的制裁。

法条链接

《中华人民共和国公司法》

第一百八十五条 清算组应当自成立之日起10日内通知债权人，并于60日内在报纸上公告。债权人应当自接到通知书之日起30日内，未接到通知书的自公告之日起45日内，向清算组申报其债权。

第一百八十九条 第三款规定：清算组成员因故意或者重大过失给公司或者债权人造成损失的，应当承担赔偿责任。

第三章 <<

**人事法律实务：
有人的地方，就需要
法律**

　　在市场中，不管双方是买卖关系还是劳动关系，有人的地方就有法律。对企业来说，人事管理很重要，因为稍不注意，就有可能触犯法律的相关规定，引起不必要的劳动纠纷，造成人才与经济的双重损失。为了避免这种情况发生，企业一定要做好人事法律管理。

第一节　从入职到离开，员工劳动关系的
　　　　全流程法律管理

在企业发展过程中，不管是因为何种原因录用或解雇员工，企业都必须依法处理好与员工之间的劳动关系。因为从员工入职到离开，企业与员工的劳动关系是会发生变化的，如果企业没有根据实际情况采取相应的措施，就极有可能会与员工产生纠纷。

（一）员工入职时，企业须确认新员工的哪些信息？

一般来说，很多劳动争议在追溯发生原因时，很多时候都是因为入职手续不完善、不严谨，企业之所以败诉，也是因为原始材料及记录不全所致。那么，企业在办理入职时须确认新员工的哪些信息呢？

1. 员工的学历证书和职业资格证书

一般来说，毕业证书和学位证书是证明员工文化水平的证件，也是企业决定是否录用人才的条件之一。如果企业录用的是基础操作人员，一般不需要员工提供学历或学位证书。职业资格证书是证明员工有某项职业技能资格的证件，如果企业需要的是专业人员，那么，新员工入职时必须提供相关的资格证明才能上岗，比如会计必须要有会计上岗证等。

2. 员工的基本资料

新员工入职时，企业需要新员工提供身份证、一寸免冠彩色照片、银

行卡号及体检报告。其中，身份证是证明员工的出生年月、性别、户籍所在地的证件，企业可以通过身份证来确认员工的实际年龄，也可以为员工办理缴纳社保的手续或者公积金开户。对于一寸免冠彩色照片，企业主要用于给新员工办理相关证件，如工作证、社保卡等。银行卡号主要用于每月给员工发放工资。

除此之外，企业还须查看员工的体检报告，它是证明员工身体健康状况的文件，企业可以通过新员工提供的体检报告了解新员工的身体是否健康，如果查出新员工患有某种疾病，就可以确认其是在入职前就已患病，与本企业无关，这样责任就很容易界定。如果企业没有要求员工提交体检报告，日后就容易产生纠纷。

3. 原竞业限制说明

之所以要求新员工提交原竞业限制说明，是因为企业可以通过原竞业限制说明知道新员工与原企业是否签订了竞业限制协议，如果签过，企业就要认真考虑是否要录用，因为企业一旦录用，日后极有可能会承担连带责任。

4. 社会保险、公积金转出手续和离职证明

新员工入职时，企业需要新员工提交社会保险、公积金转出手续单和离职证明。其中，社会保险、公积金转出手续是证明新员工是否已与原企业办理了离职手续。如果新员工没有转出社保和公积金，那么，企业是无法为新员工缴纳社保和公积金的。

另外，离职证明是证明新员工与原来的企业已结束劳动关系的证件，新员工只有结束了原来的劳动关系，才能与新企业建立新的劳动关系，否则，企业就不能录用。

员工与原公司以口头形式解除劳动合同，
并与新公司建立劳动关系，新公司须承担连带赔偿责任吗？

2014年3月，程力应聘到甲公司做一名工程师，并与公司签订了为期5年的劳动合同。为了培养业务骨干，甲公司于2014年8月送程力到国外进行技术培训。培训回来后，程力的技术水平大幅度提高，便对现在的工作职位和薪水产生了不满。2014年9月，程力向甲公司口头提出解除劳动合同，未等甲公司做出答复，程力便到乙公司上班。程力入职时，乙公司没有要求程力提供离职证明，就与程力签订了劳动合同。

由于程力离岗，使甲公司遭受了近10万元的经济损失。虽然，甲公司曾多次联系程力，希望其能回来上班，但程力不予理睬。于是，甲公司向劳动争议仲裁委员会提起仲裁申请，要求程力和乙公司对甲公司的损失承担连带赔偿责任。

审理结果

劳动争议仲裁委员会审理后认为，程力没有提前30天以书面形式通知甲公司，而是以口头形式向甲公司提出解除劳动合同，在甲公司尚未同意其解除劳动合同的情况下，双方的劳动合同仍然有效，而乙公司聘用了尚未解除劳动合同的程力，已违反了《劳动法》的相关规定，所以，劳动争议仲裁委员会最终判决，程力应当赔偿给甲公司造成的实际生产和经营的损失，乙公司承担连带赔偿责任。

本案是一个因公司未让新员工提供离职证明而引发纠纷的案例。在本案中，由于程力与甲公司仍然存在劳动关系，而乙公司录用程力时没有要求程力提供离职证明，就与其签订了劳动合同，因而应承担连带赔偿责任。

法条链接

《中华人民共和国劳动法》

第九十一条 用人单位招用与其他用人单位尚未解除或者终止劳动合同的劳动者，给其他用人单位造成损失的，应当承担连带赔偿责任。

（二）员工在职时，企业如何合理安排工作？

由于经营的需要，不管是延长员工的工作时间还是调整员工的工作岗位和工作地点，企业都不能擅自决定，应该提前通知员工，并与员工协商一致，才能安排员工进行工作，否则，企业违反了法律规定，将承担相应的法律责任。那么，企业在经营过程中该如何合理安排员工工作呢？

1. 合理安排员工的工作时间

不管企业如何安排员工工作，都必须按照国家的相关规定，每天的工作时间不能超过8小时，平均每周工作时间不能超过44小时，而且企业要保证员工每周至少休息一天。如果企业因为自身的生产特点无法做到这些，只要经过劳动行政部门批准，可以实行其他工作和休息办法。

2. 合理安排员工的工作岗位

有些员工做事细心但较慢，有些员工做事粗心但做事较快，企业在安排员工工作时并不能按照自己的意愿或根据员工的特长与性格去安排其工作，而是要根据员工入职职位说明以及劳动合同中所规定的职位去安排，这样才能做到既不违反法律的相关规定，又能符合员工的入职要求。

另外，由于每个岗位人员的职责不一样，企业一定要合理分配员工的工作职责及范围。如果企业对员工现任的工作岗位进行调整，必须要与员工协商。

3. 调动工作地点，须征求员工的同意

企业调整员工的工作地点时一定要与员工协商，切不可擅自做主，更不能以各种理由解除与员工的劳动合同，以免引起纠纷，违反法律的相关规定。

一般来说，企业在与员工签订劳动合同时已约定了工作地点，变更工作地点属于劳动合同内容变更。因此，企业在调整工作地点时要征得员工同意并书面确认。

4. 控制好加班时间

由于生产经营的需要，企业一般希望并欢迎员工加班，只有经过员工的同意才能延长员工的工作时间，一般每天不能超过1小时。当然，如果因特殊原因需要员工加班，企业必须在保障员工身体健康的前提下，方可延长员工的工作时间，但每日延长时间不能超过3小时，每月不能超过36小时。

企业安排员工加班时，须与员工确认实际的加班时间，并核实员工是否在加班时间内完成规定的劳动量，以免日后发生加班费的争议。确认加班时间后，企业要支付加班费或者调休。

以案说法

未经员工同意，公司擅自安排员工不合理的加班，这样做合理吗?

2012年12月，善伟杰到某工厂工作，双方没有签订劳动合同，工资约定为计件工资。2014年9月3日，工厂因接到一个限期交货的订单，便要求员工加班，每天工作时间超过12个小时。

2014年9月8日，善伟杰由于长时间感冒，身体无法承受长时间的工作，便向工厂提出不加班，却遭到该工厂的拒绝。之后，善伟杰按照工厂的下班时间自行离厂。第二天，该工厂以善伟杰违反工厂规定为由，单方

面解除了与善伟杰的劳动关系。善伟杰得知此事后不服该厂的做法，便向当地劳动争议仲裁委员会提起申诉，要求该工厂支付相应的赔偿金。

审理结果

劳动争议仲裁委员会经审理认为，该工厂没有经过员工的同意擅自安排员工不合理的加班，这种做法已经违反了法律规定，单方面解除与善伟杰的劳动关系更是不合法，所以，劳动争议仲裁委员会经调解，判决该工厂一次性支付善伟杰14个月的工资作为赔偿金。

本案是一个有关加班而引起纠纷的案例，在劳动关系中，由于劳动者处于弱势地位，所以，国家制定的相关法律更倾向于保护劳动者的利益。一般来说，企业要求员工加班时必须要与员工协商一致才可，并按照劳动法规定支付加班费。

在本案中，该工厂没有与善伟杰签订劳动合同，安排加班也未征得其同意，而且每天工作时间超过12小时，根据《劳动法》的相关规定，很显然，该工厂违反了法律规定，擅自辞退善伟杰应该支付其相应的赔偿金。

法条链接

《中华人民共和国劳动合同法》

第三十一条　用人单位应当严格执行劳动定额标准，不得强迫或者变相强迫劳动者加班。用人单位安排加班的，应当按照国家有关规定向劳动者支付加班费。

（三）员工离职时，企业该如何解除或终止劳动关系？

无论员工离职的原因是劳动合同解除还是终止，也不管是员工提出的还是企业提出的，如果企业没有处理好员工离职的劳动关系，就有可能给自己带来不必要的麻烦。所以，员工离职时，企业必须依法操作，认真对待。那么，企业该如何处理员工离职时的劳动关系呢？

1. 提出解除或终止劳动合同的通知

不论员工还是企业，想要解除劳动关系，须提前30天以书面形式通知对方，方可解除劳动合同。如果在试用期内，员工严重违反了企业的规章制度，或者严重失职，给企业造成重大损害，企业可以解除劳动合同，而员工想要解除合同，则须提前三天通知企业，才能解除劳动合同。此外，如果员工与企业协商一致，随时都可以解除劳动合同。

总之，企业或员工提出解除或终止劳动合同，都要遵循《劳动合同法》的相关规定，这样的解除或终止通知才能成为一份具有法律效力的书面文件，否则则有可能发生违法事实。

2. 签署解除劳动合同协议书

除了劳动合同到期外，如果劳动合同还在有效期内，离职员工完成交接和清理工作后，企业要与离职员工签署一份《解除劳动合同协议书》。

3. 经济补偿金

经济补偿金是企业解除或终止劳动合同时，给予员工的经济补偿，是一次性支付员工的经济上的补助。一般来说，如果员工单方解除劳动合同，企业有违法或过错如未缴纳社会保险等，就要支付一定的经济补偿金；如果企业单方解除劳动合同，员工没有过错，企业同样须支付员工一定的经济补偿金。

另外，终止劳动合同时，如果是企业的原因企业就要支付经济补偿金，如果是员工的原因如与其他企业存在劳动关系，企业无须支付经济补偿金；如果是非全日制用工的终止，即双方可随时通知对方终止的，企业也无须支付经济补偿金。

以案说法

终止劳动合同时，公司按基本工资计算赔偿给员工经济损失，这样做对吗？

2013年7月，东海岩进入某合资公司工作，并与该公司签订了为期五年的劳动合同。2015年3月，该公司因为客观情况发生重大变化，便与部分员工解除合同，其中包括东海岩。

东海岩的工资由基本工资1500元、岗位津贴300元、住房补贴200元、交通津贴200元、加班工资300元组成，公司每月在发放工资时扣除伙食费100元，实际发放到东海岩手上的是2400元。该公司在发放经济补偿金时，是按基本工资1500元的标准计算补偿金，东海岩找公司协商遭到该公司的拒绝。于是，东海岩向劳动争议仲裁委员会申请劳动仲裁，要求该公司按2500元的标准补偿其经济损失。

审理结果

劳动争议仲裁委员会认为，终止劳动合同时，该公司是按照东海岩基本工资1500元的标准计算，并赔偿东海岩相应的经济损失，这种做法违反了《劳动合同法》的相关规定，所以，劳动争议仲裁委员会最终判决，该公司应该按东海岩应付工资2500元的标准赔偿其相应的经济损失。

本案是一个有关经济赔偿损失而引发纠纷的案例，在计算经济补偿时，很多企业都会以劳动者的最低工资或基本工资作为计算基数，从而损害了劳动者的合法权益，实际上，企业应当以劳动者应发工资作为基数，而不是以基本工资、实发工资作为基数。

关于工资，在《关于贯彻执行〈中华人民共和国劳动法〉若干问题的意见》做了相关规定，劳动者的工资一般有基本工资、津贴、补贴等，其中，应发工资包括了基本工资、加班工资等。在本案中，该公司以东海岩的基本工资1500元计算经济补偿，显然是不符合法律规定的。

法条链接

《关于贯彻执行〈中华人民共和国劳动法〉若干问题的意见》

第五十三条 劳动法中的"工资"是指用人单位依据国家有关规定或劳动合同的约定，以货币形式直接支付给本单位劳动者的劳动报酬，一般包括计时工资、计件工资、奖金、津贴和补贴、延长工作时间的工资报酬及特殊情况下支付的工资等。

第二节 薪酬福利的法律管理

在企业管理中，薪酬福利的管理是企业员工管理最重要的工作之一，为员工发放相应的薪酬及提供相应的福利不但是员工的一种物质回报，还是员工的一种精神回报。企业只有将员工服务好了，员工才能为企业创造更多的价值。所以，无论企业发展到何种程度，都必须要做好酬薪管理工作，否则极有可能会与员工发生不必要的纠纷，甚至违反法律的相关规定而承担相应的法律责任。

（一）企业如何发放员工的工资？

不管企业经营状况如何，企业都要按时、足额地向员工发放工资。企业拖欠或未足额发放劳动报酬，不但不利于企业的发展，还有可能与员工发生劳动纠纷。那么，企业该如何做好员工工资的发放工作呢？

1. 试用期的工资

在试用期内，企业支付给劳动者的工资不能少于相同岗位最低档工资，或者是不能少于劳动合同约定工资的80%，并且不能少于当地最低工资标准。

2. 转正后的工资

当劳动者通过试用期考核后，企业应将其转为正式员工。如果劳动者在法定工作时间内履行了自己的劳动义务，企业就要按照国家有关规定或劳动合同的约定，向其支付劳动报酬。

一般来说，工资分配应当遵循按劳分配原则，实行同工同酬，企业可以根据实际情况，依法自主确定本企业的工资分配方式和工资水平。如果企业拖欠或没有足额发放劳动报酬，则应按照拖欠工资数额的双倍赔偿劳动者。

3. 加班工资

企业因生产需要而延长劳动者的工作时间，须支付其不低于工资的150%的工资报酬；如果企业在休息日安排劳动者工作，但又不能安排其补休，要支付其不低于工资的200%的工资报酬；如果企业在法定节假日安排劳动者工作，要依法支付其不低于工资的300%的工资报酬。

4. 病假工资

如果职工患病或者不是因工负伤，在治疗期间内，企业应当按照相关规定支付其病假工资，病假工资不能低于工资标准的80%。

以案说法

员工因病而请假，在休病假期间，
公司发放给员工的工资低于法定标准，这种做法对吗？

2014年9月13日，张鹏在一家民营企业做办公室内勤，并与其签订了为期2年的劳动合同，试用期为3个月，在试用期间内，张鹏每月工资为1000元。由于张鹏工作比较勤奋，公司很赞赏，试用期过后，便给张鹏调整了工资。转正后，张鹏每月工资为1500元，除此之外，公司每月会根据张鹏的工作业绩，给予其相应的奖金。

2015年8月16日，张鹏经诊断患有慢性疾病，医生建议张鹏卧床休息。于是，张鹏请病假在家休养。然而，在病休假期间，公司只发给张鹏病假工资600元，其中还包含应缴纳的社会保险费。虽然张鹏多次要求公司按国家规定支付其病假工资，并承担应缴纳的社会保险费，但公司不予理睬。无奈之下，张鹏只好向劳动争议仲裁委员会提出了劳动仲裁，要求公司支付病假工资的差额及承担应缴纳的社会保险费。

审理结果

劳动仲裁委员会经审理后认为，张鹏因患有慢性疾病而在家休息，公司发给张鹏病假工资600元，低于法定标准，这与《劳动法》的相关规定相悖，所以，劳动仲裁委员会最终判决公司应当补发张鹏病假工资的差额，并承担张鹏个人应缴纳的社会保险费。

本案是一个因病假工资的支付而引发纠纷的案例。在本案中，该企业违法的原因在于向张鹏支付的病假工资低于法定标准，即最低工资标准的80%。企业的正确做法应该是：扣除张鹏应缴纳的社会保险费和公积金后，向张鹏支付的工资不能低于最低工资标准的80%。

法条链接

《中华人民共和国劳动法》

第八十五条 用人单位有下列情形之一的，由劳动行政部门责令限期支付劳动报酬、加班费或者经济补偿；劳动报酬低于当地最低工资标准的，应当支付其差额部分；逾期不支付的，责令用人单位按应付金额百分之五十以上百分之一百以下的标准向劳动者加付赔偿金：

（一）未按照劳动合同的约定或者国家规定及时足额支付劳动者劳动报酬的；

（二）低于当地最低工资标准支付劳动者工资的；

（三）安排加班不支付加班费的；

（四）解除或者终止劳动合同，未依照本法规定向劳动者支付经济补偿的。

（二）员工可以享受哪些福利？

在激烈的市场竞争下，员工福利也是一种竞争力。那么，企业为员工提供的福利都有哪些呢？

1. 五险一金

一般来说，企业为员工提供的五险一金有养老保险、失业保险、生育保险、工伤保险、医疗保险和公积金。其中，养老保险分别由企业缴纳20%、个人缴纳8%；失业保险分别由企业缴纳2%，个人缴纳1%；生育保险和工商保险都由企业各负担0.5%；医疗保险分别由企业缴纳12%，个人缴纳2%；公积金由企业和个人各自缴纳7%。如果企业的效益比较好，还可以为员工提供家庭财产险、重大伤残保险等。

2. 交通费

一般来说，企业为员工上下班提供交通福利，主要有三种形式：第一种是企业免费为员工提供交通工具，接送员工上下班；第二种是企业按照内部规定为员工报销上下班的交通费；第三种是企业每月发给员工一定数额的交通补助费。

3. 工作午餐

有些企业会为员工提供免费或低价的午餐，有些企业虽不直接提供工作午餐，但提供一定数额的工作午餐补助费。

4. 培训

为培育出更多的优秀人才和合格员工，很多企业都会将培训作为员工的福利，不断加强对员工培训的投入。在现实生活中，有些跨国公司的培训投入费用可以占到年销售收入的0.5%~2%，而且这个比例仍有上升的趋势。随着企业的不断发展，企业普遍越来越重视培训的投入和产出。

5. 带薪休假

一般来说，企业会为员工提供各种带薪休假的福利项目，即不来企业上班工作也可获得收入。

以案说法

员工再婚向公司提出婚假，
公司以员工已享受婚假为由拒绝其请求，这样做对吗？

2001年5月，博小叶进入某银行成为一名银行职员。2013年9月，她的丈夫遭遇不幸去世。2014年11月，经他人介绍，博小叶认识了王亮。2015年7月，博小叶和王亮登记结婚，并准备短期旅游。于是，博小叶向单位提出婚假的请求，但单位以博小叶已享受过一次婚假待遇为由拒绝了她的请求。博小叶不服，向当地人力资源和社会保障部门投诉。

审理结果

当地人力资源和社会保障部门认为，博小叶虽为再婚，但依然可以享受婚假待遇，符合法律法规，所以，当地人力资源和社会保障部门判决该公司应同意博小叶享受婚假待遇的请求。

本案是一个有关员工再婚享受婚假而产生纠纷的案例，关于婚假，法律虽然没有对初婚、再婚做出明确的规定，但根据法律的相关规定，每位公民都有结婚的权利，所以，员工结婚自然就有享受婚假的权利。

在本案中，博小叶属于再婚，根据《关于对再婚职工婚假问题的复函》规定，根据《中华人民共和国婚姻法》和国家有关职工婚丧假的规定精神，再婚者与初婚者的法律地位相同，用人单位对再婚职工应当参照国家有关规定，给予同初婚者一样的婚假待遇。从此法条不难看出，博小叶享有婚假待遇的权利，所以，该公司应按照国家有关规定，给予博小叶同初婚一样的婚假待遇。

法条链接

《关于对再婚职工婚假问题的复函》

根据《中华人民共和国婚姻法》和国家有关职工婚丧假的规定精神，再婚者与初婚者的法律地位相同，用人单位对再婚职工应当参照国家有关规定，给予同初婚者一样的婚假待遇。

第三节　工作安排中的隐患

在企业经营过程中，由于某种需要，企业须对员工的工作进行适当调整。但不论是调整员工的工作时间，还是调整员工的工作岗位或者工作地点，如果企业安排不合理又未征得员工的意见，极有可能会与员工发生劳动纠纷。因此，企业在安排工作时，一定要与员工进行有效沟通，这样才能有效避免工作安排中的隐患。

（一）企业采用劳务派遣方式有哪些法律风险？

在企业经营过程中，很多企业为了降低用人成本支出，采用劳务派遣的用工方式，将劳动力的使用者和管理者分离，使劳务公司与被派遣劳动者建立劳动关系，而用工单位实际使用劳动者却不与劳动者直接建立劳动关系。

对于劳务派遣，《劳动合同法》做出了相关规定，这对用工单位来说喜忧参半，喜的是法律明确肯定和承认这种新型的用工方式，忧的是法律对劳务工有着诸多的限制。那么，在实践当中，如果企业采用劳务派遣方式会有哪些法律风险呢？

1. 同工不同酬

由于用人单位与劳务人员没有建立劳动关系，一些企业认为劳务人员不是正式员工，不能享受本单位给予正式员工的工资及待遇，因而，与正式员工相比，劳务人员的报酬待遇不但比较低，还无法获得正式员工应享受的奖金和福利，由此而有可能产生劳务纠纷。

2. 工资支付不透明

一旦出现劳动者的劳动关系和工作岗位分属两家的情况，一些劳务型企业和用人单位很有可能会随意克扣劳动者的工资、不按时发放劳动者工资或不按规定结付加班工资等，当劳动者的权益受到侵害后，极有可能会产生责任主体不明确的情况。

3. 不缴纳社会保险

如果企业想利用劳务派遣用工的方式逃避社会保险义务，而劳务公司既不为劳务人员办理参保手续，也不为劳务人员缴纳社会保险，或者是让劳务人员独自承担缴纳全部的社会保险费用，这样极有可能会增加企业发生纠纷的概率，从而加大企业的用工成本。

4. 工作时间不合理

一般来说，被派遣的劳务人员到用人单位工作，须遵守用人单位的工作时间，但有些用人单位随意安排劳务人员加班加点，不但工作时间超过了国家规定，而且不按规定支付劳务人员相应的加班工资，还将违约责任推卸给劳务企业。

5. 劳动关系不清晰

由于用人单位不直接与劳动者签订劳动关系，而与劳务公司签订劳务派遣协议，这就容易造成劳动关系不清晰，使劳动者的劳动关系和工作岗位分别属于两家单位，故而产生劳务纠纷。

以案说法

公司招用派遣人员，未提供同工同酬的待遇，这样做法对吗？

2014年2月，方哲被劳务派遣公司派遣到某纺织公司单位做内勤。工作半年后，方哲发现无论自己工作多么努力，工资和奖金都是公司最低的，不但不及相同岗位正式员工的二分之一，还不能享受该公司为员工提供的任何福利待遇。

方哲认为不能因自己是派遣员工就受歧视，于是方哲找到该纺织公司的管理者，向对方提出同工同酬的请求，但对方没有给予明确回复，方哲只好将该纺织公司诉至当地劳动争议仲裁委员会，要求该公司给予同工同酬的待遇。

审理结果

当地劳动争议仲裁委员会调查后认为，根据方哲提供的自己及相同岗位劳动者的工资数额证据，方哲虽未与该纺织公司建立劳动关系，但劳务派遣关系符合《劳动合同法》的相关规定，所以，当地劳动仲裁委员会最终判决，该纺织公司应给予方哲同工同酬的待遇。

法条链接

《中华人民共和国劳动合同法》

第六十三条 被派遣劳动者享有与用工单位的劳动者同工同酬的权利。用工单位应当按照同工同酬原则，对被派遣劳动者与本单位同类岗位的劳动者实行相同的劳动报酬分配办法。用工单位无同类岗位劳动者的，参照用工单位所在地相同或者相近岗位劳动者的劳动报酬确定。

第六十六条 劳动合同用工是我国的企业基本用工形式。劳务派遣用工是补充形式，只能在临时性、辅助性或者替代性的工作岗位上实施。

（二）员工因工作而发生工伤怎么办？

无论在哪个行业，不管企业与员工是口头协议还是签订了劳动合同，只要企业与员工存在事实劳动关系，那么，不管员工是在上班期间还是下班期间，只要员工发生意外事故，企业都要承担员工的医疗费用。为了规避企业的工伤风险，保障职工权益，国家设定了工伤保险，它是一项强制型的保险。

当员工从事职业活动而遭受不良因素的伤害或职业伤害时，工伤保险基金会代替企业承担大部分费用，所以，企业想要规避员工工伤风险，最好的办法就是按国家相关规定及时给员工缴纳工伤保险，否则，一旦员工发生工伤，企业就要承担所有费用。那么，当员工因工作而发生工伤时，企业该怎么办呢？

1. 及时报告企业有关部门

员工发生工伤后，负伤者或事故现场有关人员应当及时将此事告诉企业负责人。当企业负责人接收到重伤、死亡等事故报告后，应当立即将事故报告企业主管部门和企业所在地劳动部门、公安部门等。

2. 给员工安排工伤鉴定

如果员工发生工伤，或者是根据《职业病防治法》规定，员工所患疾病被诊断、鉴定为职业病，企业应当从员工发生事故或被诊断、鉴定为职业病之日起，一个月内向统筹地区劳动保障行政部门提出工伤认定申请。如果企业没有在法律规定的期限内提交工伤认定申请，在此期间发生符合法律规定的工伤待遇等费用由企业全部负担。

3. 被认定为工伤的条件

一般来说，如果员工符合以下几种情形之一的，则可以被认定为工伤：（1）在工作时间和工作场所内，因工作原因受到事故伤害的；（2）工作时间前后在工作场所内，从事与工作有关的预备性或者收尾性工作受到事故伤害的；（3）在工作时间和工作场所内，因履行工作职责受到暴力等意外伤害的；（4）患职业病的；（5）因工外出期间，由于工作原因受到伤害或者发生事故下落不明的；（6）在上下班途中，受到机动车事故伤害的；（7）法律、行政法规规定应当认定为工伤的其他情形。

除此之外，如果员工符合以下情形之一的，可视同工伤：（1）在工作时间和工作岗位，突发疾病死亡或者在48小时之内经抢救无效死亡的；（2）在抢险救灾等维护国家利益、公共利益活动中受到伤害的；（3）职工原在军队服役，因战、因公负伤致残，已取得革命伤残军人证，到用人单位后旧伤复发的。当然，如果员工是因为犯罪或违反治安管理、醉酒、自残或自杀等原因受到伤害的，则不认定为工伤或视同工伤。

4. 鉴定工伤员工的劳动能力

如果员工被认定为工伤，伤情相对比较稳定，但仍存在残疾、影响劳动能力的，企业应当为负伤的员工进行劳动能力鉴定。由于申请劳动能力鉴定时须填写劳动能力鉴定申请表，所以，企业应当提交以下几项材料：（1）《工伤认定决定书》原件和复印件；（2）有效的诊断证明、按照医疗机构病历管理有关规定复印或者复制的检查、检验报告等完整病历材料；（3）工伤职工的居民身份证或者社会保障卡等其他有效身份证明原件和复印件；（4）劳动能力鉴定委员会规定的其他材料。

如果企业不服劳动能力鉴定委员会做出的鉴定结论，可以在收到该鉴定结论之日起15日内，向省、自治区、直辖市劳动能力鉴定委员会提出再次鉴定申请。

5. 支付员工相应的工伤保险待遇

当员工发生工伤，在住院治疗期间，企业应当按照因公出差伙食补助标准的70%发放住院伙食补助费。另外，经医疗机构出具证明，报经办机构同意，工伤员工到统筹地区以外就医的，企业应当按照本企业员工因公出差报销工伤员工所需的交通及食宿费用。

另外，员工因工伤或患职业病须暂停工作接受治疗的，在停工留薪期内，企业应当按月支付其原工资福利待遇。不过，停工留薪期不能超过12个月。在停工留薪期内，如果工伤员工生活无法自理须护理的，由企业负责。

以案说法

公司与员工只有口头协议，未签订合同，员工在工作时间内发生工伤，公司应当承担工伤保险待遇吗？

2013年6月23日，张凯到某加工制品公司当搬运工，并与该公司达成口头协议：张凯每月的工资为2300元，工作时间按照公司作息时间，如果遇到临时送货，公司可以适当延长张凯的工作时间，但没有加班费，公司为张凯提供免费午餐。半年后，张凯向该公司提出涨工资，遭到该公司的拒绝。于是张凯提出辞职，该公司答应了他的请求，但提出找到接替的人才能放张凯走人。

2014年2月11日，张凯在卸货过程中不小心被玻璃板砸伤脚趾。经医生确诊，张凯右脚三趾全部骨折，其中二趾粉碎性骨折。住院一个多月以来，张凯总共进行了两次手术，共花费17400余元。其中，该公司支付15000元。出院后，张凯在家休养了近半年。2014年10月22日，张凯向当地劳动争议仲裁委员会提出工伤待遇仲裁申请。

然而，劳动争议仲裁委员会以张凯既未认定为工伤又未经劳动能力鉴定委员会鉴定劳动能力为由，不予受理。张凯不服该仲裁决定，将该公司告上人民法院，要求该公司按工伤标准赔偿其因工伤而产生的费用及休养期间的工资，共计11万元，并申请伤残等级鉴定。

审理结果

人民法院审理认为，张凯提供的银行账单及证人的证言可以证明张凯与该公司存在事实劳动关系，经法医临床司法鉴定，张凯右脚损伤综合评定属十级伤残，因张凯受该公司的安排，在工作时间内因工作原因而受到事故伤害，所以人民法院最终判决，张凯与该公司存在劳动关系，该公司应自判决之日起十日内，一次性向张凯支付67200元。

本案是一个有关员工工伤而引发纠纷的案例，根据《劳动合同法》的相关规定，用人单位自用工之日起即与劳动者建立劳动关系。在本案中，张凯与该公司虽没有签订劳动合同，但口头约定后，自用工之日起张凯与该公司就已经形成事实上的劳动关系，如果张凯发生工伤，理应享受工伤待遇。同时，该公司应当依法承担相应的工伤保险待遇，按照法定的工伤保险待遇项目和标准向张凯支付有关费用。

法条链接

《工伤保险条例》

第十七条第一款规定 职工发生事故伤害或者按照职业病防治法规定被诊断、鉴定为职业病，所在单位应当自事故伤害发生之日或者被诊断、鉴定为职业病之日起三十日内，向统筹地区社会保险行政部门提出工伤认定申请。遇有特殊情况，经报社会保险行政部门同意，申请时限可以适当延长。

第四款规定 用人单位未在本条第一款规定的时限内提交工伤认定申请，在此期间发生符合本条例规定的工伤待遇等有关费用由该用人单位负担。

第四节 社会保险的"乱象"

签订劳动合同后，无论企业还是职工，都要依法缴纳社会保险。然而在缴纳社会保险的过程中，总会产生一些社会保险的"乱象"，如有些企业未缴、少缴或漏缴社会保险，这样不但违反了法律法规，还要承担相应的法律责任，即便是员工自愿放弃社会保险，企业一样逃脱不了法律的制裁。

（一）不缴纳社会保险产生纠纷的原因有哪些？

由于社会保险具有法定、强制等特点，用人单位和劳动者都负有依法缴纳社会保险的义务。无论是企业自身的原因，还是员工的原因，只要员工没有缴纳社会保险，企业都将承担巨大的风险。那么，在实践中，企业不缴纳社会保险产生纠纷的原因有哪些呢？

1. 试用期内未签合同

企业因经营需要而大量招用员工，由于员工的流动量大，为了减轻麻烦和节约成本，很多企业会设立试用期，等员工试用期满合格后再与其签合同补保险。实际上，企业这样做将面临巨大的风险。因为企业超过一个月未与员工签合同，不但面临赔付双倍工资的风险，而且在员工提出解除劳动关系时，企业还要面临补缴社会保险及支付赔偿金的风险。另外，如果员工在未参保期间发生工伤事故等情况，企业还将承担相应的责任风险。

2. 未提交相应资料

员工入职时，企业应当通知员工提供相关资料。如果员工由于各种原因无法立即提交相应资料，延迟了企业为员工办理社会保险的时间，使企业未能及时办理社会保险，在这种情况下企业极有可能会与员工产生纠纷，如员工要求企业补缴自上班之日起至今的各项社会保险。

另外，企业未参保用工很容易形成违规风险。想要避免风险，企业必须要严把员工入职关，将入职材料作为员工报到的必备条件。另外，企业可以与员工约定，在有效时限内无法提交相应的材料将终止劳动合同。

3. 自愿放弃社会保险

随着社会保险基数越来越大，企业与员工要缴纳的社会保险费用越来越多，他们的压力也越来越大。对于员工来说，每月要从工资中扣除一部分钱缴纳社会保险，工资低的员工就不愿意参加社会保险，为了多挣些钱，他们自愿与企业签订放弃社会保险的协议。

从表面上看，员工减少了一笔缴纳社会保险的费用，企业也为自己节省了一笔成本。实际上，员工享受社会保障的合法权益受到了损害。一旦员工反悔举报企业或是社保稽查，即使企业有《自愿放弃社保》协议在手也无法站住脚，最终都会被罚款，而且还会被要求补缴，所以，如果企业遇到员工自愿放弃社会保险的情况时，一定不能为了降低所谓的成本而同意这样做，这种做法是无法得到法律保护的。社会保险是企业和员工必须要向社会保险经办缴纳的，任何企业、任何人不能以任何形式或理由减免的。

以案说法

公司与员工签订了协议，约定将应缴纳的社会保险以工资补贴形式发放给员工，这样做合法吗？

2014年4月，邓杰应聘到某家具公司工作。签订劳动合同时，该公司与邓杰私下约定：公司不为邓杰参加社会保险，将应缴纳的社会保险以工资补贴形式发放给邓杰，由邓杰自行参加保险。2015年1月，邓杰想离职，该公司不同意。于是，邓杰便以该公司未购买社会保险为由，向当地劳动争议仲裁委员会提起申诉，要求该公司支付经济补偿金，并依法缴纳其在工作期间的社会保险。

审理结果

劳动争议仲裁委员会调查后认为，该公司将应缴纳的社会保险以工资补贴形式发放给邓杰，这种做法不符合《劳动法》的相关规定，所以，劳动争议仲裁委员会向该公司下达《劳动保障监察限期整改指令书》，责令该公司限期为邓杰办理社保登记，并补缴社会保险费。

本案是一个因企业与员工在劳动合同中约定免除缴纳社保义务而引发纠纷的案列，根据《劳动法》的相关规定，用人单位和劳动者必须依法参加社会保险，缴纳社会保险费，缴纳社会保险费是企业和员工应尽的法律义务。

在本案中，该公司虽和邓杰在劳动合同中约定，将应缴纳的社会保险以工资补贴形式发放给了邓杰，由邓杰自行参加社会保险。虽然，该内容是在双方自愿的基础上约定的，但该约定的内容与《劳动法》的规定相抵触，所以该条款是无效条款，该公司应该依法补缴其社会保险费。

法条链接

《中华人民共和国劳动法》

第三十八条 用人单位有下列情形之一的，劳动者可以解除劳动合同：

（三）未依法为劳动者缴纳社会保险费的；

第四十六条 有下列情形之一的，用人单位应当向劳动者支付经济补偿：

（一）劳动者依照本法第三十八条规定解除劳动合同的；

（二）少缴社会保险的表现形式有哪些？

企业之所以会少缴社会保险，主要有以下三个原因：第一，企业责任意识淡薄，缺乏承担社保费的主动性；第二企业经济下滑，没有能力缴纳社保费；第三，员工流动量大，企业自我保护的意识比较差。不管企业是因为何种原因少缴纳社保费，最终损害的都是员工的利益。为了维护职工的利益，法律做了相关规定，即使如此依然无法避免企业少缴社保费的现象。一般来说，企业少缴社保费的表现形式不一，主要有以下几种：

1. 以现金形式折算发放

为了节约成本，很多企业不给员工上保险，将社保缴费部分以现金的形式折算发放，由于员工的参保意识比较薄弱，他们为了多挣些钱，自然同意企业的这种做法，双方签订了《社保费现金发放协议》。然而，企业的这种做法并不能免除其缴费的责任，如果员工获得现金补偿后反悔，提出诉讼，那么，企业仍然应该承担补缴责任。

由于社保缴费基数是根据员工工资收入确定的，如果没有充足的证据，企业折算的现金发放社保费极有可能会被判定为工资收入，这样会导致社保补缴基数变高，反而给企业带来更大的损失。

2. 限制提供参保的条件

虽然缴纳社保是企业应尽的法律义务，但很多企业为了减轻负担，并不给所有的上岗职工申报缴纳社会保险，而是限制提供参保的条件，比如：企业只对正式员工或参加工作够一定年限以上的员工缴纳社会保险。

3. 套用较低的社平工资

在企业中，由于员工的岗位、学历等各方面不同，其工资也会有所不同，这就会出现个别员工的工资水平达不到社平工资，一些企业为了少缴纳社会保险，他们就会套用较低的社平工资，比如：企业申报缴纳2015年度的社保费，采用的却是2013年的社平工资，而2015年的社平工资明显高于2013年的社平工资。除此之外，企业在套用社平工资时，采用了去尾法，只保留千位数，想以此来降低社保基数，从而达到少缴纳社保费的目的。

4. 用工资拆分来降低社保基数

在生活中，有很多企业对员工的工资是以结构工资形式进行分配的，也就是说，企业将员工的工资拆分成基础工资、奖金、津贴、补贴等几部分，根据员工的实际情况，经过考核计算出员工每月的工资。由于员工的奖金与绩效考核直接挂钩，所以，员工的每月工资收入都不是固定的，变化比较大。

在这种情况下，为了确定社会保险费的缴费基数，有些企业会与员工协商，约定以基础工资的标准作为缴纳社会保险费的基数。有些员工为多挣些钱，同时，也不想因此而放弃到该企业工作的机会，就会同意企业的做法。从表面来看，企业虽然减少了一定的成本，但从长远来看，何尝不是为自己增加了一定的风险。

公司与员工约定，以基础工资标准作为缴纳社会保险费的基数，员工反悔，公司还须补缴社会保险费吗？

2012年11月，任英强进入某公司工作，该公司采用的是结构工资的结算形式，根据考核而计算出员工每月工资。由于公司生产经营会随着市场情况而变化，所以，任英强每月的工资变化较大。为了确定社会保险费的缴费基数，该公司与任英强约定：以基础工资为标准，将其作为缴纳社会保险费的基数。任英强为了能在该公司长期工作，便同意了该公司的做法。之后，该公司按照双方约定的数额为任英强缴纳社会保险费。

三年后，合同到期，该公司不再与任英强续订劳动合同，任英强心存失望。办理离职手续时，任英强要求该公司解决社会保险费缴费基数与自己工资收入不符的问题，该公司以已经按双方的约定为其缴费为由拒绝了任英强的要求。于是，任英强向劳动监察机构进行了举报。

审理结果

劳动监察机构调查后认为，该公司与任英强约定基础工资为标准，将其作为缴纳社会保险费的基数，已违反了《中华人民共和国社会保险法》的相关规定，所以，劳动监察机构对该公司下达了《劳动保障监察限期改正指令书》，责令公司为任英强补缴未足额缴纳社会保险费的差额部分。

法条链接

《中华人民共和国社会保险法》

第六十条　用人单位应当自行申报、按时足额缴纳社会保险费，非因不可抗力等法定事由不得缓缴、减免。职工应当缴纳的社会保险费由用人单位代扣代缴，用人单位应当按月将缴纳社会保险费的明细情况告知本人。

第六十三条 用人单位未按时足额缴纳社会保险费的，由社会保险费征收机构责令其限期缴纳或者补足。

第五节 女性员工的特殊待遇

在企业发展过程中，女性员工为企业所做的贡献不容忽视。然而，由于女职员特殊的生理特点，很多企业为了自身的利益，制订了不合理的规定，严重危害了女职工的利益。因此，企业要想避免不必要的劳务纠纷，不侵犯女职工的利益，就要掌握女职工有关的法律知识。

（一）女性职员在孕期可以享受到哪些待遇？

在职场生涯中，女性职员最担心的就是因为生育而失去工作，因为在现实生活中，有相当一部分企业害怕女性职员在合同期内生育而增加企业成本，便在劳动合同或内部的规章制度中提出不合理的规定，要求女性职员不得在合同期内怀孕、生育，或者在本企业工作多年后才能申请生育。

实际上，对于女性职员孕期的劳动保护问题，我国法律有专门的规定，不论国有企业还是私有企业，女性职员在怀孕期间都应享受特殊的劳动保护，主要包括孕期的保健、孕期禁忌从事的劳动范围、孕期检查费用的负担、孕期不能解除劳动合同等，这些都是女性职员在孕期应当享受到的待遇，具体如下：

1. 孕期的保健

为了保护孕妇和胎儿的健康，企业应该让怀孕的女性职员做好产前的保健工作。女性职员在劳动时间内进行产前检查，企业应该按出勤对待，不能按病假、事假、矿工处理。另外，如果女性职员是生产第一线的，企业应当适当减轻其劳动量或安排其他劳动，给女性职员足够多的时间进行产前检查。

2. 孕期禁忌从事的劳动范围

根据《女职工禁忌劳动范围的规定》，女性职员在怀孕期禁忌从事的劳动范围是：

（1）作业场所空气中含有铅及其化合物、汞及其化合物、苯、镉、铍、砷、氰化物、氮氧化物、一氧化碳、二硫化碳、氯、己内酰胺、氯丁二烯、氯乙烯、环氧乙烷、苯胺、甲醛等有毒物质浓度超过国家卫生标准的作业；

（2）制药行业中从事抗癌药物及己烯雌酚生产的作业；

（3）作业场所中含有的放射性物质超过《放射防护规定》中规定剂量的作业；

（4）人力进行的土方和石方作业；

（5）《体力劳动强度分级》标准中第三级体力劳动强度的作业；

（6）伴有全身强烈振动的作业，比如：风钻、捣固机、锻造等作业，以及拖拉机驾驶等；

（7）工作中须频繁弯腰、攀高、下蹲的作业，如焊接作业；

（8）《高处作业分级》标准所规定的高处作业。

3. 孕期不能解除劳动合同

如果女职工在怀孕期间严重违反规章制度、严重失职、徇私舞弊，给企业造成了重大的损害，或者怀孕的女性职工在试用期间不符合企业的录用要求，企业可以根据实际情况解除与女性职工的劳动合同。除了这些以外，企业不能以怀孕为由，单方面解除与女性职工的劳动合同。

以案说法

公司在劳动合同或内部规章制度中规定女性职员怀孕劳动合同将自行解除，这样做对吗？

2014年3月，蒋欣成为某酒店一名服务员，与酒店签订了为期三年的劳动合同。2015年6月12日，蒋欣已怀孕六个月。产前检查时，医生建议单位减轻蒋欣的劳动强度，调整其做较轻的工作。第二天，蒋某拿着医院证明要求总经理同意安排较轻工作，却遭到总经理王山的拒绝。

对方告知蒋欣应当遵守劳动合同的相关规定：劳动者必须无条件遵守《员工手册》，而《员工手册》第5条规定：女服务员怀孕时，劳动合同自行解除。第三天，该酒店解除了与蒋欣的劳动合同。蒋欣不服，向当地人民法院提出了申诉，要求对方继续执行原劳动合同，并安排其他劳动和给予相应的待遇。

审理结果

人民法院认为，酒店的《员工手册》中"女服务员怀孕时，劳动合同自行解除"的规定不符合法律、法规的相关规定。根据《女职工劳动保护规定》的相关规定，女职工在怀孕期间不能胜任原劳动的，应当根据医务部门的证明予以减轻劳动或安排其他劳动。在本案中，蒋欣怀孕六个月，显然已不适合酒店餐厅的工作，酒店应该安排其他适当劳动。所以，人民法院判决该酒店撤销解除与蒋欣劳动合同的决定，并另行安排蒋欣与其身体健康相适应的工作。

本案是一个典型的用人单位在女职工怀孕期间解除劳动合同而引起的纠纷。虽然当事人在一定条件下可以解除合同，但由于女职工的生理特点，我国法律对女职工进行特殊保护，任何一个企业都不能以怀孕为由辞退女工职工或解除劳动合同。

当然，如果怀孕的女性职工有严重违纪失职行为，或者在试用期内不符合录用条件，用人单位可以在女性职工孕期内单方解除合同。另外，如果女性职工本人提出解除合同或双方协议解除劳动合同，也是可以解除劳动合同的。

法条链接

《女职工劳动保护特别规定》

第五条 用人单位不得因女职工怀孕、生育、哺乳降低其工资、予以辞退、与其解除劳动或者聘用合同。

第六条 女职工在孕期不能适应原劳动的，用人单位应根据医疗机构的证明，予以减轻劳动量或者安排其他能够适应的劳动。

对怀孕7个月以上的女职工，用人单位不得延长劳动时间或者安排夜班劳动，并应当在劳动时间内安排一定的休息时间。

怀孕女职工在劳动时间内进行产前检查，所需时间计入劳动时间。

（二）女性职员在产假期间有哪些待遇？

企业必须了解，女性职员在产假期间应该依法享受以下待遇：

1. 产假期间，工资照发

在产假期间，女职工的工资照发，这充分说明了女性的产假是带薪休假。根据《女职工劳动保护规定》的相关规定，企业不能在女职工产期降低其基本工资。

2. 享受相应的生育津贴

如果女职工已参加生育保险，其在产假期间的生育津贴，应该由生育保险基金按照企业上年度职工月平均工资的标准支付。如果女职工没有参加生育保险，企业就要按照女职工产假前工资的标准支付。

3. 享受一定的医疗费用

按照生育保险规定的项目和标准，如果女职工已参加生育保险，应该由生育保险基金支付其生育或者流产的医疗费用，如果女职工没有参加生育保险，应该由企业支付其生育或流产的医疗费用。

4. 根据实际情况，享受一定的产假

根据女职工的实际情况，企业应该给予其相应的产假，具体如下：

①女职工正常生育，其应该享受的假期为98天，其中，产前15天，产前假不能在产后休息。如果女职工提前分娩，可以将产假改在产后休息。

②女职工发生难产的情况，可以增加产假15天。

③女职工生育多胞胎，每多生育1个婴儿，增加假期15天。

④女职工符合晚育的年龄，并且已领取《独生子女光荣证》，可以增加产假44天。

⑤女职工怀孕流产的，企业应该根据医务部门的证明，给予其一定时间的产假。一般来说，女职工不满四个月流产，不管是自然流产还是人工流产，可以享受15天的产假；女职工怀孕四个月以上流产，其应该享受42天的假期。

以案说法

女职工按法定休产假，公司以超出合同规定的假期视为旷工为由将其开除，这样做对吗？

2013年3月21日，彭凤兰被一家公司录用，并与对方签订了为期5年的劳动合同。2015年1月2日，彭凤兰开始休产假。公司合同中规定："女职工符合计划生育规定生育的，产假为56天"，彭凤兰没有按公司的合同规

定休产假，而是按国家规定休息了98天。当彭凤兰上班时，该公司以超出合同规定的56天假期视为旷工为由将其开除。于是，彭凤兰向当地人民法院提出申诉，要求该公司撤销对其除名处理的决定，并补发按旷工处理期间的薪水。

审理结果

人民法院经审理认为，该公司在合同中规定"女职工符合计划生育规定生育的，产假为56天"，已经违反了《劳动法》和《女职工劳动保护规定》的相关规定，属于无效合同。彭凤兰有权利享受98天的产假，不应该视为旷工。所以，人民法院最终判决，该公司应该撤销对彭凤兰除名处理的决定，并补发按旷工处理期间的相关薪水。

法条链接

《中华人民共和国劳动法》

第六十二条　女职工生育享受不少于九十天的产假。

《女职工劳动保护规定》

第七条　女职工生育享受98天产假，其中产前可以休假15天；难产的，增加产假15天；生育多胞胎的，每多生育1个婴儿，增加产假15天。

女职工怀孕未满4个月流产的，享受15天产假；怀孕满4个月流产的，享受42天产假。

（三）女性职员在哺乳期可以享受哪些待遇？

在现实生活中，由于女职工生育而引发的纠纷频频发生。为了避免这种纠纷，企业应该掌握有关女职工的法律知识，明白女职工在哺乳期应该享受哪些待遇，依法处理好有关女职工的问题。

1. 给予女性职工哺乳时间

对于家有不满一周岁婴儿的女职工，企业应当在每个劳动时间内给予其两次哺乳（含人工喂养）时间，每次30分钟，这两次哺乳时间可以合并使用，即一个小时。如果女职工生育的是多胞胎，每多哺乳一个婴儿，每次哺乳时间都要增加30分钟。另外，女职工的哺乳时间以及哺乳往返途中所花费的时间，企业应该将其算作劳动时间。

2. 不能安排从事哺乳期禁忌的劳动

根据法律的相关规定，企业不能安排哺乳女职工从事国家规定第三级体力劳动强度的劳动或是哺乳期禁忌从事的劳动，比如：作业场所空气中含有锰、甲醇、有机磷化合物、有机氯化合物等有毒物质，其浓度超过国家职业卫生标准。

3. 建立女职工哺乳室等设施

如果一个企业中女职工较多，企业应当按照国家的相关规定，以自办或联办的形式建立女职工卫生室、孕妇休息室、哺乳室等设施，解决女职工在生理卫生、哺乳、照料婴儿方面的困难。

4. 不加班和从事夜班劳动

在哺乳期内，企业不能延长女职工的工作时间，也不能安排其从事夜班劳动。

以案说法

公司安排哺乳期女职工上夜班，女职工因此而未上班，公司将其解聘，这种做法对吗？

2012年5月5日，方小美进入某家公司从事化验工作。2013年9月，方小美发现自己怀孕了，因工作中会接触到有毒物品，她担心影响胎儿，便向该公司申请休假保胎，该公司同意了。

2014年10月，方小美休完产假，开始上班。因为处于哺乳期，方小美晚上要照顾孩子，便向公司提出不要安排夜班的请求，但该公司以没有白班为由回绝了她的要求。方小美一气之下没有去上班，2014年11月该公司将方小美解聘。方小美得知此事后，将该公司告上法庭，要求该公司支付其赔偿金17000元。

审理结果

法院经审理认为，方小美在哺乳期内，该公司不但安排她从事夜班劳动，而且单方面解除了合同，这种做法已严重违反了《女职工劳动保护规定》的相关规定，所以，法院最终判决，该公司应当支付给方小美赔偿金17000元。

法条链接

《女职工劳动保护特别规定》

第九条　对哺乳未满1周岁婴儿的女职工，用人单位不得延长劳动时间或者安排夜班劳动。

用人单位应当在每天的劳动时间内为哺乳期女职工安排1小时哺乳时间；女职工生育多胞胎的，每多哺乳1个婴儿每天增加1小时哺乳时间。

第四章 <<

贸易法律实务：
如何保证科学、合理、最大化盈利

制定完善的贸易法律制度对贯彻实施市场经济改革起着重要的作用。对于企业来讲，健全科学的法律制度能有效地规范企业经营管理活动和市场秩序，同时也能提高企业的现代化管理水平、完善服务功能、降低流通成本，有利于企业在市场中展开良性竞争，对我国贸易经济领域的发展有着深远的意义。

第一节　企业国内贸易的基本法律常识

我国市场经济是法制经济，国内贸易有了法律法规的保障，不仅对调节市场经济运行，促进市场体系的建立和完善起着重要作用，而且提升了国内贸易的地位和影响力。企业在健全的内贸流通法律体系中，只有严格遵守执行市场秩序，才能保证自身的权益不受侵犯。

（一）内贸领域相关的法律问题

国内贸易主要是指通过各种商品流通渠道向居民和社会提供生活消费品，它代表着国内零售市场的变动，反映了市场经济的发展。所以，国内贸易在我国市场经济中有着举足轻重的地位。为了维护正常的市场秩序，维护交易各方的权益，规范内贸领域的法律法规对于企业来说意义深远。

1. 内贸交易中涉及的法律法规

随着互联网技术的深入发展，国内贸易已经进入信息化的领域。2005年4月1日，《电子签名法》正式施行，这是中国在电子商务立法上的首次行动。

同时，在商品流通的市场经济中，为了禁止交易企业垄断协议、禁止滥用市场支配地位、禁止行政垄断等行为，我国出台了《反垄断法》，这对解决当前我国经济生活中存在的垄断与限制竞争行为、保护消费者权益起到了重要的作用。

关于拍卖行业，《拍卖法》为规范拍卖行为、维护拍卖秩序、保护拍卖活动各方当事人的合法权益，以及促进特种行业发展起到了重要作用。

除了立法以外，我国还出台了五个与内贸相关的国务院条例。2005年，国务院颁布了《直销管理条例》与《取缔非法传销条例》。两部条例同时颁布，但二者生效的时间不同。《取缔非法传销条例》的生效时间早于《直销管理条例》，表明政府对直销市场实行先打后放的管理思路，在开放并规范直销的同时，一如既往地严厉打击非法传销。《直销管理条例》从计酬制度上对直销和传销作了严格区分，避免传销披上直销的合法外衣。

《商业特许经营管理条例》于2007年5月1日开始实施，该条例针对特许经营活动本身的特点及实践中存在的主要问题，重点对特许人的行为规范作了规定。明确了特许人从事特许经营活动应当具备的条件，规定了特许人的信息披露制度，确立了特许人备案制度，对规范特许经营合同做出了规定，并规范了特许人和被特许人的行为。

2. 内贸中提货单的法律地位

随着市场经济的快速发展，内贸中的提货单买卖日益频繁，它跟外贸提单一样，属于商业活动中的票据范畴。提货单不仅是一种提货的凭证，从法律角度来看，它也是一种物权凭证，具有不可抗辩性，对于内贸提货单当事人具有规范其行为的作用，同时也保护了内贸提货单持有人的合法权益。所以，只有重视提货单的法律地位，加强交易买卖的信用观念，才能保证市场经济秩序稳定发展。

以案说法

没有见到提货单就私自放货的行为违法吗？

2013年10月，原告杭州某服装公司与台湾某制衣厂签订了一份购销合同，原告以60元的价格出售儿童牛仔裤3000条给台湾某制衣厂。10月16日，台湾制衣厂要求对第一批900条牛仔裤进行检验，检验合格后同意签订接收确认书，被告福建某货物运输公司就此货物签发了联运提单。

2014年1月9日，被告货物运输公司在没有收到提货单的情况下，凭某商业银行的保函将该提单项下的900条牛仔裤全数交给了台湾制衣厂。原告拿到提单等单证后，于2014年12月26日将全套单证交给托收行厦门某银行，由该行向台湾某商业银行托收货款。在迟迟未收到货款的情况下，2015年1月18日，原告通知托收行要求退单，托收行于次月将全套单证退回。原告收到被告货物运输公司传真，告知台湾制衣厂已凭担保提货。此后，原告曾多次口头要求被告追回货物并返还原告，未果。原告认为被告无提单擅自放货，致使其无法收回货款，因此向法院提起诉讼，请求判令被告赔偿货款损失6万元。

审理结果

法院经审理认为，被告在没有收到提货单的情况下，凭银行保函私自交付货物，被告的行为违反了凭正本提单交付货物的国际惯例，损害了原告的合法权益，应当承担赔偿原告经济损失的责任。依照《中华人民共和国民法通则》的规定，被告赔偿原告提单项下的货物损失人民币6万元及其利息损失，并于本判决生效之日起10日内付清。

法条链接

《关于审理无正本提单交付货物案件适用法律若干问题的规定》

第二条　承运人违反法律规定，无正本提单交付货物，损害正本提单持有人提单权利的，正本提单持有人可以要求承运人承担由此造成损失的民事责任。

（二）企业规避内贸风险的几种措施

在市场经济环境下，企业在进行国内交易的过程中存在很多不确定的因素，面对这些因素带来的影响，企业要加强风险防范意识，及时采取有效的措施进行规避。

1. 选取信誉高的合作伙伴

国内的一些中小型企业为了尽快地抢占市场，为产品打开营销局面，有时没有对合作的客户进行深入调查就草率地采取赊销的方式与对方进行合作，从而导致了应收货款周转不良，使企业陷入财务困境。为了避免这种情况，企业必须选择信誉度高的伙伴进行合作，这样才能保证顺利进行交易。具体来讲，企业可以在进行贸易之前调查合作方的信用状况，通过专业的调研机构或者以往合作伙伴评估其信誉值，最终决定是否合作。

2. 签订正规、符合法律规范的合同

合同是贸易顺畅进行的有力保障，也是企业维护自身合法权益的依据。因此，一旦进行贸易，企业就要有意识地与对方签订正规的、符合法律规范的合同，明确贸易内容、权责以及发生纠纷的处理方式。

3. 保留双方贸易中的证据文件

在商业贸易中，无论我们多么小心，恐怕都难免彻底根绝贸易纠纷。为了在纠纷发生时能更好地维护自己的合法权益，企业必须在贸易过程中和贸易结束后保留双方贸易往来的相关重要证据文件，比如合同、邮件、传真或者其他书面文件和音频文件。这样，一旦纠纷发生，我们就可以以此为证据，提供给相关仲裁机构或者法院，作为仲裁和判决的依据。

以案说法

双方达成口头约定，对方在履行义务时违反了约定，公司该怎么办？

2014年11月，甲公司与乙公司建立业务关系，双方口头约定乙公司从甲公司处购买涂料。送货时，由甲公司工作人员在送货单上签字。乙公司收到货后，仅付了部分货款，尚有货款4万元未支付。甲公司曾多次催要剩余货款，乙公司都不予理睬，于是，甲公司向人民法院提出申诉，要求乙公司支付剩余货款并承担诉讼费用。

2015年3月，一审法院审理后，判决乙公司在判决生效之日起7日内，支付甲公司4万元货款，如果没有在指定期间履行给付金钱义务，则加倍支付延迟履行期间的债务利息。乙公司对此判决不服，向当地省级人民法院提起上诉，上诉理由为因甲公司所送的涂料质量以及环保不符合乙公司的要求，甲公司应当提供相关证明确保产品的质量以及要求，但双方没有签订书面合同。

审理结果

二审人民法院经查明认为，事实与一审法院查明的相一致，甲、乙公司建立了事实上的买卖合同关系后，甲公司履行供货义务，乙公司收货并已使用，故乙公司应当支付货款。乙公司提出甲公司产品存在质量问题、收货单签收行为视为个人行为等上诉主张，由于乙公司没有提供相关证据证明，不予支持。根据《中华人民共和国民事诉讼法》相关规定，二审人民法院判决维持原判。

本案是一个因买卖而引发纠纷的案例，在本案中，甲公司虽未与乙公司签订书面合同，但自愿建立买卖关系并达成口头约定，系双方真实意思表示，且没有违反法律法规，合法有效。

法条链接

《中华人民共和国合同法》

第一百零七条　当事人一方不履行合同义务或者履行合同义务不符合约定的，应当承担继续履行、采取补救措施或者赔偿损失等违约责任。

第一百零九条　当事人一方未支付价款或者报酬的，对方可以要求其支付价款或者报酬。

第二节　企业涉外贸易的法律实务

随着我国融入经济全球化的程度逐步加深，国内开始涌现大量中外合资、外商独资的公司和企业，进出口业务也越来越频繁。所以，保护国内涉外贸易企业，完善我国涉外贸易法律救济制度成为一项重要的工作，因此企业要从自身利益出发，遵守国际规则，了解对外贸易的法律常识，才能有效规避国际贸易中的各种纠纷和风险。

（一）企业涉外贸易的类型

在涉外贸易中，有些企业缺乏风险防范意识和相关的法律知识，在对外贸易中存在很多不严谨的做法，以致纠纷发生后不能有效保护自己的合法权益，给企业造成了巨大的经济损失。所以，企业在对外贸易经济活动中要规范操作程序，加强法律意识，才能与国际接轨，创造更高的经济利益。为此，我们首先须知道企业涉外贸易的几种类型，以及相应的法律制度。

1. 国际技术贸易

国际技术贸易是国际间一种以纯技术的使用权为主要交易目标的商业行为，主要以技术出口和技术引进两种形式进行交易，是一种无形的技术知识产权交易，一般包括专利技术、商标专有技术知识产权的交易。

在国际技术贸易中，技术出口方往往凭借其技术上的优势地位迫使引进方接受种种不公平的限制条件，根据实践经验，我国对技术引进合同条款规定不得含有下列不合理的限制条款：

（1）要求受方接受同技术引进无关的附带条件，包括购买不需要的技术、技术服务、原材料、设备或产品；

（2）限制受方自由选择从不同来源购买原材料、零部件或设备；

（3）限制受方发展和改进所引进的技术；

（4）限制受方从其他来源获得类似技术或与供方竞争的同类技术；

（5）双方交换改进技术的条件不对等；

（6）限制受方利用引进的技术生产产品的数量、品种或销售价格；

（7）不合理地限制受方的销售渠道或出口市场；

（8）禁止受方在合同期满后继续使用引进的技术；

（9）要求受方为不使用的或失效的专利支付报酬或承担义务。

依照我国法律规定，合同的引进方应自合同签订之日起的30天内向审批机关报批。审批机关应在收到报批申请书之日起的60天内决定批准或不批准。审批机关逾期未予答复的，视为合同批准。

2. 国际服务贸易

在资本国际化和跨国公司的推动下，国际服务贸易交易日趋频繁，国际服务贸易包括：货运、其他货物运输服务、设计和咨询服务、银行和保险业务、教育和卫生服务、广告业、旅游等。

3. 国际商品贸易

有了商品生产，就有商品交换。随着经济全球化的到来，跨国际的贸易活动越来越频繁。具体来讲，国际商品贸易可以分为经销、代理、寄售、展卖等多种形式。

4. 国际加工贸易

国际加工贸易是指企业进口全部或者部分原辅材料、零部件、元器件、包装物料等，利用本国的生产能力和技术，在国内经加工或装配成成品后再出口的经营活动。具体来讲，国际加工贸易包括进料加工、来料加工、装配业务和合作生产等。

以案说法

公司进行国际贸易时，违反了曾作出的承诺及相关法律法规，将承担什么样的法律责任？

2012年6月19日，国内某服装公司与韩国某经贸公司签订了《来料加工皮革服装合同》，在合同中，双方约定：由韩国该经贸公司向该服装公司提供原材料、辅料，由其负责加工。根据合同的约定，韩国某经贸公司分三次将三个集装箱的原材料及辅料交与韩国某物流公司承运。该物流公司向韩国该经贸公司签发了三份提单，根据提单，该经贸公司到韩国A银行结汇，并将正本提单邮寄给开证行（是指接受开证申请人的要求和指示或根据自身的需要，开立信用证的银行，一般是进口人所在地银行。如果信用证受益人提交的单据符合规定，开证行必须向受益人支付信息证金额，或承兑受益人出具的汇票）中国银行某分行。

货物陆续抵达中国后，该服装公司提货时以未收到正本提单为由，向该物流公司提出先提货后补提单的请求。物流公司同意后，根据服装公司出具的"保函"，将货物交给了服装公司。随后，服装公司认为这批货物存在质量等问题并没有付款赎单。之后，三份正本提单被中国银行邮回韩国A银行。

由于国内服装公司未补交正本提单，物流公司要求其返还货物，却遭到服装公司的拒绝。2014年12月23日，韩国A银行以物流公司不法放货为由，向韩国法院提起诉讼，要求物流公司赔偿因无单放货造成的经济损失。2015年1月9日，物流公司以服装公司无正本提单提货并占有货物为由，向人民法院提起诉讼，要求服装公司立即返还货物。2015年1月11日，物流公司申请财产保全，并请求查封服装公司非法占有的货物。物流公司缴纳保全费后，法院同意将货物予以查封。

审理结果

人民法院审理后认为，在该服装公司承诺补单情况下，韩国物流公司将货物交出，而服装公司既没有向物流公司补单，也没有向银行付款赎单。根据《中华人民共和国民法通则》的相关规定，没有合法根据取得不当利益，造成他人损失的，应当将取得的不当利益返还受损失的人。该物流公司没有按照合法程序将货物放给服装公司，也应负一定责任。

人民法院最终判决，自判决生效之日起15日内，该服装公司应向物流公司按原状返还货物，因本案产生的诉讼费、保全费共计人民币54000元，服装公司承担人民币29000元，物流公司承担人民币25000元。

本案是一个因加工贸易引发纠纷的案例，在本案中，货物在承运期间至凭提单提取前，应属韩国某经贸公司合法占有，该服装公司与韩国经贸公司虽签订了相关合同，但服装公司要求物流公司先提货后补提单后并没有向银行付款赎单，依法无权提取并占有该货物。

本案中，因服装公司承诺补单，物流公司才将货物交出，故在提单流转至开证银行前，服装公司是可以占有该货物的，而当提单流转至开证银行，服装公司却不予赎取，违背了补单的承诺，其继续占有该货物便没有了合法依据，因此属于强行占有、不当得利。

法条链接

《中华人民共和国对外贸易法》

第十五条　国务院对外贸易主管部门基于监测进出口情况的需要，可以对部分自由进出口的货物实行进出口自动许可并公布其目录。实行自动许可的进出口货物，收货人、发货人在办理海关报关手续前提出自动许可申请的，国务院对外贸易主管部门或者其委托的机构应当予以许可；未办理自动许可手续的，海关不予放行。

进出口属于自由进出口的技术，应当向国务院对外贸易主管部门或者其委托的机构办理合同备案登记。

第六十四条　依照本法第六十一条至第六十三条规定被禁止从事有关对外贸易经营活动的，在禁止期限内，海关根据国务院对外贸易主管部门依法做出的禁止决定，对该对外贸易经营者的有关进出口货物不予办理报关验放手续，外汇管理部门或者外汇指定银行不予办理有关结汇、售汇手续。

（二）涉外贸易中的违法行为

为了维护正常的外贸秩序，保证良好、稳定的外贸交易条件，促进外贸事业发展，《中华人民共和国对外贸易法》规定了一系列关于对外贸易行为中法律责任的规定。

1. 进出口货物方面的违法行为

（1）走私禁止进出口或者限制进出口的货物，构成犯罪的，依照惩治走私罪的补充规定追究刑事责任；不构成犯罪的，依照《中华人民共和国海关法》的规定处罚。国务院对外经济贸易主管部门可以撤销其对外贸易经营许可。

（2）伪造、变造进出口原产地证明、进出口许可证，依照刑法第一百六十七条的规定追究刑事责任；买卖进出口原产地证明、进出口许可证，比照刑法第一百六十七条的规定追究刑事责任。

单位犯前款罪的，判处罚金，并对单位直接负责的主管人员和其他直接责任人员依照或者比照《刑法》第一百六十七条的规定追究刑事责任。国务院对外经济贸易主管部门可以撤销其对外贸易经营许可。

明知是伪造、变造的进出口许可证而用以进口或者出口货物，依照《中华人民共和国对外贸易法》第三十八条的规定处罚。

（3）违反规定，进口或者出口禁止进出口或者限制进出口的技术，构成犯罪的，比照惩治走私罪的补充规定追究刑事责任。

2. 对外贸易工作人员的法律责任

对我国对外贸易工作人员的一些违法行为也要追究其法律责任，玩忽职守、徇私舞弊或者滥用职权，构成犯罪的，将依法追究刑事责任；不构成犯罪的，给予行政处分。国家对外贸易工作人员利用职务上的便利，索取他人财物，或者非法收受他人财物为他人谋取利益，构成犯罪的，依照惩治贪污罪贿赂罪的补充规定追究刑事责任；不构成犯罪的，给予行政处分。

3. 涉外贸易的欺诈行为

国际贸易欺诈通常是指在国际货物贸易、航运、保险和结算过程中，一方当事人利用国际贸易规则纰漏，故意编造虚假情况或故意隐瞒真实情况，以非法手段骗取对方当事人货物、金钱或船舶的行为。

（1）国际海运方面的欺诈

国际海运方面的欺诈主要是指贸易主体通过伪造提单、利用非法提单和保险等发生的欺诈行为。提单是国际贸易中重要的单据之一，也是海事运输中重要的物权凭证，一些国外的不法商人通过伪造、预借提单、倒签提单或保函换取清洁提单进行欺诈。

还有一些船方和托运人为了获得高额保险费而蓄意破坏船舶和货物，试图通过保险公司理赔的方式进行欺诈。

（2）涉外贸易的合同主体欺诈

涉外贸易的合同主体欺诈主要是指贸易当事人通过变更合同主体进行欺诈，比如编造假企业名称、制造假名片、虚造不存在的企业业务和实体来标榜自己，取得洽谈机会后，骗取货物或货款后逃之夭夭，或者有的子公司所属的母公司知名度高，资金雄厚，打着母公司的旗号进行大额交易，实际上这些子公司根本没有任何支付能力。

（3）国际贸易结算欺诈

一些贸易当事人为了骗取对方发运货物，与一些信誉差的小银行相互串通，开立假的信用证，其通过开证行取得提单后不付款的违法行为就是国际贸易结算欺诈。还有一些贸易当事人为了增大出口商的风险，要求银行在信用证中列出一些模糊不易察觉的条款，一旦出现问题，在结算过程中便利用这些条款使自己处于有利的地位，要求企业对货物降价处理。

以案说法

公司进口贸易中遇到跟单信用证欺诈行为怎么办？

2012年9月15日，原告天津某进出口公司与被告美国某钢材公司签订了一份买卖合同，合同约定，由原告从被告处进口钢材共计5000吨，总价150万美元。原告去中国银行开出受益人为美国某钢材公司的不可撤销信用证，2012年10月8日开证行收到了被告通过议付行（议付行是准备向受益人购买信用证下单据的银行，一般是出口商所在地银行）纽约银行寄来的两套单证——原告分别于2012年10月15日、16日同意承兑信用证项下的款项150万美元。

据此，议付行于2012年10月18日将信用证项下款项贴现给被告。原告收到有关单证后，与他人签订合同，将从被告处进口的钢材售予他人并收取了相应定金。但原告并未收到有关被告承运正本提单项下的货物。经查，提单上显示承运方天津某进口公司货物的轮船在2012年9月18日到11月20日期间从没有出现在卸货港，而且美国某钢材公司委托了联合船务有限公司在美国签发提单，但联合船务有限公司不在美国注册。2013年8月12日，原告以美国某钢铁公司提供假单证骗取结汇、恶意欺诈为由向天津海事法院申请诉前冻结信用证上的货款150万美元。

审理结果

天津海事法院鉴于议付行对该款已经议付，继续冻结有损银行的权益，为保护中外银行的权益，法院于2013年10月12日日下达民事裁定，解除项下货款150万美元支付的冻结状态。

在本案中，美国某钢铁公司的行为属于跟单信用证的欺诈行为，为了骗取结汇，构造虚假船务公司，对原告造成了巨大的损失。作为原告方的天津某进出口公司应该加强法律风险意识，原告方开证行收到单证后并没有提出异议就如约汇款，充分证明我国外贸公司的风险意识薄弱。在今后的涉外贸易中，国内贸易公司可以直接要求外商提供关于其资信方面的材料，如法人资格证明、营业证明、注册资本及法人地址等。另外，可通过银行、行业工会、进出口商会、友好公司的海外机构及国外出版的公司黄页等渠道，了解和调查外商的资信状况及实力。

法条链接

《中华人民共和国对外贸易法》

第三十四条 在对外贸易活动中，不得有下列行为：

（一）伪造、变造进出口货物原产地标记，伪造、变造或者买卖进出口货物原产地证书、进出口许可证、进出口配额证明或者其他进出口证明文件；

（二）骗取出口退税；

（三）走私；

（四）逃避法律、行政法规规定的认证、检验、检疫；

（五）违反法律、行政法规规定的其他行为。

第三节　企业参与公平竞争的法律规制与保护

竞争可以促进企业不断完善，推动企业发展，但在商品生产、流通的过程中，有些企业为了追求更高的经济利益，违背"自愿、平等、诚实、守信"的原则，侵犯他人的合法权益，最终受到法律制裁。对于企业法人来讲，我们一定要在公平竞争的原则下，依法有序地进行贸易活动，保证市场经济正常运行，才能保证企业合法获利。

（一）不正当竞争的法律界定

在商业贸易中，"不正当竞争"是我们经常听到的一个概念，也是企业遭遇贸易风险的一个重要内因。其他企业的不正当竞争也有损于我们的合伙贸易权益，为了避免自己出现不正当竞争行为，同时也为了确保自己遭遇不正当竞争行为时能维护自己的合法权益，有必要了解不正当竞争的含义及法律界定。

1. "不正当竞争"的概念

从法律角度来看，不正当竞争是指企业或其他主体在商品生产、流通等环节，为了谋求利益最大化，不惜违反"自愿、平等、公平、诚实、信

用"等基本贸易原则以及公认的商业道德,逾越正常竞争领域,违背法律
法规,侵犯他人的合法权益,扰乱社会经济秩序的行为。

2. 不正当竞争行为的界定

从"不正当竞争行为"的概念可以看出,界定不正当竞争行为有四个
关键点:一是不正当竞争的主体必须是企业或者其他贸易经营者;二是不
正当竞争行为有违市场贸易的一般准则或者商业道德;三是不正当行为是
一种违法行为,会受到相应的法律制裁;四是不正当竞争行为损害了其他
交易主体的合法权利,并且扰乱了正常的社会经济秩序。

因此,在贸易中,具备了这四个关键点,就会被认为是不正当竞争
行为。

以案说法

以他人名义,多次使用他人企业名称,是否构成不正当竞争行为?

2014年9月21日正式成立的甲公司是一家经营应用管理软件的公司。
2015年6月,甲公司在乙公司的"易用软件"网站上,发现该网站首页以
及公司新闻等栏目中,在醒目位置、文章标题等处共使用甲公司名称200
次,并在交流区的产品意见建议和产品技术支持栏目中多次使用甲公司的
名称,其中包括"甲公司在工商局查证","甲公司敬请大家不要上当受
骗"等文字表述。

2015年7月18日,甲公司向人民法院提起诉讼,要求乙公司停止使用甲
公司企业名称的不正当竞争行为,并向甲公司赔礼道歉、赔偿损失。在甲
公司起诉的第二天,乙公司依然在相关报刊中以甲公司的名义刊登文章,
文章标题部分载明"感谢甲公司提供方案支持",并在文中多处提及甲公
司的企业名称。

审理结果

人民法院经调查认为，乙公司和甲公司在同一个商标注册地，同为经营管理软件公司，拥有相同的消费群体，属于同行业，具有竞争关系。乙公司在拥有登记注册的企业名称情况下，在经营、宣传活动中大量使用与甲公司企业名称相关的表述，足以造成混淆和误解，其行为已构成对甲公司企业名称的违法使用，损害了消费者的合法权益，属于不正当竞争。所以，人民法院最终判决，乙公司停止使用甲公司企业名称的不正当竞争行为，在其网站和报刊上刊登声明，为甲公司消除影响，并赔偿甲公司经济损失及诉讼费三万元。

法条链接

《中华人民共和国反不正当竞争法》

第二条　经营者在市场交易中，应当遵循自愿、平等、公平、诚实信用的原则，遵守公认的商业道德。

本法所称的"不正当竞争"，是指经营者违反本法规定，损害其他经营者的合法权益，扰乱社会经济秩序的行为。

本法所称的"经营者"，是指从事商品经营或者营利型服务的法人、其他经济组织和个人。

（二）不正当竞争行为该承担的法律责任有哪些？

在进行贸易活动中，企业不正当竞争的具体做法有很多，比如采取贿赂或变相贿赂等手段推销商品或采购商品；假冒名牌商品、以次充好、虚假宣传、掺杂使假、从事虚假的有奖销售等非法营销活动；强买强卖，欺行霸市，强迫交换对方接受不合理的交易条件，限制购买者的购买选择，用行政等手段限制商品流通等；编造和散布有损于竞争者商业信誉和产品信誉的不实信息，损害竞争者的形象和利益；侵犯其他经营者的商业秘密；为排挤竞争对手而以低于成本的价格倾销商品；串通投标，有组织地抬高标价或压低标价，或者投标者和招标者相互勾结，以及排挤竞争对手等。

无论以上哪一种，这些不正当竞争行为不仅扰乱公平竞争的市场经济秩序，也对其他合法经营者和消费者的合法权益造成损害。因此，参与不正当竞争的企业必然得到法律相应的惩处。

1. 民事赔偿责任

伴随不正当竞争行为而来的常常是对竞争对手及消费者权益的损害。根据《中华人民共和国反不正当竞争法》及其他法律的规定，凡是在贸易过程中通过不正当竞争给其他经营者或者消费者造成损害的，要承担相应损害赔偿责任。

损害赔偿金额应按被侵害的经营者或者消费者的损失确定，被侵害的经营者的损失难以计算的，赔偿额为侵权人在侵权期间因侵权所获得的利润。此外，因为不正当竞争行为侵权的企业，还要支付被侵害方调查、确认不正当竞争行为所支付的合理费用。

2. 行政责任、刑事责任

经营者违反《反不正当竞争法》的规定，从事不正当竞争行为给其他经营者造成损害的，除了要承担民事赔偿责任之外，监督检查部门还可以根据其行为的严重程度，分别做出责令停止违法行为、没收违法所得并罚款或吊销营业执照等处罚。经营者的不正当竞争行为构成犯罪的，还要依据《刑法》的相关规定承担刑事责任。

以案说法

销售同类商品的不正当竞争行为该受到怎样的处罚？

2013年，原告A饮料厂开发出一种新口味的饮品，该产品投入市场后大受欢迎，在某地区具有一定的知名度，该饮料厂和被告B塑料包装厂通过签订合同进行包装制品的合作，并且要求包装上面印制某市饮料厂的字样。

同年，被告C饮料厂也引进了该口味饮品的设备，C厂也在B塑料厂进行包装定制。在合作过程中，B塑料包装厂和C饮料厂达成协议，私下将9000支印有A饮料厂商标的塑料容器出售给C饮料厂，并在市场上大量出售。这一行为给A饮料厂造成了大量的经济损失，A饮料厂发现此事后，以C饮料厂和B塑料包装厂不正当竞争为由向法院提起了诉讼。

审理结果

法院经审理认为，被告包装制品厂明知所出售的塑料包装制品为原告A饮料厂特制，并印有原告商标名称，在未征得原告同意的情况下，擅自出售使用，已侵犯原告的名称权，理应承担赔偿责任；被告B塑料包装厂在共同侵权中系直接使用者，应承担主要责任。根据《中华人民共和国民法通则》第一百一十七条、第一百二十条、第一百三十四条，《中华人民共和国反不正当竞争法》第五条第（三）项之规定，判决如下：一、C饮料厂销售非法所得利润5万元赔偿给原告；二、C饮料厂和B包装制品厂共同赔偿原告商誉损失4万元及律师代理费1万元，共计5万元，其中C饮料厂承担60%，B包装制品厂承担40%，于判决生效后付清；三、C饮料厂还未使用的带有原告名称的塑料容器，原价退回包装制品厂。

我国《反不正当竞争法》第二条第一款规定：经营者在市场交易中，应当遵循自愿、平等、公平、诚实信用的原则，遵守公认的商业道德。在本案中，C饮料厂的不正当竞争行为直接给A公司造成了严重的经济损失，扰乱了市场正常的经济秩序，所以法院做出了支持原告的判决。

法条链接

《中华人民共和国反不正当竞争法》

第二十条　经营者违反本法规定，给被侵害的经营者造成损害的，应当承担损害赔偿责任；被侵害的经营者的损失难以计算的，赔偿额为侵权人在侵权期间因侵权所获得的利润；并应当承担被侵害的经营者因调查该经营者侵害其合法权益的不正当竞争行为所支付的合理费用。

第四节　企业市场营销要遵循哪些原则

市场营销是企业贸易的重要一环，也是决定企业利润与收益的关键节点。然而，在当前的营销环境中，一些企业制定的营销策略及实际的营销活动中依旧存在很多突出的法律问题，最终给自己带来了不良的影响。因此，依法进行营销活动策划和管理就成了企业进行市场营销活动的当务之急。

（一）企业制定营销策略的法律原则

企业在进行市场营销的过程中，要以依法、合法、守法为根本出发点，遵守市场经济秩序，遵循市场交易原则，这样才能保证自己的行为是有效行为，保证最终收益是合法所得，同时避免法律风险。

1. 平等的原则

此原则主要是指参加营销活动的当事人，不管其经济实力强弱，在法律上都享有平等的地位，任何一方都不能将其意见强加给另一方。同时，法律也给双方当事人提供平等的保护权利，各个营销主体都要进行平等交换，平等竞争，任何人都无权无故占有另一个人的劳动成果。平等原则是企业市场营销策略中的一项重要原则，也是合法交易的前提。

2. 自愿的原则

自愿的原则是指所有参加营销活动的当事人在法律许可的范围内，对于是否建立合同关系，有权自主决定，任何机关、组织、个人都无权非法干预。如果企业通过自己独特的营销手段，将其出售的商品合理地推销给消费者，并且被消费者所认可，使消费者自愿购买，这也符合消费者自愿购买的原则。

3. 等价、有偿的原则

市场营销中等价、有偿的原则是在法律范畴内一种财产性质的的体现，是指民事主体在实施民事活动中要实行等价交换，取得一项权利后应当向对方履行相应的义务。在市场营销活动中，禁止非法无偿地占有他人的财产，不得无偿占有、剥夺他方的财产，不得非法侵害他方的利益；在造成他方损害的时候，应该给予受害人同等价值的补偿。

以案说法

违背竞争中自愿平等的原则怎么办？

2014年2月9日，某市A酒厂正式成立，并且在该市商标局注册商标一枚。该厂生产的白酒产品除了印有这个商标外，还印有"A酒"这一特定名称。被告B厂为该市另一生产白酒的厂家，被告为了与原告争夺市场，拿着印有原告商标图案的瓶贴直接到该市的印刷厂，令其把名称从"A

酒"改为"B酒",把商标图案略加改动,其余均仿照印制。此后,被告开始大量生产B酒并对外销售,对原告商品的市场份额造成不良影响。因此,原告A酒厂向法院提起了诉讼。

审理结果

法院经审理认为,被告没有遵守市场竞争中"公平、自愿"的原则,其不正当竞争行为给原告企业造成了严重的损失,损害了社会公共利益,扰乱了社会经济秩序。根据《民法通则》第四条、第五条、第七条的规定,原告要求停止侵害,赔偿损失的诉求是正当的,应予支持,因此判决被告B酒厂立即停止侵权行为,并处以罚款2万元。

法条链接

《中华人民共和国反不正当竞争法》

第二条 经营者在市场交易中,应当遵循自愿、平等、公平、诚实信用的原则,遵守公认的商业道德。

(二)市场营销管理的基本原则

营销方式必须合理、合法,才能保证企业的利益。因此,企业有必要依法建立起一个科学的营销管理体系,坚持遵守营销活动中的管理秩序,有效及时地规避在市场经济竞争中的各种法律风险,使企业获得最大的经济利益。

1. 建立科学的营销管理体系

为了更好地进行市场营销管理,企业可以建立起一套行之有效的营销管理体系。具体来讲,这个管理体系可以包括营销管理制度、营销人员管理制度、渠道管理制度等,并配之以相应的法律条款和规定,一方面确保整个管理体系科学、全面，另一方面保证这个体系在法律范围内运行。

2. 提高营销人员的法律素养

任何的营销策划和营销行动最终都必须由人来完成。在实际的营销活动中，有些管理者或者营销人员法律意识淡薄，要么无法界定哪些是合法行为哪些是违法行为，要么存在侥幸心理，明知违法却为了私利铤而走险。毫无疑问，不管是哪一种，最终都会给企业带来法律风险，让企业为之承受损失。

所以，企业在营销活动开展前，可以有意识地对员工的法律素养进行培养，让他们明白如何科学、合理地进行营销活动，可以予以警示，哪些行为一定不能做。

3. 尊重消费者合法权益的原则

企业在产品推出后，通过有效的营销手段将产品进行交易，销往各个不同的区域，产品的受众群不同，但消费者应该享受一样的市场服务。《消费者权益保护法》规定要保护消费者的合法权益，禁止企业为了竞争大打价格战，严禁地域歧视营销行为出现。

以案说法

为促销商品，设置免费抽奖活动，是否构成消费欺诈行为？

2015年10月，甄女士在某商场购物时受到商场工作人员热情接待，邀请其参加免费抽奖活动。于是，甄女士抱着试试看的想法抽了一张奖券，结果中了二等奖。之后，工作人员便让她从指定范围内的商品中挑选一件，甄女士挑了一款吊坠，标价2000元。商场工作人员告诉她，因为她中的是二等奖，可以享受2折的优惠，甄女士须支付400元。在销售人员的热情推荐下，甄女士支付了400元购买了该吊坠。

回家后，甄女士前思后想，觉得自己上当受骗了，到商场要求退货并双倍返还，遭到商家的拒绝，于是，甄女士向人民法院提出申诉。

审理结果

人民法院认为，商家以免费抽奖为诱饵诱惑甄女士购买促销商品，这种行为已构成消费欺诈行为，所以，人民法院最终判决，商家应立即给甄女士退货，并双倍赔偿金额800元。

本案是一个因促销商品而引发纠纷的案例，在本案中，商场以免费抽奖为诱饵，故意蒙蔽消费者，从而达到促销商品的目的，可以判断商家存在侵害消费者权益行为，理应受到法律的制裁。

法条链接

《侵害消费者权益行为处罚办法》

第四条　经营者为消费者提供商品或者服务，应当遵循自愿、平等、公平、诚实信用的原则，依照《消费者权益保护法》等法律法规的规定和与消费者的约定履行义务，不得侵害消费者合法权益。

第六条　经营者向消费者提供有关商品或者服务的信息应当真实、全面、准确，不得有下列虚假或者引人误解的宣传行为：

（五）以虚假的"清仓价"、"甩卖价"、"最低价"、"优惠价"或者其他欺骗性价格表示销售商品或者服务；

第五章 <<

财税法律实务：
不懂财税等于给罪恶开
了一扇大门

在经营过程中，企业不仅要受到财务、税务法规的约束，还要受到其他相关法律法规的约束。如果企业管理者不懂财税法律的相关知识，就等于给罪恶打开了一扇大门，会使企业因自己不经意的操作或财务人员缺乏经济法律的认识，触犯到相关法律法规。所以，企业经营中不仅要掌握财务、税务法律，还要掌握与财务工作相关的法律规范知识及实践操作中的风险防范，避免不必要的损失。

第一节　企业财务管理的内容

在企业管理中，如果企业法人不懂财务，财务管理就容易存在各种漏洞，比如财务人员挪用单位资金或公款私存等，这些漏洞像定时炸弹一样，一旦爆发会给企业带来不可弥补的损失。为了避免这种情况发生，企业法人必须重视财务管理，掌握有关财务管理方面的知识，才能将企业管理得井井有条。

（一）企业如何做好筹资管理？

在企业的生产经营与发展过程中，筹资是企业面临的重大问题，它涉及筹资企业与投资者之间的责权利关系，也是企业生存与发展的基本前提，所以，企业如果能够进行科学的筹资管理，不但能保护筹资与投资各方的合法权益，还能提高企业的经济效率。那么，企业该如何做好筹资管理呢？

1. 遵守筹资的基本原则

对企业来说，筹资是一项重要而复杂的工作。为了安全筹集企业所需资金，企业必须遵循筹资的基本原则，主要包括规模适当原则、筹措及时原则、来源合理原则、方式经济原则。

2. 企业对取得的资金要区别处理

根据《企业财务通则》的相关规定，企业取得的各类筹集资金要根据不同的情况进行处理，具体如下：（1）属于国家直接投资、资本注入的，按照国家有关规定增加国家资本或者国有资本公积。（2）属于投资补助的，增加资本公积或者实收资本。国家拨款时对权属有规定的，按规定执行；没有规定的，由全体投资者共同享有。（3）属于贷款贴息、专项经费补助的，作为企业收益处理。（4）属于政府转贷、偿还型资助的，作为企业负债管理。（5）属于弥补亏损、救助损失或者其他用途的，作为企业收益处理。

3. 选择合适的筹资渠道与方式

对于企业来说，筹资渠道解决的是企业的资金来源，而筹资方式解决的是企业通过何种方式取得资金，它们之间存在一定的对应关系。企业筹资时，一定要选择合适的筹资渠道与方式。

一般来说，企业的筹资渠道主要包括国家财政资金、银行信贷资金、非银行金融机构资金、民间资金、企业内部形成资金及其他法人单位资金；企业的筹资方式主要包括吸收直接投资、发行股票、借款、利用商业信用、发行债券、融资租赁、利用留存收益及认股权证筹资、可转换债券筹资等。

4. 明确筹资目的

按照《企业财务通则》的相关规定，企业通过借款、发行债券、融资租赁等方式筹集债务资金时应该明确筹资目的，比如：满足设立企业的要求或者满足资金结构调整的需要等。同时，企业还须根据资金成本、债务风险和合理的资金需求进行必要的资本结构决策，并签订书面合同。

以案说法

公司故意隐瞒事实，骗取他人借款。这种行为是否已构成犯罪？

2012年，张耀辉出资100万元注册了某酒业有限公司，并自任法定代表人。2013年3月，某酒楼开始营业，由张耀辉全权负责酒楼经营管理。同时，张耀辉通过自有住房抵押贷款和向他人借款的方式筹集资金300万元，主要用于酒楼经营。2014年，张耀辉投入40万元用于酒楼装修，由于要归还借款和利息，张耀辉的手头资金周转困难。

2015年1月，张耀辉开始向他人借高利贷，并以后贷还前贷，导致公司资金链断裂，资不抵债。2015年2月至2015年9月间，张耀辉以投资超市、银行归还贷款等理由，隐瞒了个人酒楼真实资金状况，骗取赵某等人的借款，将所得款项大部分用于归还所借高利贷本息，致使赵某等人损失630万元。于是，赵某等人将其告上法庭。

审理结果

法院审理后认为，张耀辉在负债装修酒楼时已经欠下巨额高利贷本案，但他故意隐瞒个人和公司真实资金状况，虚构了归还银行借款等虚假事实，骗取赵某等人的借款，金额巨大，这种行为已构成诈骗罪，所以，人民法院最终判决张耀辉犯诈骗罪，应追究其刑事责任。

法条链接

《中华人民共和国刑法》

第一百九十二条 以非法占有为目的，使用诈骗方法非法集资，数额较大的，处五年以下有期徒刑或者拘役，并处二万元以上二十万元以下罚金；数额巨大或者有其他严重情节的，处五年以上十年以下有期徒刑，并处五万元以上五十万元以下罚金；数额特别巨大或者有其他特别严重情节的，处十年以上有期徒刑或者无期徒刑，并处五万元以上五十万元以下罚金或者没收财产。

（二）企业营运资金管理容易存在哪些问题？

营运资金管理也是企业财务管理的一项重要内容，由于企业管理者的知识、思想和经验有限，民营企业在营运资金管理方面往往也存在很多问题。

1. 营运资金结构不合理

在营运资金短缺的情况下，如果企业盲目扩大固资资产投资规模，就会使企业的长期负债率呈上升趋势，而营运资金占用率会出现下降的现象，这样就会影响企业的正常生产经营活动。不难看出，营运资金短缺会造成企业盈利能力下降，如果企业的营运资金结构长期处于不合理的状态，势必会使企业的资金链断裂，从而增加企业的财务风险。

2. 信贷资金比重较大

绝大多数企业主要是通过银行短期借款来进行融资的，这种方式最大的优点是资金比较充足，弹性较强，可随借随还，能在较短的时间内为企业提供足够多的资金。美中不足的是，资金成本较高，限制条件也比较多。

实际上，在信贷资金管理上，很多企业容易存在误区，缺乏对营运资金管理进行规划，在扩大企业经营的过程中很容易出现资金筹集与运用不匹配的情况。

3. 营运资金短缺

要想在最短的时间内发展壮大起来，企业必须要有足够的资金。然而，在企业经营过程中，由于受到市场经济等诸多因素的影响，绝大多数企业都存在经营资金不足的问题。除国家紧缩货币政策等因素会使企业面临经营资金短缺问题外，企业如因经营需要而扩大生产规模，也需要大量的固定资产投资。如果企业没有做好投资管理，很容易出现营运资金短缺的现象，营运资金短缺在一定程度上会制约企业发展规模。

4. 营运资金运营效率低

在企业经营过程中，有些企业的营运资金效率比较低，存在流动资金周转速度慢与商业信用使用差距较大的现象。

实际上，企业之所以出现这种现象，一方面是因为对应收账款控制得不够严格，导致账面应收账款较大，回收周期较长，呆坏账的发生率也比较大。企业只重视市场占有率和销售业绩，对应收账款的管理重视度较低，就导致实际现金流不断较少，从而降低营运资金使用效率。

另一方面，因为对市场产品需求把握不够准确，导致产品结构不合理，产品滞销，或生产组织协调较差。在企业某个生产环节上原材料积压，使产品账面价值过高，可变现能力差，严重影响着企业流动资金周转速度。

以案说法

公司与他人合作，多次向对方发货却一直未收到对方的货款，导致公司应收账款增加。合作方这样做对吗？

2010年，某机器厂上市，其净资产从4000万元猛扩张为140亿元，其品牌成为全国驰名商标。上市之初，该机器厂的利润连年快速增长，但其应收账款也迅速增加，应收账款周转率逐年下降。

后受市场竞争的影响，该机器厂的营业额不断下滑，股价也不断下跌。为了遏制这种情况，2014年，该机器厂与甲公司合作，双方约定，由该机器厂发货，甲公司收到货后三个月内付款，否则该机器厂有权拒绝发货。然而货发出去了，货款未收回，该机器厂一方面提出对账的要求，一方面继续发货，直到2015年8月，该机器厂又发出2000万元的货给甲公司，甲公司一直未付款，该机器厂多次向甲公司索要而甲公司拒绝付款。于是，该机器厂向人民法院提出申诉。

审理结果

人民法院经审理认为，该机器厂如约履行自己的义务，并多次给甲公司发货，而甲公司在该机器厂多次索要时仍拒绝付款，这种行为已违背了诚实信用原则，所以，甲公司应在判决生效后十日内给付该机器厂全部货款及利息。

本案是一个因应收账款而引发纠纷的案例，在本案中，该机器厂想要改变公司状况而与甲公司合作，多次给甲公司发货但甲公司却未按其约定付款，导致该机器厂不但没有改变自己的经营状况，反而增加了应收账款，且应收账款一直未收回。根据《中华人民共和国民事诉讼法》相关规定，甲公司应加倍支付合同履行期间的债务利息。

法条链接

《中华人民共和国物权法》

第二百二十八条　以应收账款出质的，当事人应当订立书面合同。质权自信贷征信机构办理出质登记时设立。应收账款出质后，不得转让，但经出质人与质权人协商同意的除外。出质人转让应收账款所得的价款，应当向质权人提前清偿债务或者提存。

（三）企业如何进行利润分配？

利润是企业经营活动的主要目标，也是企业生存发展的核心指标。利润的多少不仅直接影响企业积累资金的数量和速度，也会影响企业再生产的规模和速度。因此，利润如何管理也就成了企业财务管理的一项重要内容。企业要想创造更多的利润，必须掌控利润区，保证绝对收入。

在利润管理中，利润分配尤为重要，它是企业管理者将企业实现的净利润按照法律规定的分配形式和分配顺序，在企业和投资者之间进行分配。在一定程度上，利润分配的过程和结果将直接影响所有者的合法权益以及企业的长期稳定发展，所以，企业的管理者必须知道如何进行利润分配。

1. 利润分配的确认

利润分配的实质是国家、投资者、企业和企业内部职工之间的利益分配有三个问题须注意：一是企业利润分配的对象即分什么，答案很明显，就是企业实际所得的所有利润收入；二是企业利润分配的主体即分给谁，通常，一个企业利润分配的主体不仅包括企业所有者和投资者，还包括国家和企业内部员工；三是企业利润分配的时间即利润分配发生的时间，也就是什么时候分，通常在时间上，一般法律不做具体规定，企业可根据自己的实际情况做出向内向外分配利润的时间安排。

2. 分配利润的原则

分配利润时，企业应当遵守分配利润的原则，主要包括依法分配原则、资本保全原则、充分保护债权人利益原则和多方及长短期利益兼顾原则。

3. 企业利润分配项目

按照《中华人民共和国公司法》的规定，企业利润分配的项目主要包括法定公积金、公益金和股利。其中，法定公积金是从净利润中提取的，主要用于弥补企业亏损、扩大企业生产经营或转为增加企业资本。分配当年税后利润时，企业应该按照10%的比例来提取法定公积金。当法定公积金累计额达到企业注册资本的50%时，企业将无法继续提取。

另外，在提取公积金后，企业才能向股东（投资者）支付股利（分配利润），股利分配应该将各股东持有股份（投资额）的数额作为依据，与其持有的股份数成正比。在原则上，股份有限公司应该从累计盈利中分派股利，没有盈利就无法支付股利。不过，如果企业经营不善想用公积金来抵补亏损，只有经过股东大会特别决议后，才能用公积金支付股利。

4. 企业利润分配的顺序

根据《中华人民共和国公司法》等有关法规的规定，企业当年实现的净利润一般应按照以下顺序进行分配：（1）弥补以前年度亏损；（2）提取法定盈余公积金；（3）提取法定公益金；（4）支付优先股股利；（5）提取任意盈余公积金；（6）支付普通股股利；（7）转作资本（股本）的普通股股利。

以案说法

职工入股，因违反公司的规定被通知退股，且不能享受股东分红。公司的做法对吗？

2009年9月，卫尚国成为某公司一名职工。2013年6月，该公司设立了职工持股会。同年11月，卫尚国出资5000元入股，该公司补贴其5000元作为入股金，每股1元，卫尚国共持有该公司10000股股份。2014年11月，该公司送卫尚国2000股，卫尚国共持股12000股。

2015年2月19日，职工持股会作出了《职工持股会管理办法》的补充规定，其中第三条规定：休一年以上病假、待退休、待岗，连续半年不能坚持正常上班者，所持股份按原值全额退出。同年9月，该公司明确已在4月正式通知卫尚国退股，不享有自2015年4月起的分红，资金代为保管。由于卫尚国不同意退股，便以公司盈余分配权受到侵害为由，将该公司告上人民法院。

审理结果

人民法院认为，该公司持股会对卫尚国股份做出退股处理后并没有与其办理退股手续，所以，退股不能成立。另外，该公司以卫尚国连续半年不上班为由视为卫尚国退股，且不支付其相应股息，这种做法不符合《公司法》的相关规定，所以，人民法院最终判决，该公司应当支付卫尚国股东分红，并承担相关费用。

本案是一个有关股利分配请求权而引发纠纷的案例。在本案中，职工持股会做出《职工持股会管理办法》的补充规定中有关职工退股的内容是无效的，因为职工退股构成公司资本减少，这不但违反了《公司法》有关公司减资的规定，还侵害了职工作为股东的权利，因为职工持股会毕竟不是股东，没有权利处分职工的股权。

另外，卫尚国作为该公司的股东，享有公司盈余分配权，而该公司以退股之名剥夺了卫尚国的这项权利，显然，该公司违反了《公司法》的强制规定，应承担相应的法律责任。

法条链接 ◣

《中华人民共和国公司法》

第四条 公司股东依法享有资产收益、参与重大决策和选择管理者等权利。

第三十五条 公司成立后，股东不得抽逃出资。

第二节 企业会计管理实务

在企业管理中，会计管理是企业实行科学管理、监督整个企业经营活动的重要手段。随着企业制度不断完善，会计管理在企业中的作用日益显现。同时，企业会计管理的工作也逐渐从信息咨询、服务等职能，转向预测、监测和参与企业决策等职能方向发展。做不好会计管理，就会造成企业会计信息失真，企业管理也会变得困难重重。所以，企业法人一定要对会计管理工作引起重视。

（一）会计工作可能存在哪些问题？

在现代企业管理中，会计工作有着非常重要的地位，是各企业不可缺少的一项基本工作。然而在实践中，有一些企业没有认识到会计工作的重要作用，不重视会计工作，会计部门不健全，会计工作杂乱无章，给企业的经营管理工作带来了严重的消极影响。虽然，国家根据市场经济的发展，完善了企业的会计准则体系，但很多企业在会计工作中仍然存在各种各样的问题，主要表现在以下几个方面。

1. 会计人员缺乏专业的知识

由于企业没有对会计人员进行相关业务知识的培训，部分会计人员又缺乏专业的知识，对会计知识一知半解，不能按照会计制度建账，记账比较随意，手续也不清楚，较容易出现诸多严重的差错，比如：编制记账凭证无原始单据或单据不全、账簿记录摘要不清、不顺时记账、不按规定改错等。

2. 会计人员综合素质能力较低

在会计工作中，有些民营企业为了节约成本，会招聘一些实践经验少的会计工作人员或低薪招聘兼职人员，这样容易造成会计人员的综合素质较低，能力较差，无法做好最基本的工作。一些兼职会计人员的责任心较低，只是简单地完成账务记账、报账等工作，马马虎虎应付了事，严重影响企业的财务工作质量。

3. 会计核算基础资料不实

对于企业来说，会计核算主要是以企业经济活动中取得的各种原始凭证为依据，而有些企业为了局部利益，或者小团体利益的需要，用假发票或原始凭证来处理一些不合法的开支。由于企业对凭证审核不够规范，使原始单据和记账凭证金额不相符，甚至有虚报冒领现象，造成企业的明细科目记载不清、财务混乱、会计信息严重失真等问题。

4. 账实长期不符

有些企业没有建立财产物资定期清查盘点制度，长期对财产不进行清查，使企业的账实不符现象比较严重。除此之外，有些企业的部分财产早已报废，却仍然存在于账面上，甚至有些企业购进的财产没有如实地反映在财产账上，使企业出现财产不实、数据失真的现象。

5. 企业对会计重视不足

有些企业法人认为，会计不过就是简单的记账、算账、报账而已，对会计的重视程度不足，因而聘用的报账员绝大多数没有从业资格证书，或者招聘兼职的报账员，甚至让财务人员轮流担任报账岗位工作，使得财务人员无法安心进行会计工作，直接影响了企业的会计工作。

以案说法

公司负责人聘用未持有会计资格证书人员从事会计工作，这种行为是否违法？

2013年8月，张某应聘到某电器厂担任厂长。2013年5月，财会机构负责人李某由于工作调动，该职位暂缺，张某便将自己的好友任某任命为新的财会机构负责人。为了报答张某的知遇之恩，任某将张某的女儿招聘到厂里担任出纳工作，主要负责往来款项账簿的登记工作。

2014年1月，财政局对该厂的会计工作进行检查，发现张某的女儿没有会计证，便对财会机构负责人任某进行罚款处理。任某不服，向人民法院提出申诉。

审理结果

人民法院认为，该厂财会负责人任某聘用张某的女儿担任出纳工作，而张某的女儿并没有会计证，这种行为已违反了《会计法》的相关规定，所以，人民法院最终判决，该厂财会负责人任某处2000元罚款，并责令该厂另行任用有会计从业资格证书的人员担任会计工作。

法条链接

《中华人民共和国会计法》

第三十八条　从事会计工作的人员，必须取得会计从业资格证书。

担任单位会计机构负责人（会计主管人员）的，除取得会计从业资格证书外，还应当具备会计师以上专业技术职务资格或者从事会计工作三年以上经历。

会计人员从业资格管理办法由国务院财政部门规定。

（二）如何做好会计核算

在企业管理中，会计核算是会计工作的重要组成部分，其主要职能是利用会计方法对企业管理经济活动提供所需的会计信息。可以说，认真做好会计核算工作是会计人员的主要职责，一旦会计核算出现问题，不但会使会计信息失真，还会影响投资者、债权人及社会公众的利益。因此，如何做好会计核算便成为各个民营企业想要重点解决的问题。

1. 掌握会计核算的相关内容

如果企业有下列经济业务事项，应当办理会计手续，进行会计核算：（1）款项和有价证券的收付；（2）财物的收发、增减和使用；（3）债权债务的发生和结算；（4）资本、基金的增减；（5）收入、支出、费用、成本的计算；（6）财务成果的计算和处理；（7）须办理会计手续、进行会计核算的其他事项。

2. 运用会计核算的方法

一般来说，会计核算方法是指从取得经济业务到编制会计报表的过程中，企业所采用的一系列记账、算账、报账等专业方法，主要包括设置会计科目与账户、填制和审核会计凭证、复式记账、登记账簿、成本计算、财产清查、编制会计报表等。

这些会计核算方法既相互联系又相互独立，有些方法可以同时使用，有些方法使用时有先后顺序。如果企业能够灵活运用这些会计核算方法，就能全面、完整、真实地核算和监督企业的经济活动。

3. 了解会计核算的形式

实际上，只掌握会计核算方法还不够，还须掌握会计核算形式。会计核算形式是指企业将经济业务原始信息经过加工生成会计信息的步骤和方法，主要有记账凭证、科目汇总表、汇总记账凭证、多栏式日记账和日记总账五种会计核算形式。

这些会计核算形式既有相同点又有区别，其主要区别在于登记总分类账的依据和方法不同。实际上，对于一个企业来说，这些会计核算形式并非都能适用，所以，企业要想做好核算工作，必须正确选择适合本企业的会计核算形式，其基本原则是适应业务特点、满足管理需要、简化核算手续。

4. 会计核算的要求

根据《会计法》的相关规定，会计核算的要求主要体现在三个方面：一是对会计核算依据的基本要求；二是对会计资料的基本要求；三是对会计电算化的基本要求。根据法律规定，可以将其基本内容概括为：一个中心、两个基本要求和三个统一规定。

其中，一个中心是会计资料真实、完整；两个基本要求是会计核算必须是以实际发生的经济业务事项为依据和依法设账；三个统一规定主要包括正确采用会计处理方法、正确使用会计记录文字及使用电子计算机进行会计核算必须符合法律规定。

5. 遵守会计核算的原则

根据《会计法》的相关规定，会计核算人员必须遵守会计核算的原则，即真实性、准确性、完整性、及时性，这是会计核算工作质量的必要条件，也是会计工作人员职业操守的集中体现。

在会计核算原则中，真实性是指根据实际发生的经济业务，必须如实反映企业财务状况和经济成果，做到内容真实、数字准确、资料可靠；准确性是指企业必须合理、合法地处理会计事项，并正确计算相关数字；完整性是指对企业的生产经营活动和其他活动的各方面或全过程，都要全面记录、计算和报告，不允许有遗漏的地方；及时性是指企业发生经济业务时，要按时进行会计处理和记录、计算，并根据相关规定按时向有关对象报告。

以案说法

公司领导弄虚作假，虚报公司利润，并对财务人员实行报复行为。这一行为是否违反了法律的相关规定？

2011年5月22日，赵阳进入某公司担任财务科长一职。2014年9月8日，赵阳因病请假，该公司领导李强便趁其病假期间弄虚作假，采用不计算铁库存量、虚增300型台磅产量、虚开发票销售额少摊费用成本等手段，共虚报公司利润10万元。

赵阳上班后发现会计核算有问题，便向该公司领导李强指出错误。然而，李强非但没有纠正错误，反而将赵阳强行调离工作岗位。赵阳不服，向人民法院提出申诉，要求该公司恢复其职务、级别。

审理结果

人民法院经调查认为，该公司领导趁财务科长赵阳生病期间弄虚作假，随意改变费用成本，编制虚假利润，并对赵阳实行打击报复，这一行为已严重违反了《会计法》的相关规定。所以，人民法院最终判决，该公司应恢复赵阳原职务、级别，并对该公司领导处以4000元的罚款，且追究其相应的刑事责任。

本案是一个有关会计核算而发生问题的案例，在本案中，当财务科长指出公司领导李强的违法行为后，李强对进行打击报复，根据《会计法》的相关规定，任何单位和个人不得对依法履行职责、抵制违反本法规定行为的会计人员实行打击报复，违反者应对其处以3000元以上50000元以下的罚款并依法给予行政处分，构成犯罪的依法追究其刑事责任。李强应对自己的违法行为承担相应的法律责任。

法条链接

《中华人民共和国会计法》

第二十六条 公司、企业进行会计核算不得有下列行为：

（一）随意改变资产、负债、所有者权益的确认标准或者计量方法，虚列、多列、不列或者少列资产、负债、所有者权益；

（二）虚列或者隐瞒收入，推迟或者提前确认收入；

（三）随意改变费用、成本的确认标准或者计量方法，虚列、多列、不列或者少列费用、成本；

（四）随意调整利润的计算、分配方法，编造虚假利润或者隐瞒利润；

（五）违反国家统一的会计制度规定的其他行为。

第三节　民营企业的税务管理

对企业而言，依法纳税是一项非常重要的经济活动，也是应该履行的法律义务，企业想要长足发展，必须加强对税务重视和管理力度。然而现实中很多企业的税务管理意识比较薄弱，不遵守国家的相关规定，肆意偷逃税，这样不但加大了企业的税务风险，而且容易产生税务纠纷，甚至会危及企业的生存，为了规避企业的涉税风险，企业一定要做好税务管理工作。

（一）企业如何做好税务登记？

企业在经营过程中必须依法纳税，税务登记证就是企业履行了纳税义务的最好证明，企业可以凭借税务登记证办理多种税务事项，比如申请减税、免税或退税等。然而在现实生活中，很多企业对税务登记毫不重视，导致企业最终不得不承担相应的法律责任。为了避免类似的情况发生，企业应该如何做好税务登记工作呢？

1. 依法办理税务登记

如果企业是从事生产、经营的，想要办理税务登记，必须从领取营业执照之日起30日内向生产、经营地或者纳税义务发生地的主管税务机关进行申报。申报过程中，企业须如实填写税务登记表，并按照税务机关的要求提供相关证件、资料。

2. 持有税务登记证件的条件

按照《税收征收管理法》的相关规定，除了须发给税务登记证件的以外，企业在办理以下事项时必须持税务登记证件：（1）开立银行账户；（2）申请减税、免税、退税；（3）申请办理延期申报、延期缴纳税款等手续；（4）领购发票；（5）申请开具外出经营活动税收管理证明；（6）办理停业、歇业等手续；（7）其他有关税务事项。

3. 验证或换证

由于税务机关对税务登记证件实行定期验证和换证的制度，所以企业必须在规定的期限内持有关证件到主管税务机关办理验证或者换证手续。如果企业遗失了税务登记证件，可以在15日内以书面的形式报告主管税务机关，并登报声明作废。

4. 变更税务登记

如果企业税务登记的内容发生了变化，可以到工商行政管理机关或其他机关办理变更税务登记，并从变更之日起30日之内持有有关证件向原税务登记机关进行申报。如果企业无须到工商行政管理机关或其他机关办理变更登记，可以从发生变化之日起30日内持有关证件向原税务登记机关进行申报。

5. 注销税务登记

如果企业发生解散、破产、撤销及其他情形，并依法终止纳税义务，在办理注销税务登记时可以持有关证件向原税务登记机关进行申报。然后，企业还须向工商行政管理机关或者其他机关办理注销登记。如果企业无须到工商行政管理机关或其他机关办理注册登记、办理注销税务登记时，可以从有关机关批准或者宣告终止之日起15日内持有关证件向原税务登记机关进行申报。

由于企业的住所、经营地点发生变动，须改变税务登记机关，在办理注销税务登记时可以向原税务登记机关进行申报，然后企业再向工商行政管理机关办理注销登记。如果企业的营业执照被工商行政管理机关吊销，必须从营业执照被吊销之日起30日内向原税务登记机关申报办理注销税务登记。企业办理注销税务登记之前，须向税务机关结清应纳税款、滞纳金、罚款，缴销发票、税务登记证件和其他税务证件。

以案说法

如果公司没有依法清算和注销，会产生终止的法律效果吗？

2010年11月16日，甲公司与乙公司签订了一份《合同书》，约定乙公司委托甲公司承建蓝天花岗岩厂。2013年2月3日，甲公司又与乙公司签订一份《合同书》，约定甲公司为乙公司新建和改建项目。2014年8月15日，乙公司向甲公司出具工程结算单，确认两次工程造价为70万元，其中，乙公司已经向甲公司付款45万元，尚欠工程款25万元，该结算单上盖有乙公司公章。

2015年6月，乙公司因连续两年以上未年检，被工商局吊销了营业执照，而这时，甲公司第三次向乙公司发出《欠款通知书》，要求乙公司确认并付清工程款，如果乙公司再不还清剩余工程款便将其告上法庭。虽然乙公司签收了该催款书并盖了章，但乙公司一直拖欠不还，乙公司认为营业执照已吊销，公司已不存在，甲公司想将其告上法庭没有法律依据。无奈下，甲公司向人民法庭提出诉讼。

审理结果

人民法院认为，甲公司与乙公司两次签订的《合同书》合法有效，应该受到法律的保护。虽然乙公司于2015年6月被工商局吊销了企业执照，但由于税务登记未注销，该主体仍承担责任，所以人民法院最终判决，乙公司应支付甲公司剩余工程款，并赔偿其相应的违约金。

本案是一个有关营业执照吊销后公司是否已终止而产生纠纷的案例。在本案中，虽然乙公司被吊销营业执照，但乙公司丧失的是经营资格，并没有丧失法律上的主体人格，只有经过清算并办理完工商注销登记和税务注销登记，乙公司才会产生终结的效果，对于乙公司认为自己被吊销营业执照，没有法律具体资格的理解是不对的。

根据《最高人民法院关于企业法人营业执照被吊销后，其民事诉讼主体地位如何确定的复函》的相关规定，如果企业出现营业执照被吊销的情况，企业应当按照相关规定和程序，履行解散、清算程序后，到工商部门办理注销手续。另外，根据《公司法》的相关规定，任何公司没有经过清算，未进行注销登记之前，公司是无法终止的。

法条链接

《中华人民共和国公司法》

第一百八十八条　公司清算结束后，清算组应当制作清算报告，报股东会、股东大会或者人民法院确认，并报送公司登记机关，申请注销公司登记，公告公司终止。

（二）企业如何做好账簿、凭证管理？

在税务管理中，账簿、凭证管理看似只是一项简单的基础工作，却是企业管理中不可或缺的重要环节，账簿、凭证管理得好坏与否将直接影响企业的发展。在现实生活中，很多企业对账簿、凭证管理的意识比较薄弱，会存在一些不规范的行为，比如应当建账而不建账或账目比较混乱，导致企业管理混乱，财务收支统计不准确。

为了掩盖真实的财务状况和经营成果，一些企业任意伪造账簿、凭证，或者不按规定保管和销毁账簿凭证，最终受到了法律的制裁。为了加强账簿、凭证管理，减少不必要的经济损失，企业该如何管理账簿、凭证呢？

1. 保管好账簿、记账凭证、完税凭证及其他有关涉税资料

对于企业来说，账簿、记账凭证、完税凭证及其他有关涉税资料是企业从事生产经营活动、履行纳税义务的有效凭证，其必须合法、真实、完

整，不能伪造、编造或擅自损毁。如果法律、行政法规没有特殊规定，企业保管账簿、记账凭证、完税凭证及其他有关涉税资料的期限一般为10年。

当账簿、记账凭证、完税凭证及其他有关涉税资料的保险期满，企业想要销毁必须按规定编制销毁清册，经主管税务机关批准后才能将其销毁。

2. 按规定开具、使用、取得发票

开具、使用、取得发票时，企业应该按照国家的相关规定填写或索取发票，即使企业进行电子商务方面的经营活动，也必须开具发票，而且发票必须是全联一次填写。开具发票时，企业必须加盖财务印章或发票专用章，开具发票后，如果企业发生销货退回，就要开具红字发票，同时还要收回原发票，并注明"作废"字样或取得对方有效证明。使用发票前，企业须检查发票是否有缺号、重号等问题，核查无误后，企业就可以使用了。使用发票时，企业不能转借、涂改发票。除此之外，企业必须按规定取得发票，取得的发票必须是合法的。

3. 按规定设置账簿

按照国家的相关规定，企业应该从领取营业执照或发生纳税义务之日起15日之内设置账簿。一般来说，企业须设置的账簿主要包括总账、明细账、日记账及其他辅助账簿。设置账簿时应尽量全面些，使其能够系统反映出企业的经济活动。在满足实际需要的条件下，企业可以考虑节约成本，尽量避免重复记账。

以案说法

公司没有实际业务发生，不设置财务账簿。
这种行为是否违反了法律规定？

2013年5月，甲公司成立，是一家商贸公司，注册资金为700万元。2014年3月，该公司由于各种原因，自成立以来一直没有实际业务发生，

也没有设置财务账簿。当税务机关对该公司进行缴纳检查时发现该公司没有按规定设置账簿，便对该公司未设置财务账簿的行为处以罚款2000元，而该公司认为，公司没有实际业务，没有必要设置账簿，不应处罚。于是，双方发生了争执，便向人民法院提出申诉。

审理结果

人民法院认为，甲公司没有依法设置账簿，这种行为违反了《税收征收管理法实施细则》的相关规定，而税务机关对该公司未设置财务账簿的行为处以2000元，符合《税收征收管理法》的相关规定，所以，法院支持税务机关的处罚决定，判决甲公司应按规定缴纳2000元罚款，并依法设置账簿。

本案是一个有关账簿设置而违法的案例。在本案中，甲公司自成立以来虽然没发生实际业务，但根据《税收征收管理法实施细则》的相关规定，从事生产、经营的纳税人应当自领取营业执照或者发生纳税义务之日起15日内按照国家有关规定设置账簿。很显然，甲公司以没有实际业务为由不设置账簿不成立。

法条链接

《中华人民共和国税收征收管理法实施细则》

第二十二条 从事生产、经营的纳税人应当自领取营业执照或者发生纳税义务之日起15日内，按照国家有关规定设置账簿。

（三）企业如何进行纳税申报？

在现实生活中，很多企业因不懂纳税申报的相关知识，在申报缴纳过程中，不但无法在税务规定的申报缴纳期限内完成纳税申报工作，而且企业发生不可抗力或财务处理发生特殊情况时，没有按照法定程序向税务机关进行延期纳税，故而发生了一系列的法律责任纠纷。为了避免这种情况发生，企业必须要知道应该如何进行纳税申报。

1. 按照法律规定纳税申报

根据《税收征管法》的相关规定，纳税人必须依照法律、行政法规规定或者税务机关依照法律、行政法规确定的申报期限、申报内容如实办理纳税申报，报送纳税申报表、财务会计报表及税务机关根据实际需要要求纳税人报送的其他纳税资料。从此条规定不难看出，企业必须在法律规定确定的申报期限进行纳税申报，不仅须报送纳税申报表，还须向税务机关报送财务会计报表及税务机关需要的其他资料。

另外，即使企业在纳税期内没有应纳税款，也必须按照相关规定办理纳税申报。除此之外，如果企业享受减税、免税待遇，在减税、免税期间也必须按照相关规定办理纳税申报。

2. 采取合适的方式办理申报、报送事项

企业纳税申报时，可以根据实际情况选择合适的方式办理申报、报送事项，既可以直接到税务机关办理纳税申报或报送代扣代缴、代收代缴税款报告表，也可以按照相关规定采取其他方式，比如：邮寄、数据电文等。

如果企业以邮寄方式办理纳税申报，须使用纳税申报专用的信封，以邮政部门收据作为申报凭据，并以寄出的邮戳日期作为实际申报日期。如果企业是以电子方式办理纳税申报，须在税务机关规定的期限内按照其要求保存相关资料，并以书面形式定期报送至主管税务机关。

3. 经税务机关核准，可以延期申报

在法律规定的期限内，企业如果不能及时办理前款规定的纳税申报，或者报送代扣代缴、代收代缴税款报告表，经税务机关核准才可以延期所规定的申报、报送事项，并在纳税期内按照实际缴纳的税额或税务机关核定的税额预缴税款。同时，企业还必须在核准的延期内办理税款结算。

以案说法

公司因意外导致资金无法周转，以电话形式告知税务机关，希望延期纳税。这种行为是否构成逃避追缴欠税罪？

甲公司是一家民营企业，主要从事服装设计、生产与销售。2014年10月23日，甲公司发生一场火灾，损失惨重，公司营运资金非常紧张。10月27日，办公室秘书蓝某接到了来自税务机关打来的电话，催促其进行纳税申报，由于当时蓝某陪同经理李某忙于处理灾后事务，将此事忘记汇报给财务主管郑某。

10月30日，由于迟迟没有反馈，税务机关向甲公司送达了《缴纳税款通知书》，经理李某当天便打电话告知税务机关，因为发生火灾公司受损严重，资金一时无法周转，希望能延期纳税。

11月2日，税务机关向甲公司送达了《行政处罚事项告知书》，告知公司必须立即缴纳税款及罚款1.5万元。经理李某再次打电话告诉税务机关，公司现在的处境没有能力缴纳税款，希望能延期纳税。11月5日，税务机关以逃避追缴欠税罪向人民法院提出申诉。

审理结果

人民法院审理后认为，甲公司因火灾而无法缴纳税款，虽没有按照法定程序进行延期纳税申请，但其并没有转移或隐匿财产，逃避纳税责任，因而不构成犯罪。所以，人民法院最终判决税务机关罪状不成立，不予追究李某的刑事责任，并告知甲公司日后遇到经济困难须延期申报、延期纳税时，应当按照法定程序进行。

本案是一个有关公司延期申报、延期纳税而发生法律责任问题的案例，根据《税收征管法》的相关规定，纳税人、扣缴义务人按照规定的期限办理纳税申报或者报送代扣代缴、代收代缴税款报告表确有困难，须延期的，应当在规定的期限内向税务机关提出书面延期申请，经税务机关核准，在核准的期限内办理。这里的"困难"主要是指公司因不可抗力或财务会计处理上的特殊情况等，使公司遭受重大损失而无法缴纳税款，只有在这种情况下，公司才可以向税务机关申请延期纳税。

在本案中，甲公司因发生火灾导致资金周转困难，这一情况符合税法规定的延期申报条件，甲公司可以向税务机关提出延期申报的申请。但甲公司只是打电话告知税务机关公司纳税有困难，电话告知并未获得税务机关批准，应该受到税务机关的处罚。

法条链接

《中华人民共和国税收征收管理法实施细则》

第三十七条　纳税人、扣缴义务人按照规定的期限办理纳税申报或者报送代扣代缴、代收代缴税款报告表确有困难，需要延期的，应当在规定的期限内向税务机关提出书面延期申请，经税务机关核准，在核准的期限内办理。

第四十一条　纳税人有下列情形之一的，属于税收征管法第三十一条所称特殊困难：（一）因不可抗力，导致纳税人发生较大损失，正常生产经营活动受到较大影响的；（二）当期货币资金在扣除应付职工工资、社会保险费后，不足以缴纳税款的。

第四节　企业财务漏洞管理

在经济学中，有一种现象称为"多米诺骨牌效应"，尤其是在企业财务管理中，这种现象给企业带来的危害尤为严重。在财务管理工作中，只要企业管理者有一丝纰漏，就有可能成为财务漏洞产生的根源，漏洞慢慢扩延，导致企业出现危机或者直接破产。为了避免这种现象发生，企业管理者一定要做好企业财务漏洞管理工作，查漏补缺，才能有效预防财务漏洞产生。

（一）主要负责人监管财务有哪些危害？

在企业发展过程中，企业会建立一套财务管理制度和方法。但在实际工作中，如果主要负责人直接监管财务和人事等重要企业职能，就有可能出现依权徇私等现象，会使部分企业的财务监管形同虚设，造成各种财务漏洞，从而加大企业的财务风险。那么，财务主要负责人监管财务会有哪些危害呢？

1. 将非法开支合法化

在日常工作中，一些企业领导会将一些不符合财务制度或法规的开支费用，以合理合法开支的名义，开具相关发票记入企业的账中。这种"模糊开支"不但给审计和其他检查人员设置了障碍，也直接给企业带来不必要的麻烦。

2. 乱开虚假发票

一般来说，企业开具虚假发票有两种情况：一种是企业为本企业开具虚假发票，虚增业绩；另一种则是本企业对外开具，或要求外单位为本单位开具虚假发票。前者是为了冲账，而后者是为了收取管理费用。虽然从发票的形式上来看，这种增值税发票可以作为报账的合法依据，但其内容却是编造的虚假项目。如果假发票横行，将会给企业带来深层次的危害。

3. 私设小金库

如果企业让主要负责人监管财务，极有可能会给企业带来巨大损失。因为在日常工作中，由于主要负责人对企业的财务了如指掌，加上无人监督，他们极有可能会借助工作上的便利，将一些未上交的企业收入通过不登账或暂存等方式，另立账户或账目，公款私用，以此来逃避有关部门检查。

如果企业有特殊应急需要，而财务还有很多回旋余地，最好不要另建"账外账"，因为不合理的公款高消费和高福利是主要负责人"小金库"的主要来源，一旦主要负责人转移资金，这样的行为将会给企业带来不必要的经济损失。

以案说法

主要负责人利用职务之便公款私用，这种行为是否构成犯罪？

2012年9月21日，任强应聘到一家商贸公司担任出纳。2013年4月，由于公司业务量猛增，便让任强担任会计兼出纳。2013年10月，任强炒股亏了，还想大赚一把，便利用职务之便，将公司未上交的部分收入转到自己的账户里。随后，任强先后挪用公司资金600多万元投入股市，因股市暴跌，任强600多万元的资金只剩下近200万元。

由于亏空太多，任强从股市撤资，看着巨大的财务窟窿，他没有心思从正常途径赚钱，反而迷上了赌博，结果，任强将剩余的200万元全部输光。之后，任强私刻公司印章和法人印章，伪造相关资料，以公司的名义私设临时公款账户，共挪用公款1300多万元。他将钱悉数投入澳门赌场豪赌，血本无归。2014年8月，公司核对账目时，发现公司近2000万元的亏空，立即报案。随后，检察院对其立案侦查，任强交代了自己的罪行。

审理结果

人民法院经审理认为，任强利用职务之便采取截留公款不入账、虚列支出等手段，挪用公款近2000万元用于炒股、赌博及个人使用，案发时，尚有1800多万元没有归还。所以，人民法院判决，任强犯挪用公款罪，判处有期徒刑15年。

本案是一个典型的因主要负责人监管财务而造成公司巨大的财务漏洞的案例。在本案中，该公司将会计、出纳由任强一人担任，显然不符合《中华人民共和国会计法》的相关规定，记账人员与经济业务事项和会计事项的审批人员、经办人员、财物保管人员的职责权限应当明确，并相互分离、相互制约，从而导致任强因满足个人贪欲，利用职务之便先后挪用公款近2000万元，给公司带来了巨大的财务管理漏洞，造成相应的经济损失，也是必然的。

法条链接

《中华人民共和国会计法》

第二十七条 各单位应当建立、健全本单位内部会计监督制度。单位内部会计监督制度应当符合下列要求：

（一）记账人员与经济业务事项和会计事项的审批人员、经办人员、财物保管人员的职责权限应当明确，并相互分离、相互制约；

（二）重大对外投资、资产处置、资金调度和其他重要经济业务事项的决策和执行的相互监督、相互制约程序应当明确；

（三）财产清查的范围、期限和组织程序应当明确；

（四）对会计资料定期进行内部审计的办法和程序应当明确。

（二）现金收入业务容易出现哪些漏洞？

除了利润以外，现金是企业管理者最关心的问题，它是企业生存的支撑点。对于企业来说，一方面需要现金来支付日常经营费用；另一方面，企业还要从业务中收到现金。可以说，现金就像身体里的血液一样，在企业的各部门和经营环节中流动。

然而，在现实生活中，很多企业并不太重视现金的管理工作，这就导致财务管理出现各种漏洞，使一些人利用职务之便将企业的资金占为己用，给企业带来了巨大的经济损失。为了预防这种情况发生，企业的管理者必须要加强现金管理，了解现金收入业务的漏洞具体表现在哪些方面。

1. 少列总额

在现实中，有些出纳员或收款员故意将现金收入日记账合计数算错，通过少记现金收入日记账的合计数，将多余的库存现金占为己有，导致企业现金日记账的账面余额减少。

2. 大量使用现金

按规定，在收支业务中，如果金额较大应通过银行转账的方式进行结算，但实际工作中由于存在大量使用高额现金的收支业务，给会计人员提供了贪污现金收入的机会。

3. 无证无账

无证无账是指出纳员或收款员利用职务上的便利条件或负责现金收入的机会，有现金收入业务时既不开具收据或发票，也不报账或记账，直接将现金据为己有。

4. 挪用现金

实际上，会计人员挪用现金舞弊的形式有很多，主要有以下三种手法：（1）现金日记账，登记总账之前，采用少加现金日记账收入合计数，或者多加现金日记账支出合计数，以此来达到挪用现金的目的；

（2）延迟入账，如果收入的现金未制证或虽已制证但未及时登记入账，出纳人员就会趁此机会挪用企业现金；（3）循环入账，出纳人员收到应收账款后，并不立即将其入账，而是将其拿作他用，等到又收到应收账款后，就将此现金抵补之前的应收账款，然后继续挪用第二笔现金，如此循环入账。

5. 涂改凭证金额

在现金业务中，有些会计人员发现原始凭证上存在某些漏洞或者拥有业务上的便利条件，趁机更改发票或收据上的金额，故意将凭证金额改大，以此来占有企业的多余现金。

以案说法

员工发现财务漏洞，通过涂改发票、加大报销金额的手段将公司公款非法占有。这种行为是否构成犯罪？

2013年1月，王莉莉进入某食品公司担任出纳员。2014年3月，王莉莉发现该公司财务上有漏洞，便伙同该公司会计李欣，通过涂改发票，加大报销金额的手段，将该公司的公款非法占有，并挪用公款。

在2014年4月至2015年9月期间，王莉莉先后将该公司经理王晟已经签字同意报销的17张小金额发票涂改为大金额发票，共报销46000元。除此之外，王莉莉以取款不入账、虚存等手段，共挪用该公司公款71000元为自己使用。2015年10月，该公司发现财务问题并知道是王莉莉所为，便将其告上人民法院。

审理结果

人民法院认为，王莉莉身为公司工作人员，利用职务之便，通过涂改发票、加大报销金额的手段将该公司的财物非法占为己有，而且将该公司公款取出后不入账，直接归自己使用，这种行为已构成犯罪。所以，人民法院最终判决，王莉莉犯职务侵占罪、挪用资金罪，判处有期徒刑五年六个月。

本案是一个有关员工通过涂改发票而违法的案例，在本案中，王莉莉身为该公司的出纳员，伙同其他人员，通过涂改发票，加大报销金额的手段，将该公司的公款非法占为己有，根据《刑法》的相关规定，公司、企业或者其他单位的人员，利用职务上的便利，将本单位财物非法占为己有，已构成职务侵占罪。除此之外，王莉莉通过取款不入账、虚存等手段，挪用该公司公款为自己使用，这种行为也构成了挪用资金罪，根据《刑法》的相关规定，王莉莉应当承担相应的刑事责任。

法条链接

《中华人民共和国刑法》

第二百七十一条　公司、企业或者其他单位的人员，利用职务上的便利，将本单位财物非法占为己有，数额较大的，处五年以下有期徒刑或者拘役；数额巨大的，处五年以上有期徒刑，可以并处没收财产。

国有公司、企业或者其他国有单位中从事公务的人员和国有公司、企业或者其他国有单位委派到非国有公司、企业以及其他单位从事公务的人员有前款行为的，依照本法第三百八十二条、第三百八十三条的规定定罪处罚。

第二百七十二条　公司、企业或者其他单位的工作人员，利用职务上的便利，挪用本单位资金归个人使用或者借贷给他人，数额较大、超过三个月未还的，或者虽未超过三个月，但数额较大、进行营利活动的，或者进行非法活动的，处三年以下有期徒刑或者拘役；挪用本单位资金数额巨大的，或者数额较大不退还的，处三年以上十年以下有期徒刑。

国有公司、企业或者其他国有单位中从事公务的人员和国有公司、企业或者其他国有单位委派到非国有公司、企业以及其他单位从事公务的人员有前款行为的，依照本法第三百八十四条的规定定罪处罚。

（三）编造虚假会计凭证的方法

对企业来说，正确填制和严格审核会计凭证对完成会计工作，实现会计职能，有着非常重要的作用。然而，在企业发展过程中难免会产生这样那样的问题，有些财务人员会利用企业的财务漏洞编造虚假会计凭证，中饱私囊，给企业带来了巨大的经济损失。

为了避免这种情况发生，企业管理者不但要加强财务管理，还要学会识别虚假的会计凭证，以便尽早发现财务漏洞，做出相应的保护措施。为了实现这一目的，企业法人必须知道编造虚假会计凭证的几种方法。

1. 虚假发票

一般来说，虚假发票主要有两种情况，一种是发票本身是假的，另一种是发票记载的内容是虚假的。在企业中，如果发票管理比较混乱，有人就会趁此机会抓住企业内部管理松懈的漏洞，窃取、自制或套开假发票、假收据，虚报冒领、中饱私囊。

2. 虚构合同和协议

很多企业会伪造经济合同、银行账单、税务发票、海关报关单等一系列法律凭证，这些行为不但违反了《会计法》的相关规定，而且是对《合同法》《税法》等重要法律的藐视和挑衅，也是性质较为严重的一种经济犯罪行为。

3. 伪造、篡改、不如实填写原始凭证

在企业财务管理过程中，有些企业领导层人员通过篡改凭证接受人，将用于个人的费用作为企业所花费用入账，或者是从不法分子手中购得假空白发票，并填上不实内容到企业报销，以此来骗取企业的资金。实际

上，在企业中，这种财务造假行为经常发生，而且手段比较多样，企业在经营管理中一定要多加提防。

4. 制造假文件和发票

在企业管理过程中经常会有制造假文件的现象发生，管理者为了掩人耳目会利用一切办法来掩盖其造假的事实。在现金交易中，即使是同一张发票，如果分别套开，发票联金额大于存根联和抵扣联，这时供方就可以虚增销售收益，以此来增加买家的成本费用，从而达到多抵扣增值税的目的。

另外，通过主动多付款项给下属单位或业务往来单位与对方达成默契。然后，在该单位提取现金，报销消费品和旅游费用等。

5. 白条顶库

所谓白条，就是指行为人为逃避监督或透漏税款采取的一种以开具或索取不符合正规凭证要求的发货票或收付款项证据为主的舞弊手段。

一般来说，白条有以下几种形式：（1）打白条；（2）以收据替代发票；（3）不按发票规定要求开具发票，比如不加盖财务专用章、有关人员不签字等；（4）不按发票规定用途使用发票，比如以零售商业发票替代餐饮服务行业发票。

6. 虚开发票

虚开发票是指行为人在开具发票时，除在金额上采用阴阳术外，还采取其他手段便于报销，具体如下：（1）开列虚假品名；（2）开列虚假价格；（3）开列虚假数量、日期；（4）假票真开、用假发票开具真实业务；（5）虚构未达账项，操纵资产余额；（6）年末虚开，年初虚冲。其中，年末虚开，年初虚冲，是指企业在年末时开出空头发票，以虚增销售收入和利润，在年初时再以退货的形式用红字冲回。

职工发现公司漏洞，利用职务之便，通过虚开发票入账、虚列开支等方式多次侵占公司欠款。这种行为是否已构成犯罪？

2011年8月，程刚进入甲公司担任会计。2012年3月，程刚发现该公司的财务制度存在漏洞，以虚开发票入账、虚列开支等方式多次侵占该公司钱款，总金额高达60余万元。

在2012年4月至2015年2月期间，陈某明知甲公司和乙公司没有实际交易，但他为了收取手续费，多次为程刚虚开税务局通用机打发票和增值税专用发票共51份，金额共计人民币43万余元，票方为乙公司、客户名称为甲公司。除此之外，他明知甲公司和丙公司没有实际交易，仍多次帮程刚虚开增值税专用发票共计5份，票面金额共计人民币5.5万元。通过增值税专用发票，程刚抵扣税款人民币9000元。

当甲公司发现财务问题后，程刚向公司坦白了一切，并退赔了全部涉案赃款。随后，程刚和陈某均向公安机关自首，如实供述各自的犯罪事实。之后，公安机关将此案向人民法院进行公诉。

审理结果

人民法院认为，程刚是公司工作人员，利用职务之便将该公司的财务非法占为己有，数额巨大，这种行为已构成职务侵占罪。而陈某违反了《税收管理法》的相关规定，为他人虚开增值税专用发票，这种行为构成增值税专用发票罪，故公诉机关指控其罪名成立。

由于程刚、陈某具有自首情节，其中程刚已退赃款，可酌情从轻处罚；陈某犯罪情节较轻，有悔罪表现且没有再犯罪，可宣告缓刑。所以，人民法院最终判决程刚犯职务侵占罪，判处有期徒刑二年六个月，刑期从判决执行之日起计算。陈某犯虚开增值税专用发票罪，判处有期徒刑七个月，缓刑一年，并处罚金人民币三万元，该款限判决生效之日起一个月内缴纳。缓刑考验期限，从判决确定之日起计算。

法条链接

《中华人民共和国刑法》

第六十一条　对于犯罪分子决定刑罚的时候，应当根据犯罪的事实、犯罪的性质、情节和对于社会的危害程度，依照本法的有关规定判处。

第二百七十一条　公司、企业或者其他单位的人员，利用职务上的便利，将本单位财物非法占为己有，数额较大的，处五年以下有期徒刑或者拘役；数额巨大的，处五年以上有期徒刑，可以并处没收财产。

第五节　如何科学合理避税

合理避税最大的特点就是不违反税法规定，只要在税法的范围内，企业都可以好好地筹划企业的各种经营活动。不难看出，合理避税是一种相关法律法规认可的行为，这种行为可以有效转嫁企业风险，并节省大量人力和时间成本，是企业合法减轻税负的必要手段。

（一）购销业务中转让定价避税有哪几种类型？

随着市场经济的发展，企业避税和逃税的现象与日剧增，尤其是在外资企业，外资投资者为了控制企业的购销权，会利用转让定价转移利润，使企业出现亏损的情况，而外放投资者盈利。这种现象不仅会给国家带来经济损失，也会给关联企业造成一定的影响，所以，为了企业的发展，要想合理避税，必须要先了解购销业务中转让定价避税的类型。

一般来说，由于购销业务的对象不同，转让定价可以分为以下几种类型。

1. 机械设备购销业务中的转让定价

一般来说，机械设备主要包括各种机器、输送、生产线及其配套设施等。如果企业采取的是机械设备购销业务中的转让定价，在交易的过程中，通过压低定价的策略使企业应该缴纳的流转税变成利润而转移，而进行避税。

2. 原材料购销业务中的转让定价

原材料购销业务中的转让定价主要是指在原材料购销业务中关联企业一方通过高定价或低定价来影响另一方的生产经营所得，从而达到减轻或逃避企业所得税的目的。一般来说，如果关联企业一方掌握了另一方的生产经营权和原材料采购权，并控制原材料供货渠道，在这种情况下关联企业就会采用这种方法。

3. 产品购销业务中的转让定价

对于关联企业来说，在进行产品购销业务时通常会采用三种方式：第一种是关联企业一方完全掌握产品销售权，对另一方的产品实行包销；第二种是按一定比例，企业包销部分产品；第三种是企业实行委托代理销售，并支付代理相应的销售费用。

实际上，产品购销业务的三种方式能够不同程度地存在可以通过转让定价避税的机会。只不过，在完全和部分包销的情况下，产品售价容易受到人为因素的影响，其条件更为方便些，而委托代理制则是通过代理销售费用的高低来间接达到转移的目的。

4. 提供劳务过程中的转让定价

如果关联企业相互提供劳务活动，就可以通过高作价或低作价的方式来收取劳务费用，这样就能将关联企业间的利润根据所需进行转移，从而实现减轻其税收负担的目的。

一般来说，关联企业在互相提供劳务时，应该按照独立企业的原则收取一定的劳务费用，但考虑到关联企业一方的税率较低，或者符合某项税收优惠政策，这时，关联企业的另一方就可以通过劳务收费标准调整，将利润转移。

5. 贷款业务中的转让定价

在借贷款业务中，关联企业可以利用增加或减少贷款利息的方式转移利润，从而实现减税的目的。与股本投资相比，贷款比较灵活，关联企业可以把贷款利息作为费用，在所得税前扣除，而股息不能扣除。关联企业之间可以通过贷款业务中利息的高低来选择最佳收益，比如可以通过提供贷款，少收或不收利息，来减少该企业的生产费用，提高盈利额，进而达到增加低税负企业一方利润的目的。反之，想要使高税负企业另一方亏损或微利，可以收取较高的贷款利息，提高其产品成本，以此来减少该企业的利润，从而增加低税负企业的利润。

6. 租赁业务中的转让定价

在租赁业务中，进行转让定价时，关联企业主要表现在对租金的调整上。一般来说，关联企业一方为了降低税负，就会将赢利的生产项目及其设备全部转租给另一方，并按照相关规定收取较高的租金，使关联企业整体享受到最优惠的税收待遇，税负最低。

实际上，如果企业不考虑转让定价这一因素，租赁仍是企业减轻税负的一个重要方式。对承租企业来说，不但可以避免因长期拥有机器设备而承担相应的负担和风险，还可以通过支付租金的方式来减少企业的利润，从而达到降低税基的目的。对于出租企业来说，不但可以较易地获得租金收入，而且与一般的经营利润收入相比，租金收入享受到的税收优惠更多。

7. 无形资产的转让定价

无形资产是指企业长期使用没有实物形态的资产，主要包括专利权、非专利技术、商标权、商誉等。一般来说，企业主要是以许可证交易的形式进行无形资产的转让，因为无形资产价值没有一个统一的标准，评定较为困难。

实际上，与其他几种转让定价方式相比，无形资产的转让定位更方便，企业可以通过无形资产的特许权使用费转让定价的方式调节其利润，从而达到税收负担最小化的目的。

8. 管理费支付的转让定价

一般来说，管理费用是指企业为组织和管理企业生产经营所发生的费用。根据税法的相关规定，外国企业在中国境内设立的机构、场所，向其总机构支付的同本机构、场所生产、经营有关的合理的管理费，应当提供总机构出具的管理费汇集范围、总额、分摊依据和方法的证明文件，并附有注册会计师的查证报告，经当地税务机关审核同意后，准予列支。

从此条规定不难看出，管理费支付并没有一个具体的规定，这也就为关联企业利用向上级支付管理费的方式来转移利润、减轻税负提供了条件。另外，在一些合资企业中，中方原单位或原主管部门已不参与管理合资企业，却仍要求外商投资企业定期上缴一定数额的管理费，这其实也转移了一部分应税利润。

以案说法

公司不按独立企业方式经营，存在转移定价行为。这样做合法吗？

2010年，甲公司是一家生产、开发销售CDMA手机及相关通信产品的中外合资企业，自成立就被认定为高新技术企业，享受相应的优惠政策。然而，自2011年实现利润30万元后，甲公司连续两年亏损；2014年，甲公司盈利900万元，而2015年再次巨亏3600万元。

2015年6月5日，国税局调查组对该公司进行反避税调查，调查发现，甲公司的产品定价和技术交易都存在问题，存在转移定价的行为。确认甲公司有不按独立企业方式进行经营后，国税局调查组与该公司及其税务代理方多次约谈。

三方终于就2011年至2015年应取得的合理的营业利润、调整方法等达成共识，调整甲公司应纳税所得额1.1亿元；补缴外商投资企业所得税430万元，补缴预提所得税470万元，共计补缴税款890万元。另外，对该公司的偷税行为，处以所偷税款0.5倍的罚款147万元，补税罚款共计1036万元。甲公司接受了国税局调查组的调整方案，并书面签字确认。

2015年8月，经按程序上报国税局和国家税务总局国际司批准。随后，国税局下发了《转让定价应税收入或应纳税所得额调整通知书》《税务行政处罚事项告知书》和《税务行政处罚决定书》。2015年9月，甲公司不服，向人民法院提起了行政诉讼。

审理结果

人民法院调查后认为，税务机关经过详尽地调查取证后，并与甲公司和某税务代理人达成共识而作出《转让定价应税收入或应纳税所得额调整通知书》，该调整比较客观、合理，而国税局的《转让定价应税收入或应纳税所得额调整通知书》认定事实清楚、证据确凿、适用法律、法规正确，符合法定程序。所以，法院维持国税局作出的《转让定价应税收入或应纳税所得额调整通知书》的具体行政行为。

本案是一个因公司想要通过转让定价达到避税目的而违法的案例。在本案中，甲公司不按独立企业方式进行经营，通过转让定价方式来达到避税的目的，这种行为已构成偷税。国税局经过多次调查，对该公司进行转让定价应税收入或应纳税所得额调整，符合法定程序。该公司应当补缴相应的税款，并承担相应的法律责任。

法条链接

《中华人民共和国刑法》

第二百零四条 以假报出口或者其他欺骗手段，骗取国家出口退税款，数额较大的，处五年以下有期徒刑或者拘役，并处骗取税款一倍以上五倍以下罚金；数额巨大或者有其他严重情节的，处五年以上十年以下有期徒刑，并处骗取税款一倍以上五倍以下罚金；数额特别巨大或者有其他特别严重情节的，处十年以上有期徒刑或者无期徒刑，并处骗取税款一倍以上五倍以下罚金或者没收财产。

（二）如何利用税收优惠政策进行合理避税？

为了大力扶持部分产业，国家采取了税收优惠政策。可以说，优惠政策对社会经济的方向具有一定的引导作用，是国家干预经济的一种重要手段。作为企业的管理者，要想以较少的投资获取较大的收益，就要对税收优惠政策多加研究。那么，企业如何利用税收优惠政策进行合理避税？

1. 合理选择企业的组织形式

如果分公司不是一个独立的合法人，那么，分公司的经营活动就须与总公司一起核算。反之，如果分公司是一个独立的企业法人，其经营成果的好坏都无法转移给总公司。企业在创立初期，经营状况不太稳定，极有可能会发生亏损的现象，此时，企业可以采用分公司的形式设立分支机构，便可将损失转移到总公司，将有效降低总公司税收金额，也不失为合理避税的一种方式。不过，企业是否能够将公司进行合并纳税，还须得到税务局的批文才行。

2. 合理选择企业的投资方向

当前，国家非常重视环保型经济的发展，在环保产业方面实施了很多税收优惠政策。所以，企业可以根据企业的经营特色，将部分资金投资转向这个方向，也是合理避税的有效方法。

3. 合理选择企业的注册地点

由于不同地区的税收存在很大的差异，国家对经济特区和高新技术开发区等地区实行较多的税收优惠政策。那么，企业可以根据自身的实际情况注册到这些"绿洲"地区，将有效减少大量税金的支出，也是合理避税的一种方法。

以案说法

公司被相关部门认定其不符合高新技术企业的条件。
公司是否要补缴税款？

2012年3月，西安市蓝天化工厂有限公司获得了高新技术企业资质，有效期三年，按减15%的税率征收企业所得税。2015年8月，税务机关发现，该公司在研发费用方面的投入不合规定。该公司2012年、2013年、2014年三年的营业收入分别为9万元、8万元、12万元，同期研发经费分别为1600万元、1900万元、2700万元，研发投入占营业收入比例分别为2.01%、2.17%、2.26%。该项条件三年均未达到高新企业3%的相关规定。

税务机关向该公司下达通知，该公司应补缴已享受优惠的减免的企业所得税税款1800万元及滞纳金500万元。该公司收到通知后不予理会，税务机关上报人民法院。

审理结果

人民法院调查后认为，蓝天化工厂有限公司于2012年、2013年、2014年三年的研发投入占营业收入比例均不足3%，不符合《高新技术企业认定管理办法》的相关规定，所以，法院最终判决撤销蓝天化工厂有限公司高新技术企业资格，并补缴已享受优惠的减免的企业所得税税款1800万元及滞纳金500万元。

法条链接

《高新技术企业认定管理办法》

第十九条 已认定的高新技术企业有下列行为之一的，由认定机构取消其高新技术企业资格：

（一）在申请认定过程中存在严重弄虚作假行为的；

（二）发生重大安全、重大质量事故或有严重环境违法行为的；

（三）未按期报告与认定条件有关重大变化情况，或累计两年未填报年度发展情况报表的。

对被取消高新技术企业资格的企业，由认定机构通知税务机关按《税收征管法》及有关规定，追缴其自发生上述行为之日所属年度起已享受的高新技术企业税收优惠。

第六章 <<

企业知识产权的保护与侵权应对

在经济全球化进程中，重视和加强对知识产权的保护已经成为我国企业经济战略中的重中之重。知识产权保护在当今知识经济社会中显得尤为重要，它不但可以激励企业研发人员的发明潜能，而且可以加快配置技术创新资源，促使新技术商品化和产业化。因此，企业在经营管理中一定要了解掌握关于知识产权的相关法律知识以及侵权行为的应对方法，规避企业在知识产权方面遭受不必要的损失。

第一节　专利：企业如何才算拥有专利

对于中小型企业而言，一种产品能够被授予专利，等于在市场上具有了独占权。因此，好的专利是企业获得高额利润的保证，同时也能够让企业在激烈的市场竞争中占据有利的位置。从法律角度讲，企业只有通过正确的司法程序确定专利的权利归属关系，才能有效保护发明创造成果，以此换取企业最大的经济利益。

（一）企业专利的申请

专利是国家对某人作出发明创造的专利申请授予在一定期限内的独占权利，是企业通过法律来保护产品技术的一种手段。因此，申请专利和保护好专利对企业至关重要。

1. 专利申请的准备文件和流程

企业在申请发明专利时，要准备的资料包括：发明专利请求书、说明书（必要时应当有附图）、权利要求书、摘要及其附图各一式两份。如果研发人员申请使用新型专利，要准备请求书、说明书及其附图、权利要求书、摘要及其附图各一式两份。如果是企业为产品申请外观设计专利，要备好的资料包括请求书、图片或者照片各一式两份。

在具体流程上，发明人要准备好资料和申请文件，将编写完的申请说明书初稿及其他文件的电子版与《申请表》一起上交，形式审查后，委托专利代理公司代理申请，专利代理人根据申请案说明书初稿，撰写正式申请文件，所有申请文件经发明人确认后，专利代理人将按专利局规定的格式完成填写、打印、复制等，然后正式向专利局递交申请，专利局对受理的专利申请进行初审；认为合格，发给初审合格通知书，自申请日起十八个月，即行公开；认为不合格，通知补正，补正合格，予以公开；仍不合格，驳回该申请。

2. 注意申请专利的保护范围及年限

企业专利申请的保护范围选择对企业取得专有垄断权具有十分重要意义。根据《专利法》定义，我国企业的专利保护申请范围是依据专利权利要求书来确定的，企业在申请专利时，申请书上写明这项新技术或者新的研发成果的保护范围，一旦专利申请通过并授予专利权后，权利要求书就是这项专利的保护依据。另外，需要企业注意的是专利保护的期限问题，我国《专利法》规定：自申请日起，发明专利是20年，实用新型专利和外观设计是10年。专利保护期限届满、未缴付年费或主动放弃，专利权不再受到保护。

以案说法

专利保护范围一旦授权就具备了专利保护权吗？

2013年，某电器公司A生产了管道防冻式太阳能热水器，并且向国家知识产权局申请专利，该公司的专利权利要求是：（1）该热水器是一种新型独创管道防冻式太阳能热水器，其特征在于它的管道中还包含控制阀和自动排空阀。（2）该热水器特征在于控制阀安装在贮水箱下部出口处，自动排空阀一端接控制阀的下端，另一端与大气相通。（3）该热水器特征在于它的控制阀为电动阀。国家知识产权局于同年11月20日作出结论：权利要求（1）无新颖性和创造性，权利要求（2）（3）有新颖性和创作性。经过授权公告，A公司的这款热水器产品得到了专利所有权，但其并没有得到经营许可权。

B公司也是一家专业制造太阳能热水器的公司，生产了一种与A公司专利产品相同功能的热水器，并投入市场。A公司认为B公司侵犯了自己的产品专利权，于是提起诉讼。

审理结果

法院经审理认为，原告A公司的热水器为实用新型专利，已经得到合法授权，应受法律保护。查明的事实表明，被告B公司的热水器技术特征全面覆盖了原告专利要求保护的内容，构成侵权，故此，依照《中华人民共和国专利法》第十一条第一款、第五十六条第一款之规定，判决被告B公司自判决生效之日起，立即停止侵犯原告产品专利权的行为；被告B公司自判决生效之日起十日内在有关媒体上刊登声明，向原告A公司赔礼道歉；被告B公司在本判决生效之日起十日内赔偿原告A公司经济损失30万元。

法条链接

《中华人民共和国专利法》

第十一条　发明和实用新型专利权被授予后，除本法另有规定的以外，任何单位或者个人未经专利权人许可，都不得实施其专利，即不得以生产经营为目的制造、使用、许诺销售、销售、进口其专利产品，或者使用其专利方法以及使用、许诺销售、销售、进口依照该专利方法直接获得的产品。

第五十九条　发明或者实用新型专利权的保护范围以其权利要求的内容为准，说明书及附图可以用于解释权利要求的内容。

（二）拥有专利的误区

随着近几年我国企业产品核心竞争力逐渐提高，企业对产品包装、外观设计越来越重视，所以纷纷加强了专利的申请工作。然而，企业在申请专利时往往会陷入误区，延误企业商机，造成一定的经济损失，所以认识和规避这些误区，对企业产品的专利权也是一种有效的保护措施。

1. 研发人员先发明出的产品不申请专利就有知识产权

在企业研发人员申请专利的过程中，认为只要先发明的成果就拥有专利使用权，其实是一种错误的认识，如果遇到他人盗用该研发成果，而研发者并没有及时申请专利，那么该项技术成果不会为法律承认，企业没有任何权利去追究盗用者的法律责任。所以，对于企业来说，新型独创的技术要及时申请专利，谁申请在先，专利权就授予谁，只有取得专利权，该项技术成果才能受法律保护。

2. 专利产品改进之后无须再申请专利？

有部分专利发明人认为申请了一项专利后就没有任何风险了，从而忽视了后续研发工作的法律问题，即使开发了新产品或有了新改进也不再申请专利了。其实这是一种错误的认识。企业一定要注意，如果他人对该产品进行了改进开发并申请了专利，那么原产品的专利权今后要想更新几乎不可能，原专利权人还会不经意间变成了侵权人，并为此承担法律责任。

3. 得到了专利证书就获得了有效的专利权

目前，我国对于新型实用性和外观设计的专利是不进行实质审查的，这就意味着如果有人此前申请了跟你相同的专利技术方案，你的申请可能也会通过，并得到专利证书。但是，通过之后，如果有人对你的专利权产生异议，提出无效宣告，那么你的专利会被复审委员会进行复审，如果不通过，意味着你之前即使得到了专利证书也是无效的，专利使用权依然会被剥夺，所以，得到了专利证书并不代表你的企业拥有了真正有效的专利权。

4. 专利申请前不做任何检索就申请

我国技术人员在信息检索和收集信息方面的能力普遍不高，其实检索工作在专利申请中是非常重要的，如果你没有认真检索你的专利技术方案，而其他企业已经将该技术申请专利，拥有了专利权，并把该研究成果在相关文献上公开说明，那么你再申请专利的话就是侵犯他人的专利权，你所有申请前的准备工作就都是徒劳无功的。

以案说法

没有做任何检索无意申请了相同专利是合理合法的吗？

上海市一家主要经营动漫产品的甲公司（原告）开发了一种儿童玩具魔法棒，一经推出风靡全国，深受家长和儿童的喜爱。该公司于2005年9月10日向国家知识产权局申请专利，于2006年10月获得授权，专利号为ZL20073031×××× 。被告乙公司也是生产儿童玩具的厂家，该公司技术人员没有进行任何产品专利信息检索，也为跟原告外观功能相类似的产品申请专利，并未经许可大量销售该产品，2007年年初，原告从被告处购买了相关侵权产品，并且向当地公证处将被告销售行为进行证据保全公正。原告认为被告的行为侵犯了自己专利权，对该公司的产品创造的经济利益造成了严重危害，因此向法院提出了诉讼。

审理结果

法院经审理认为，原告甲公司专利权人如期交纳年费，该专利现为有效专利，原告证据的复印件与原件均是真实合法的，均予采纳。依照《中华人民共和国民事诉讼法》第六十四条第一款、第一百四十四条，《中华人民共和国专利法》第十一条第二款、第五十九条第二款、第六十五条，最高人民法院《关于审理侵犯专利权纠纷案件应用法律若干问题的解释》第十条、第十一条之规定，判决如下：一、被告乙公司于本判决生效之日起立即停止销售侵犯原告"魔法棒"外观设计专利权的玩具产品；二、被告于本判决生效之日起十五日内赔偿原告经济损失人民币6000元；三、驳回原告的其他诉讼请求。

在本案中，被告公司工作人员缺乏专利信息检索意识，明显侵犯原告的产品专利权，对原告产品市场份额造成冲击，根据《专利法》法理，权利人的损失或者侵权人获得的利益难以确定的，参照该专利许可使用费的倍数合理确定，所以被告应该赔偿原告经济损失。另外法院在判决的时候，应当以外观设计专利产品的一般消费者的知识水平和认知能力判断外观设计是否相同或者近似。在本案中，原告提供了真实有效的证据，被告公司的产品在外观整体视觉效果上确实和原告产品无实质差异，因此原告胜诉，被告应该承担相关的法律责任。

法条链接

《中华人民共和国专利法》

第十一条第二款　外观设计专利权被授予后，任何单位或者个人未经专利权人许可，都不得实施其专利，即不得为生产经营目的制造、许诺销售、销售、进口其外观设计专利产品。

第五十九条第二款　外观设计专利权的保护范围以表示在图片或者照片中的该产品外观设计为准，简要说明可以用于解释图片或者照片所表示的该产品的外观设计。

（三）通过转让获取专利

拥有专利的另一种形式就是通过转让获取专利，专利转让权一经生效，受让人取得专利权人地位，转让人丧失拥有专利权。专利转让是一种法律程序，合作双方要依法履行双方的义务，这样才能保护好一项拥有技术含量和科技含量的专利。

1. 专利转让的基本途径

企业要正确评估自己已经授权的专利，给出合理的市场价格，准备好相关的视频和详细的策划书，通过寻找专利中介机构、创业报纸、网络信息平台进行转让。佰腾技术商城、中国应用技术网等可供参考的网站都可以引导投资人购买专利。

2. 转让、受让双方签订合同的事项

转让、受让双方要依法签订合同，合同内容要以简单明了的方式概括出发明的产品、产品所属的专业领域、该产品的实质特征，以及该企业研发人员专利申请日、专利号、申请号和专利权的有效期限。须注意的是，转让方与第三方订立专利实施许可合同时，合同条款要写明转让方是否可以继续使用该项专利，如何转移转让受让双方的权利和义务等。技术情报资料清单应包括发明说明书、附图及技术领域一般专业技术人员能够实施发明创造所必须的其他技术资料，还应该注意写明：如果今后遇到争议，双方可以将其交给信任的仲裁机构来解决。

以案说法

专利转让合同的纠纷该如何处理？

2014年8月1日，原告A公司与被告B公司签订《专利转让合同书》，约定被告B公司将其一项专利转让给A公司，并向被告支付转让费2万元。

签订《专利转让合同书》之后，被告履行自己的义务将该公司的一项专利证书交给A公司，而原告A公司也将2万元转让费交付被告，双方随即共同到国家知识产权局办理著录项目变更手续，原告A公司交纳了相应的手续费。2014年11月16日，A公司得知该《专利转让合同书》上的转让专利已于2014年6月10日终止。原告A公司随后花费了大量精力争取恢复该专利，但该专利已经无法恢复。原告公司向被告索要2万元转让费，但被告拒绝退款，原告向法院提起了诉讼。

审理结果

法院经审理认为，由于被告未按期交纳涉案专利的年费及滞纳金，导致涉案专利的专利权在2014年6月10日被终止，致使双方《专利转让合同书》已无继续履行。依照《中华人民共和国合同法》第五十二条、第九十四条第四项、第九十七条之规定，判决如下：一、解除原告与被告签订的涉案《合同书》；二、被告B公司于本判决生效后30日内，退还原告转让费2万元；三、驳回原告A公司其他诉讼请求。案件受理费5000元由被告B公司负担（于本判决生效后7日内交纳）。

法条链接

《中华人民共和国合同法》

第五十二条　有下列情形之一的，合同无效：（一）一方以欺诈、胁迫的手段订立合同，损害国家利益；（二）恶意串通，损害国家、集体或者第三人利益；（三）以合法形式掩盖非法目的；（四）损害社会公共利益；（五）违反法律、行政法规的强制性规定。

第九十四条　当事人一方迟延履行债务或者有其他违约行为致使不能实现合同目的，当事人可以解除合同。

第二节 商标：企业商标法律实务

随着商品经济的快速发展，同一类商品的生产厂家层出不穷，相似的服务比比皆是，那么消费者该如何选择？很关键的一点就是商标。对于企业经营者来说，商标作为企业品牌的标志，凝结了该商品的所有信誉，为了提高企业的竞争力和知名度，企业必须依法注册属于自己的商标，并保护好商标所有权。

（一）商标注册程序

简单地说，商标就是商品的生产者使自己生产经营的商品同其他同类商品区别开来而使用的一种标记。这种标记对企业来说至关重要，消费者有时就是看到一款醒目特别的标记来选择获取服务的，因此企业必须予以重视，并通过合法程序注册商标。

1. 申请与申请代理

商标注册方式一般分为两种：一是商标申请人准备好资料，自己到国家工商行政管理局商标局申请注册；另一种注册方式是委托一家经验丰富的商标代理组织代理服务。另外，须注意的是，我国商标注册采用申请在先的原则，意思就是一旦申请人的商标与其他企业的商标发生纠纷，申请日在先的企业将受法律保护。

2. 商标初审阶段的问题

当申请人申请结束后，商标局一般会在收到商标注册申请文件之日起九个月内审查完毕，符合《商标法》有关规定的予以初步审定公告；经初步审定与他人的在先权利相冲突或者不合格者，驳回申请，不予公告。初审后的商标，自公告之日起三个月内为异议期，任何人均可异议；公告期满无异议的，商标局予以核准注册；有异议的，商标局应听取异议人、被异议人陈述事实、理由，并裁定。

3. 注册商标须遵守的原则

我国大部分商标采取"自愿注册"原则。国家法律、行政法规规定必须使用注册商标的商品，包括卷烟、雪茄烟、有包装的烟丝等；未经核准注册的商品不得在市场销售，申请注册的商标不得与他人先取得的合法权利相冲突，应该自身具有显著的特征，便于识别；法律禁止的标志在申请注册商标时不得使用；商标注册要遵守"先申请后使用"的原则，还要进行审查公告，还有就是禁止抢注商标，申请商标注册不得以不正当手段抢先注册他人已经使用并有一定影响的商标。

以案说法

出售假冒伪劣商品是属于假冒注册商标的行为吗？

广州某日用品公司于2003年注册成立。该公司成立后，被告人陈某负责管理，被告人李某负责产品技术和配置工作，公司一直以组织生产、销售假冒的注册商标品牌"××"来盈利，至案发时，查明从未取得生产许可证。短短三年，陈某一直参与销售生产价值100万美元的假冒化妆品。后经消费者举报，公安机关依法将该公司的四条化妆品生产线及相关设备予以查封。真正的商标所有权人也委托律师对该公司向法院提起诉讼。

审理结果

法院经审理认为，被告人陈某身为该公司董事及实际经营人，未经注册商标所有人许可，在同一种商品上使用与其注册商标相同的商标，情节特别严重，其行为已构成假冒注册商标罪。根据《中华人民共和国刑法》第二百一十三条、第二百二十条、第三十条、第三十一条、第三十五条、

167

第六十四条之规定，判决如下：一、被告人陈某犯假冒注册商标罪，判处有期徒刑4年，并处罚金人民币50万元；二、被告人李某犯假冒注册商标罪，判处有期徒刑3年，并处罚金人民币30万元；三、公安机关查封在案的该化妆品公司的生产设备予以没收，上缴国库。

法条链接

《中华人民共和国刑法》

第二百一十三条　未经注册商标所有人许可，在同一种商品上使用与其注册商标相同的商标，情节严重的，处三年以下有期徒刑或者拘役，并处或者单处罚金；情节特别严重的，处三年以上七年以下有期徒刑，并处罚金。

（二）商标禁用的注意事项

商标是企业文化的精髓，它的品牌图案设计是企业产品在市场的识别码，设计一款醒目别致、便于大众识别的商标对企业至关重要，但商标的设计也要遵守一些原则，企业要掌握了解这些事项，才能设计一款属于自己的合法商标。

1. 下列特定标志不得作为商标使用

（1）同中华人民共和国的国家名称、国旗、国徽、军旗、勋章相同或者近似的，以及同中央国家机关所在地特定地点的名称或者标志建筑物的名称、图形相同的；

（2）同外国的国家名称、国旗、国徽、军旗相同或者近似的，但该国政府同意的除外；

（3）同政府间国际组织的名称、旗帜、徽记相同或者近似的，但经该组织同意或者不易误导公众的除外；

（4）同"红十字""红新月"的名称、标志相同或者近似的；

（5）带有民族歧视色彩的；

（6）夸大宣传并带有欺骗的；

（7）有害于社会主义道德风尚或者有其他不良影响的。

2. 虽未经过使用但具有商品特征的下列图标不得作为商标注册

（1）仅有本商品的通用名称、图形、型号的；

（2）仅仅直接表示商品的质量、主要原料、功能、用途、重量、数量及其他特点的；

（3）缺乏显著特征的。

3. 禁止使用复制、摹仿或者翻译他人未在中国注册的驰名商标

（1）一些相同或者类似商品申请注册的商标是复制、摹仿或者翻译他人未在中国注册的驰名商标，对于消费者容易导致混淆的，不予注册并禁止使用。

（2）不相同或者不相类似商品申请注册的商标是复制、摹仿或者翻译他人已经在中国注册的驰名商标，误导公众，致使该驰名商标注册人的利益受到侵害的，不予注册并禁止使用。

以案说法

注册与他人相似的商标就一定侵权吗？

原告光造公司的"企业及图"商标于2007年经核准注册，被告广州银行于2007年1月挂牌成立，其使用的行徽是由字母"G"、"Z"构成的图形标识，其行徽标识系将五角星进行变形组合处理，分处于标识左上和右下，中间的空白呈W形。行徽则是由白色与红色构成的纯图形。光造公司认为广州银行的行徽与其注册商标图形中的颜色、线条环绕角度都很相似，容易让大众产生混淆，因此，光造公司向法院提起了诉讼。

审理结果

法院经审理认为，上述两个标识确实有一定程度的相似度。但是两者在给消费者的视觉上有着明显差别，并不近似。另外，大众在获取银行服务的过程中仅凭图形标识对服务提供者加以识别的情况是很少见的，更多地依赖于对银行名称的识别，而光造公司与广州银行的名称相差很大，因此不足以造成公众混淆，广州银行不构成侵权，判决驳回光造公司的诉讼请求。

法条链接

《中华人民共和国商标法》

第五十七条　有下列行为之一的，均属侵犯注册商标专用权：

（一）未经商标注册人的许可，在同一种商品上使用与其注册商标相同的商标的；

（二）未经商标注册人的许可，在同一种商品上使用与其注册商标近似的商标，或者在类似商品上使用与其注册商标相同或者近似的商标，容易导致混淆的；

（三）销售侵犯注册商标专用权的商品的；

（四）伪造、擅自制造他人注册商标标识或者销售伪造、擅自制造的注册商标标识的；

（五）未经商标注册人同意，更换其注册商标并将该更换商标的商品又投入市场的；

（六）故意为侵犯他人商标专用权行为提供便利条件，帮助他人实施侵犯商标专用权行为的；

（七）给他人的注册商标专用权造成其他损害的。

（三）商标在使用过程中的违法行为

随着市场经济的激烈竞争，商标的违法行为层出不穷，这些行为严重侵犯了商标权人的合法权益，所以企业在商标使用过程中要了解哪些行为是违法的，这样才能有效规避法律风险。

1. 商标抢注行为

随着市场竞争的加剧，商标抢注行为也变得多种多样，抢注的对象基本上限于未注册商标，然而，我国《商标法》未赋予未注册商标使用人任何排他权，在某种商标未注册而又被人使用的情形下，该使用人无权阻止他人在同一种商品、服务或类似商品上使用该商标。还有一种是我国为了弥补绝对注册原则的缺陷，规定企业必须在诚实信用的原则下注册商标，如果盗用他人已经使用的，并且有一定知名度的商标进行注册的话，被法律认为是抢先注册他人商标，是要承担法律责任的。

2. 将他人驰名商标注册为域名

我国禁止注册与他人已注册驰名商标相同或相似的域名。新的类别顶级域名下注册与驰名商标相同的域名也被自动禁止。如果企业故意复制、模仿他人已经使用的商标甚至是驰名商标，用虚假行骗的手段侵害消费者权益，误导公众，对商标注册人造成侵害的，都应该承担法律责任，并不予注册该企业申请的商标。

以案说法

将驰名商标注册为域名也是侵权行为吗？

2014年，深圳某电子公司（原告）经过十多年的发展，其主营业务收入在全国同类企业中排名位居前列。2014年，原告自主研发的"××电子产品"上市，当年市场销售业绩非常好。该公司经国家商标局核准注册了该电子产品的商标。该公司为了宣传及推广这个品牌，投入巨额广告费，并邀请明星代言，而且积极参与公益事业，以提升该电子品牌的知名度和美誉度。经过原告公司的不断努力，该品牌已被大众知晓并成为驰名商标。2015年，被告陈某将该公司"××电子产品"中文文字对应的汉语拼音注册为www.***.com域名，并在网上出售该域名以牟利，原告认为被告陈某的行为属于不正当竞争，触犯了《商标法》，因此，向法院提起诉讼。

审理结果

法院经审理认为，双方争议域名的主要部分与原告的商标已构成足以造成相关公众近似误认，被告陈某对争议域名不享有其他权益，被告对争议域名的注册、使用，主观上具有利用XX商标的知名度以获取不正当利益的目的，明显具有恶意。依照《中华人民共和国反不正当竞争法》，最高人民法院《关于审理涉及计算机网络域名民事纠纷案件适用法律若干问题的解释》之规定做出判决：（一）确认被告陈某注册、使用域名的行为构成对原告公司的不正当竞争；（二）被告陈某于本判决生效之日起十日内，赔偿原告深圳某电子公司经济损失五万元；（三）驳回原告的其他诉讼请求。

在本案中，原告的品牌电子产品已经被注册商标，并且通过进行大量宣传成为驰名商标，公众对其有了广泛的认知，被告陈某除了注册争议域名外，对域名的其他主要权益，如注册商标专用权、企业名称权等一概不享有。但是须注意的是，并非所有域名的在先注册都属于侵权行为，只有具有商业目的，恶意抢注商标的行为才构成侵权，被告陈某利用该驰名商标的良好信誉在网络上进行违法使用，主观是故意的，其行为违背了商业道德，因此，被告的行为构成了不正当竞争，对原告公司造成了经济损失，应该受到法律的制裁。

《中华人民共和国反不正当竞争法》

第五条　第（二）项规定：经营者擅自使用知名商品特有的名称、包装、装潢，或者使用与知名商品近似的名称、包装、装潢，造成和他人的知名商品相混淆，使购买者误认为是该知名商品的，属于不正当竞争行为。

第三节　著作权：企业著作权法律实务

任何一种文学艺术和科学领域的创作作品都受法律保护。为了保护自己的著作权不受他人侵害，企业要充分掌握著作权的相关法律法规，维护著作权人的合法权益，做好著作权的管理工作。

（一）著作权的内容包括哪些?

著作权是一种智力成果，也是民事权利的一部分，它是法律赋予作者因创作作品而享有的专有权利。著作权的内容包括以下两点。

1. 著作人身权

著作人身权又称为精神权利，是指作者对自己作品应该享有各种与人身相联系的权利。这种权利不涉及财产问题，一般包括：发表权、署名权、修改权和保护作品完整权。关于著作人身权的时间限制方面，一般而言，作者终身享受该权利，作者的著作人身权在作者死后可以依法由其继承人、受遗赠人或国家的著作权保护机关予以保护。

2. 著作财产权

著作财产权又称为经济权利，是指作者及使用者通过某种形式传播该作品，从而依法获得经济报酬的权利。它包括：复制权、发行权、出租权、展览权、表演权、放映权、广播权、信息网络传播权、摄制权、演绎权。另外，我国《著作权法》还规定了著作权人可以许可他人行使、全部或者部分转让，并依照《著作权法》有关规定获得报酬。对著作权的民法保护方法主要有停止侵害、消除影响、公开赔礼道歉和赔偿损失。

以案说法

销售侵权复制品该如何处理？

2005年12月1日至2009年1月1日间，被告人赵某为了获取经济利益，在没有取得《音像制品经营许可证》和明知销售的DVD是侵权音像制品的情况下，雇用了多名外地务工人员进行储藏、运输，并向境内外销售侵权DVD制品共计50万余张，销售金额达人民币700万余元。陈某在其住处参与了组织销售。为此，公安机关向法院提起了诉讼。

审理结果

法院经审理认为，被告人赵某、陈某等人以营利为目的，销售明知是未经著作权人许可复制发行的侵权音像制品，违法所得数额巨大，其行为均已构成销售侵权复制品罪，依照《中华人民共和国刑法》第六条第一款、第二百一十八条、第二十五条第一款、第二十六条第一款、第二十六条第四款、第二十七条、第三十五条、第六十七条第一款、第六十四条和《最高人民法院、最高人民检察院关于办理侵犯知识产权刑事案件具体应用法律若干问题的解释》第六条、第十六条之规定，以销售侵权复制品罪分别判处赵某有期徒刑3年，罚金人民币70万元；判处陈某拘役6个月，罚金人民币1万元。

在本案中，赵某作为销售商，明知自己销售的商品侵犯他人著作权，而为了谋取暴利非法销售，属于主观故意，而陈某起到了辅助作用，系从犯，赵某和陈某的行为严重侵害作品著作权人的合法权益，所以应该受到法律的制裁。

法条链接

《中华人民共和国著作权法》

第四十八条第三款　未经表演者许可，复制、发行录有其表演的录音录像制品，或者通过信息网络向公众传播其表演的，没收、销毁侵权复制品，并可处以罚款；情节严重的，著作权行政管理部门还可以没收主要用于制作侵权复制品的材料、工具、设备等；构成犯罪的，依法追究刑事责任。

（二）侵犯著作权主要表现在哪些方面？

在我国的司法实践中，因为著作权问题产生的纠纷屡见不鲜，所以企业法人要了解哪些行为是侵犯著作权，这不仅可保护企业知识产权，也可保护著作权人的合法权益。

1. 行使著作权与作品的所有人行使所有权的纠纷

著作权人是著作权权利义务的承受者，包括创作作品的作者和未参加作品创作而承受著作权的公民、法人和其他组织。如果著作权人的一部作品已经被他人合法所有，而著作权人也须使用，那么著作权人在说明使用理由的前提下，作品所有人不得拒绝。另外，著作权人在使用作品的过程中要谨慎保管，如果作品被无故损坏、灭失，著作权人应该承担法律责任。

2. 自传体文学作品和编辑作品中的著作权纠纷

对于特定人物的自传体文学作品，一般看该作品的写作人与该特定人物是否有约定，如无书面约定，则应当由该特定人物享有著作权。编辑作品由编辑人享有著作权，但编辑作品须不侵犯原有作品的著作权。

3. 广告、报告、讲话稿等作品的著作权纠纷

如果企业在为产品拍摄宣传广告，广告语具有独特性，已经构成作品，那么就该受著作权法保护；关于报告讲话稿，如果是由他人执笔，本人审阅定稿并以本人名义发表的报告、讲话等作品，著作权归报告人或讲话人享有。

4. 美术作品的著作权归属纠纷

如果一幅美术作品的著作权归属发生纠纷，在没有直接证据予以证实的情况下，可以根据作品的艺术价值与作者的绘画能力水平是否相当、所发生纠纷的作品的绘画细节与当事人的陈述是否相符及现场临摹和鉴定结果来判断。

5. 网络著作权的纠纷处理

网络著作权的产生流程比较简单，整个过程不需要任何部门的审批手续，作品一旦经过创作完成就自动产生权利，受法律保护。所以，他人未经网络著作权人的许可不得将作品或者录音制品非法在网上传播。

6. 同一题材创作的作品著作权的归属纠纷

就同一题材的作品，根据需要出现了不同的作者。在这种情况下，要根据作品的构成要件的规定来判断，如果双方作品的表现风格有所差异，各自又是独立完成的，那么应该认定双方各自独立享受著作权；如果作品是双方共同创作，那么应署创作双方的名字。

同一主题的作品由二人创作，署名权该如何划分？

2010年7月，某市文管局向某省雕塑艺术院发出征集某名人雕像作品的通知。某省雕塑艺术院接到通知后即发动本院艺术工作人员参加创作。张某和李某同时在9月完成初稿，随后，某市文管局负责人看了二人作品认为没有达到要求，告知该省艺术学院负责人林某，林某为了能够中标，鉴于张某的作品气魄更宏大，构图、布局较有气势，李某的作品表现手法较为细腻，决定由李某在张某的初稿基础上进行再创作，经李某修改再创作的署名李某的名人雕塑像作品，经某市文管局选定送北京审定入选。该作品经放大制作竣工后只署名李某。为此，张某与李某发生纠纷，张某向人民法院提起诉讼。

审理结果

当事人双方对采用的争议作品的创作，事前没有书面合作协议。但该作品系双方各自创作了作品之后，单位负责人林某为保证该院作品入选，决定由李某在张某的作品基础上进行再创作。李某对此未提出异议，张某亦同意由李某修改再创作，应认为双方事实上已默认同意合作创作。根据《中华人民共和国著作权法》第十三条第一款之规定，该市中级人民法院经过审理认为：（一）现座落在某市的名人雕塑作品像为李某、张某合作创作的作品；（二）该雕像作品署名初稿张某、定稿创作李某。鉴于双方均系省雕塑艺术院职工，在雕像基座上变更署名事宜，委托省雕塑艺术院在判决生效后两个月内组织实施。费用由李某、张某对该作品所得稿酬比例分担。

《中华人民共和国著作权法》

第十三条　两人以上合作创作的作品，著作权由合作作者共同享有。没有参加创作的人不能成为合作作者。合作作品可以分割使用的，作者对各自创作的部分可以单独享有著作权，但行使著作权时不得侵犯合作作品整体的著作权。

第四节　商业机密：企业商业机密的保护

在激烈的市场竞争下，商业秘密已经被公认为是企业继资金、技术、人才之后的第四大生产要素。目前，中国经济市场已被国外企业通过大量先进的情报手段和成熟战略抢占，中国企业的内部人员保密意识相对薄弱，保密部门也形同虚设，往往因此使企业陷入危机，所以保护商业秘密成为每个企业必须认真面对的事情。

（一）商业机密包括哪些方面？

商业机密一般是不为人熟知，但又能给企业带来经济效益，具有实用价值并经过权利人采取保密措施的技术信息和经营信息，企业只有充分掌握这些内容，才能在市场竞争中更好地占据优势。

1. 商业机密的技术信息

企业商业机密的技术信息也可以称作技术秘密，专有技术和非专利技术，这些技术具有可确定的应用价值，能为企业创造经济价值和竞争优势，一般包括：技术设计、技术样品、质量控制、应用试验、工艺流程、工业配方、化学配方、制作工艺、制作方法、计算机程序等。

2. 商业机密的经营信息

有了具备经济价值的技术信息，企业就要充分发挥这些信息的价值，采取措施为其创造更高的经济利益，这些经营信息包括发展规划、竞争方案、管理诀窍、客户名单、货源、产销策略、财务状况、投融资计划、标书标底、谈判方案等。

3. 商业机密中的一些特殊内容

在商业机密中，尽管有些属于公知范畴，但是如果有些工艺程序或者机械设备是经过有经验的人员研究出生产效率高的操作方法，并且这种方法不为人熟知，那么该方法就是一项商业机密。还有一种是客户名单，因为经营者与客户之间的交易关系应保密，其他的经营者并不了解此类用户需要这类产品或者服务，这些信息恰恰需要竞争者花费时间财力才能得到，所以客户信息名单一旦流失就会对企业不利。

还有一点须注意，企业内部文件可以是关于研究开发的，也可以是与企业各种经营活动有关的文件。如果研发内容包括产品蓝图、图样、实验结果、设计文件、技术改进后的通知、标准件最佳规格、检验原则等，那么这些就是商业秘密。如果一些文件是关于企业采购计划、供应商清单、销售计划、销售方法、会计财务报表、分配方案发内容，这些内容一旦被竞争者知道会造成不良后果，所以这些也都属于企业的商业秘密。

以案说法

披露权利人的商业秘密罪如何处理？

2000年5月，在某机械研究院及A公司工作的李某推荐其表弟于某进入A公司进行从事压铸机销售工作，同年10月，被告人于某辞职，并开始在深圳市某小镇筹建震兴机械有限公司，该公司成立之后，被告人李某向某研究院、A公司提出辞职申请，被该工作部门提出要签署《关于遵守保护知识产权规定的保证书》，但李某拒签，被告人李某在离职前曾对其表弟公司图纸上出现的问题进行修改。2001年2月，被告人李某正式到震兴公司工作，主要负责解决技术上的问题，并担任技术主管，随后该公司开始大量生产与A公司类型外观相同的压铸机共计60台，并开始销往上海市、广东省相关公司，造成A公司直接经济损失高达200万元。2002年1月，被告人李某和于某被公安机关抓获，并从李某住处搜出标有"震兴"或"A公司"公司机械图纸一批、电脑磁盘三张（内容包括A公司物料采购计划单、易损件明细表、更换零件明细表及报价等）。因此，A公司对李某和于某的违法行为向法院提起了诉讼。

审理结果

法院经审理认为，被告人李某主观故意披露权利人的商业秘密，违反了权利人保守商业秘密的要求意愿。被告人于某明知李某的行为已经属于非法获取权利人的商业秘密仍聘其为技术主管，这权利人A企业造成重大经济损失，李某和于某的行为已经构成侵犯商业秘密罪。依照《中华人民共和国刑法》第二百条一十九条、第五十三条、最高人民法院《关于适用财产刑若干问题的规定》第二条第一款的规定，判决：（一）被告人李某犯侵犯商业秘密罪，判处有期徒刑两年，并处罚金两万元；（二）被告人于某犯侵犯商业秘密罪，判处有期徒刑一年，并处罚金一万元。

在本案中，李某作为该设计院及A公司的工作人员，将权利人的商业秘密加以利用和扩散，而于某利用之前工作的关系、业务关系、对曾任职公司的产品的采购清单等经营信息全部掌握，在辞职后本应依照相关法律规定及诚实信用原则履行保密的义务，但其为谋取个人利益，擅自使用A公司的商业机密信息并谋取非法利益。二人的行为已经构成侵犯商业秘密罪，理应受到法律制裁。

法条链接

《关于禁止侵犯商业秘密行为的若干规定》

第三条　禁止下列侵犯商业秘密行为：

（一）以盗窃、利诱、胁迫或者其他不正当手段获取权利人的商业秘密；

（二）披露、使用或者允许他人使用以前项手段获取的权利人的商业秘密；

（三）与权利人有业务关系的单位和个人违反合同约定或者违反权利人保守商业秘密的要求，披露、使用或者允许他人使用其所掌握的权利人的商业秘密；

（四）权利人的职工违反合同约定或者违反权利人保守商业秘密的要求，披露、使用或者允许他人使用其所掌握的权利人的商业秘密。

第三人明知或者应知前款所列违法行为，获取、使用或者披露他人的商业秘密，视为侵犯商业秘密。

（二）侵犯商业机密主要表现在哪些方面？

如果行为人秘密窃取或者故意泄露、使用、违反约定，侵犯企业的商业秘密，对企业造成了无法估量的损失，那么该行为人就构成了侵害商业秘密罪，企业对这些违法行为要加以重视，进行有效地控制，消除泄密隐患，才能保证企业技术生产正常运行。

1. 行为人以不正当手段获取商业秘密

从实际情况来看，大部分行为人不会以单纯的获取商业秘密为主要目的，他们往往是为了使用、披露这些有价值的商业机密来获取经济利益，比如，一些企业利用高薪或者提供高职位的聘用条件等为诱惑手段来接触了解权利人商业秘密的工作人员，因此来获取权利人的商业秘密，这种行为属于以利诱的不正当手段获取商业秘密，是法律所禁止的。

2. 对不正当取得的商业秘密使用的行为

这种行为指的是行为人将商业秘密向他人扩散，包括在要求对方保密的条件下向特定人、少部分人透露商业秘密，以及向社会（不特定的人）公开商业秘密。或者获取人将商业秘密运用于自己的生产经营来非法盈利，也可以指行为人以有偿或无偿的方式将商业秘密提供给第三人使用。

3. 商业机密来源正当但使用不当的行为

行为人违反跟权利人之间有关保守商业秘密要求的约定，此种行为又包括两种情况，一是与权利人有业务关系的单位和个人违反合同约定或者违反权利人保守商业秘密的要求，披露、使用或者允许他人使用其所掌握的权利人的商业秘密的行为；二是企业权利人的工作人员（包括离职和在职的）违反合同约定或者违反权利人保守商业秘密的要求，披露、使用或者允许他人使用其所掌握的权利人的商业秘密的行为。

以案说法

员工离职后没有遵守签署的保密协议，属于违法行为吗？

2013年10月，被告人林某受聘于甲科技有限公司，担任该公司副总经理，主要负责公司销售业务，入职后双方除了签订《劳动合同》，还签有一份《保密协议》。双方在《劳动合同书》中约定，被告在职期间和离职后均应保守原告的技术秘密和商业秘密，并约定在保密协议中确定双方的权利义务。

2014年6月26日，被告林某向公司提出辞职申请。2014年7月16日，公司同意了林某的辞职申请。随后林某离开甲公司后加入另外一家公司，担任该公司主管营销的负责人。自2014年8月至2015年3月，林某违反甲公司的保密要求，利用在甲公司工作期间掌握的产品销售信息及客户资料，采用降低价格等手段拉走甲公司的客户，给甲公司造成直接损失人民币100万元。

审理结果

法院经审理认为，林某为了谋取经济利益，离职后违背了与权利人签订的《保密协议》，擅自使用甲公司的客户信息，对甲公司造成了重大的经济损失，依照《中华人民共和国刑法》的规定，判决被告人林某犯侵犯商业秘密罪，判处有期徒刑2年，罚金人民币30万元。

法条链接

《中华人民共和国反不正当竞争法》

第十条　经营者不得采用下列手段侵犯商业秘密：

（一）以盗窃、利诱、胁迫或者其他不正当手段获取权利人的商业秘密；

（二）披露、使用或者允许他人使用以前项手段获取的权利人的商业秘密；

（三）违反约定或者违反权利人有关保守商业秘密的要求，披露、使用或者允许他人使用其所掌握的商业秘密。

（三）商业机密的保护管理措施

商业秘密是企业的财产权利，也是一种无形的知识产权，对企业的发展至关重要，一旦泄漏会直接影响企业的竞争力，甚至对企业的生存造成威胁，所以企业要加强对商业机密的保护和管理工作。

1. 设立管理和监控机构

企业要强化管理部门的人员素质，通过培训选拔具备资格的专业人才，根据企业大小和商业秘密管理任务的需要选择相应的管理模式。可以组建商业秘密管理专门机构，也可以指定企业法律部门、知识产权管理部门或者其他综合管理部门负责。小企业或者商业秘密相对较少的企业可以指定专人负责管理。无论企业采取哪种组织管理模式，都应该明确这些部门工作的人员的职责权限。

2. 建立和完善规章制度

现代企业中制定制度来保护商业秘密是法律认可的一项重要措施，企业章程的内容中应该有商业秘密保护的原则和管理规定，对于单项保密的事项应该签订协议。一般来说，企业应采取有效的手段进行商业秘密保护，比如建立企业保密管理制度、涉密人员的管理规定、企业高层会议及活动的管理条例、对外接待、合作内容的保密制度等。

商业秘密的保密实质就是控制接触范围，就是把商业秘密知悉范围控制在不影响科研、生产和经营正常运行的最低限度，重点要放在知悉范围内工作人员的管理上。商业秘密接触范围的控制原则是：根据企业的需要限定接触范围，使一部分生产流程的人员没有机会接触到另一部分生产流程的商业秘密，从而增加窃取商业秘密的难度系数，有效降低泄密风险，达到阻断窃密、泄密渠道的目的。

3. 推行一些商业秘密保密方法

企业高级管理人员最好配备专用传真机，减少信息传播的不必要环节，传真时不可离开，以免发生泄密事件，对于企业重要秘密文件可以采用亲手交付；对掌握企业商业秘密的人员配备专用打印机，可以避免打印文件内容被他人知悉。可以将这些掌握商业秘密的人员的打印机与普通员工的打印机分开，并放置于单独房间。关于计算机密码，建议企业对所有计算机特别是掌握企业商业秘密的人员的计算机设置密码。还有一种商业秘密流失途径就是软盘、USB接口及光盘刻录等，凡是不需要上述外接设备的工作人员的计算机，企业可将其有关接口予以拆除，防止有人通过上述方法窃取商业秘密。

4. 技术监控手段

企业应根据实际需要不断提高保密技术防范能力。在防盗窃方面，对于商业秘密载体保存、使用的场所或区域应当装备可靠的防盗设备。一旦这些场所、区域遭到破坏，可以有自动报警功能；企业也可以对进出人员设置身份辨别和录像监控记录功能；可以在记有商业秘密信息的文件上标注印记，工作人员进行复制时这些印记无法覆盖，便于查明原信息的归属。在防窃听方面，要着重注意电话、手机、无线扩音、传真等空中信号的窃听和便携式、固定式窃听器的窃听。

5. 商业机密被侵犯时企业的法律救济方法

法律在对被侵犯的商业秘密进行司法救济时，要根据行为轻重来追究法律责任，可以分为三种情况：

（1）行为人与权利人之间签订了《商业秘密保密协议》，如果行为人没有依法履行合同义务，非法公开、使用或允许他人使用权利人商业秘密的，则依照合同规定追究该行为人的法律责任。

（2）如果权利人的商业秘密被行为人通过非法手段获取、泄露，甚至公开、使用或允许他人使用的，行为人已经构成侵犯商业秘密罪，属于民事侵权，权利人可向法院申请禁止侵害令。禁止侵害令分两种：临时禁止令一般在诉讼中发出；长期禁止令一般在案件审结裁决时发出。请求损害赔偿既可单独使用，又可同时使用。

（3）如果行为人干扰市场经济秩序，利用不正当竞争手段侵犯权利人商业秘密的，则根据《反不正当竞争法》追究其刑事责任。

采用非法手段获取商业秘密该追究怎样的法律责任?

张某大学毕业后曾在广州一家公司工作。由于工作关系,她接触到了该公司的核心技术机密,张某使用U盘复制、用数码相机拍摄技术数据,并且偷偷记录下了该公司的部分技术配方。张某得到技术秘密后与同行业的B公司联络,企图凭借此核心技术被B公司录用,就这样,A公司的核心技术在B企业开始试验测试。A公司和B公司是同行业的竞争对手,由于张某泄露了A公司的核心技术,造成A公司经济损失500余万元。为此,A公司向法院提起了诉讼。

审理结果

法院经审理认为,被告人张某使用不正当手段窃取A公司的商业秘密,并向外披露秘密内容,给A公司造成重大经济损失,后果特别严重,其行为已构成侵犯商业秘密罪,依法应追究被告人的刑事责任。法院判处被告人张某有期徒刑六年,并处罚金人民币20万元,作案工具笔记本电脑、U盘和数码相机予以没收。

在本案中,被告人张某由于法制意识薄弱,采用非法手段窃取公司的商业机密,商业秘密一旦被侵害就具有"不可逆"的特性,权利人亦无法使其商业秘密的秘密特性完全恢复原状,并且B公司将来是否继续使用其商业秘密也是无法预知的。所以被告人张某的做法性质非常恶劣,应该受到法律的制裁。

法条链接

《中华人民共和国刑法》

第二百一十九条　有下列侵犯商业秘密罪的行为之一，给商业秘密的权利人造成重大损失的，处三年以下有期徒刑或者拘役，并处或者单处罚金；造成特别严重后果的，处三年以上七年以下有期徒刑，并处罚金：

（一）以盗窃、利诱、胁迫或者其他不正当手段获取权利人的商业秘密的；

（二）披露、使用或者允许他人使用以前项手段获取的权利人的商业秘密的；

（三）违反约定或者违反权利人有关保守商业秘密的要求，披露、使用或者允许他人使用其所掌握的商业秘密的。明知或者应知前款所列行为，获取、使用或者披露他人的商业秘密的，以侵犯商业秘密论。

第七章 <<

合同法律实务：写下来的，未必就有法律效力

　　无论是熟人间的交易还是与陌生人的业务合作，很多企业在现实生活中为求简化流程，没有通过书面合协议来确定彼此之间的权利和义务。虽然书面合同没有口头协议方便、快捷，但如果合作的一方疏忽大意甚至不讲诚信，就会使另一方的利益受到损失。此时如果没有书面合同或其他证据证明双方存在合同关系，企业的利益就无法得到法律的保护。

第一节　合同的订立、履行、变更和转让

企业在经营过程中，为了发展的需要可能会与他人进行合作。在合作过程中，为了双方能够合作愉快，让自己的利益得以实现，合同双方应当以书面合同的形式来约束合同当事人全面履行自己的权利和义务。然而，合同签订后，由于合同目的的变化或合同履行条件的变化等原因，合同双方须对合同进行变更，甚至还会出现合同一方将合同转让的情况。如果企业不懂合同的相关知识，就有可能产生合同风险。为了筑牢法律风险防范的防火墙，企业必须要掌握合同的订立、履行、变更和转让的相关知识。

（一）如何订立合同

在市场经济中，实行合同制不但可以让人们获得所需商品和服务，还可以让各种经济主体明确自己对合同另一方的责任。可以说，合同是当事人之间明确权利义务最主要也是最有效的协议。一般来说，依法订立的合同都会受到法律的保护，企业可以据此防止不法交易，维护自己的合法权益。为了避免发生纠纷或发生纠纷后有据可依，企业在与他人交易或合作时一定要订立合同。那么，企业该如何订立合同呢？

1. 合同订立的原则

根据《合同法》的规定，订立合同时，缔约当事人应当遵守"平等"原则、"自愿"原则、"公平"原则和"诚实信用"原则。在缔约过程

中，如果当事人一方违反了合同的订立原则，受损害方有权请求人民法院或仲裁机构变更或者撤销所订立的合同。

2. 合同订立的形式

一般来说，订立合同的形式有三种，分别是口头形式、书面形式和其他形式。其中，其他形式是指通过实施某种作为或不作为的行为方式进行意思表示，比如：企业之间长期存在供货关系，一方收到另一方提供的货物时没有及时向对方表示拒绝接受，则推定为同意接受，合同成立。不过，法律、行政法规规定采用书面形式的或者当事人约定采用书面形式的，应当采用书面形式订立合同。

3. 合同订立的条款内容

合同的内容由当事人约定，一般包括以下条款：（1）当事人的名称或者姓名和住所；（2）标的；（3）数量；（4）质量；（5）价款或者报酬；（6）履行期限、地点和方式；（7）违约责任；（8）解决争议的方法。

4. 合同订立的一般程序

当合同当事人协商一致后，签订合同一般须经历要约和承诺两个阶段。在要约阶段，该意思表示必须符合两个条件：内容具体确定和经受要约人承诺，要约到达受要约人时生效；在承诺阶段，受要约人必须在有效期内承诺，要与要约内容保持一致，如果受要约人要对要约的内容做出实质的变更，则变为新要约。承诺通知到达要约人时生效，承诺生效时合同成立。

以案说法

当事人发送要约，受要约人在承诺期内履行要约义务。这种行为具有法律约束力吗？

甲公司因施工紧迫，急需200吨水泥，便同时向A市水泥厂和B市水泥厂发函，函件中称："如贵厂有300号矿渣水泥现货（袋装），吨价不超过1300元，请求接到信10天内发货200吨。货到付款，运费由供货方自行承担。"

A市水泥厂接信当天回信，表示愿意以吨价1400元发货200吨，将于第4天发货至甲公司。甲公司于A市水泥厂回信4天后当天验收并接收了货物。

B市水泥厂接信后的第6天将200吨水泥送至甲公司，甲公司以询问协商为由拒收。B市水泥厂向人民法院提起了诉讼，要求依法处理。

审理结果

人民法院认为，B市水泥厂收到甲公司的要约后，在要约有效期内，发货给甲公司，其发货行为属于要约行为，符合《合同法》的相关规定。甲公司拒收B市水泥厂水泥的行为已构成违约，应当承担违约责任。所以，人民法院最后判决甲公司和B市水泥厂存在生效的合同关系，应当向B市水泥厂赔偿因其拒收行为导致B市水泥厂的损失。

本案涉及合同订立的要约、承诺规则。在本案中，甲公司发给B市水泥厂的函电中，对标的、数量、规格、价款、履行期、履行地点等进行了明确规定，可以视为内容确定。B市水泥厂收到要约后立即执行，甲公司即受到该意思表示的约束，所以构成有效的要约。

由于要约人甲公司没有行使撤回权，那么在要约有效期内，甲公司都会受到要约的约束。甲公司在函电中要求受要约人在10天内直接发货，所以B市水泥厂在接到信件6天后发货，这种行为是以实际履行行为对要约的承诺。所以，可以认定甲公司与B市水泥厂之间存在有效的合同，甲公司应该履行合同义务，其拒收B市水泥厂的行为构成违约，应当承担违约责任。

法条链接

《中华人民共和国合同法》

第九条　当事人订立合同，应当具有相应的民事权利能力和民事行为能力。

第十条　当事人订立合同，有书面形式、口头形式和其他形式。法律、行政法规规定采用书面形式的，应当采用书面形式。当事人约定采用书面形式的，应当采用书面形式。

第十三条　当事人订立合同，采取要约、承诺方式。

第十五条　要约邀请是希望他人向自己发出要约的意思表示。寄送的价目表、拍卖公告、招标公告、招股说明书、商业广告等为要约邀请。

第十六条　要约到达受要约人时生效。

第三十二条　当事人采用合同书形式订立合同的，自双方当事人签字或者盖章时合同成立。

（二）合同履行原则

很多企业往往比较重视合同订立，而忽略对合同履行进行监控，以致合同纠纷产生后给企业的经营造成了严重的损失。为了避免这种情况发生，一旦合同订立，合同当事人双方就应该按照合同约定的内容认真按照合同履行的原则履行自己的义务。具体来讲，在履行合同时，企业须遵守以下几项原则。

1. 诚实信用原则

当事人在履行合同时应当遵循诚实信用的原则，根据合同的性质、目的和交易习惯履行通知、协助、保密等义务。

2. 协作履行原则

协作履行原则是指当事人不仅要履行自己的合同债务，还要在诚实信用原则的基础上，要求对方当事人协助履行其原则。

此外，在一些合同如建设工程承包合同、技术开发合同等中，债务人实施给付行为时也需要债权人积极配合，否则合同的内容很难实现。所以，履行合同是债务人与债权人双方的事，而协助履行往往是债权人的义务。

一般来说，协作履行原则有以下要求：（1）债务人履行合同债务，债权人应当适当受领给付，并提供方便，创造条件；（2）因某种原因而不能履行或不能完全履行时，应当及时采取措施避免或减少损失；（3）发生合同纠纷时，债务人和债权人都应当主动承担责任，不得推诿。

3. 适当履行原则

适当履行原则又可以称为正确履行原则或全面履行原则，要求当事人按照合同规定的标的、质量、数量，在合同约定的履行期限、履行地点，用适当的履行方式全面完成合同义务的原则。

一般来说，适当履行原则有以下要求：（1）主体适当；（2）履行标的适当；（3）履行期限适当；（4）履行方式适当。

4. 情势变更原则

情势变更原则是指在合同有效成立后，由于不可归责于双方当事人导致合同成立的基础发生变化，如果继续履行合同会造成显失公平的后果，为了消除不公平的后果，法律允许当事人变更合同的内容或者解除合同。

一般来说，情事变更原则须满足以下几个条件：（1）必须有情势变更的事实；（2）情势变更必须发生在合同成立后至合同履行完毕前；（3）情势变更的发生不可归责于双方当事人；（4）情势变更是当事人不可预见的；（5）不做情势变更会使履行合同显失公平。

以案说法

在合同履行过程中，由于合同的客观市场环境和基础发生巨大变化。当事人一方可以按情势变更原则变更或解除合同吗？

甲公司与乙公司签订合同，约定由甲公司向乙公司供应一批原材料，每吨8000元。合同签订后三个月，由于受到国际市场的影响，该原材料市场价格开始大幅度上涨，每吨价格为14000元，甲公司提出提高供应价格，乙公司不同意，双方诉至法院。

审理结果

法院认为，因为受到国际市场的影响，原材料市场价格大幅度上涨，这是当事人双方都无法预见的，甲公司提出变更合同符合合同中的情势变更原则。所以，法院最终判决甲公司有权变更合同，适当提高原材料价格，每吨提高为13000元。

本案是一个有关合同履行中情势变更原则的案例。当双方签订合同后，在履行合同过程中，由于合同的客观市场环境和基础发生了巨大变化，这种变化是当事人无法预见的，不可归责于合同当事人，如果按照合同执行将显失公平。根据合同变更原则，在这种情况下，法律允许变更或解除合同。虽然，在合同法中没有规定这一原则，但因显失公平可申请变更或撤销合同，其前提条件是"订立合同时显失公平"，很显然，不包括合同订立后出现显失公平的情况。

实际上，最高人民法院曾经对这个问题做过肯定的批复，《全国经济审判工作座谈会纪要》明确指出"由于不可规则于当事人双方的原因，作为合同基础的客观情况发生了非当事人所能预见的根本性变化，以致按原合同履行显失公平的，可以根据当事人的申请，按情势变更的原则变更或解除合同"。这就是最高人民法院对于情势变更的司法解释的范畴，在本案中，此条可以作为判决依据。所以，甲公司有权变更合同，适当提高原材料价格。

法条链接

《中华人民共和国合同法》

第六条 当事人行使权利、履行义务应当遵循诚实信用原则。

第八条 依法成立的合同，对当事人具有法律约束力。当事人应当按照约定履行自己的义务，不得擅自变更或者解除合同。

第六十条 当事人应当按照约定全面履行自己的义务。当事人应当遵循诚实信用原则，根据合同的性质、目的和交易习惯履行通知、协助、保密等义务。

（三）合同变更的条件和程序

在现实生活中，由于环境多变和复杂，因此当事人在订立合同时不可能对有关合同的所有问题都做出明确的规定。所以，在合同具体实施过程中，对当事人权利义务进行修改或补充是非常有必要的，因此，合同的变更就必不可少了。

变更合同时，必须要在原合同的基础上，通过当事人双方协商或法律的规定，才能改变原合同关系的内容。实际上，合同变更不是合同性质的变化如买卖变为赠与，而是合同关系的局部变化如价款的变化、履行时间的变化等。当然，它既可能是合同标的变更，也可能是履行方式改变，是权利和义务变化的民事法律行为。

一般来说，企业必须满足合同变更的条件，并按照合同变更的程序进行，才能完成合同的变更程序，具体如下：

1. 合同变更的条件

如果企业想要变更合同，必须具备以下几个条件：

（1）已存在合同关系

合同变更是为了改变原合同关系，如果企业没有与其他公司存在原合同关系，自然就没有合同变更的对象。一般来说，如果合同无效或者是合同效力未定，或是可撤销的合同被撤销，在这些情况下均不存在合同关系，自然也不会发生合同的变更。

（2）合同的内容发生改变

一般来说，合同的内容发生变化是合同变更必不可缺少的条件，其主要包括标的、价款或酬金、履行期限、违约金、利息等方面的变更。

（3）双方协商或法律规定

如果企业想要变更合同，必须经过当事人双方协商一致或者是符合法律规定，通过法院的判决或仲裁机构的裁决才可以变更合同。

2. 合同变更的程序

除法律规定外，合同变更还有当事人协议变更，当事人变更本身是合同的话，比较适用《合同法》中关于要约和承诺的规定，其变更程序如下：

（1）当事人一方向对方提出变更合同的邀约

如果当事人一方想要变更合同内容，就要先向对方提出变更合同的要约，该要约包括当事人一方想要对合同的哪些条款进行变更、如何变更及须增加或补充哪些内容等。

（2）双方协商达成一致

当对方收到要约后，经过多番研究，如果同意，可以直接给予对方一个明确的答复，即为承诺；如果不同意或者部分同意，当事人对方也可以提出自己的修改或补充意见。经过反复协商，双方最终达成一致意见。

以案说法

当事人一方要求变更合同，打电话给对方，
对方未收到，也要承担违约责任吗？

2015年3月，福华贸易公司向某服装厂订购了一批女装，总价款16万元，并预付了货款的30%即4.8万元，约定2015年7月底交货。2015年5月，福华贸易公司打电话给服装厂的厂长要求变动一下女装的部分花色。

由于厂长不在，接电话的人员忘了此事，使福华贸易公司收到的女装花色并未变更，与合同约定的一样。福华贸易公司就此事询问了服装厂厂长，对方说不知道要求变更花色，接电话的人知道自己闯了祸，矢口否认接过此电话，福华贸易公司以供方违约为由拒付货款尾款。服装厂厂长因要不回货款向法院提出了诉讼，要求福华贸易公司承担违约责任，并支付货款及违约金。

审理结果

法院认为，福华贸易公司变更合同时未经服装厂厂长同意，该合同变更无效，双方应仍按原合同履行各自的义务。所以，法院最终同意了服装厂厂长的要求，判决福华贸易公司应该承担违约责任，支付货款及违约金。

根据《合同法》相关规定，当事人协商一致可以变更合同。也就是说，当事人想要变更合同应该及时通知对方，经过双方协商达成变更协议后，才能完成合同的变更。在一般情况下，变更合同应采用书面形式，如果是口头变更合同，在当事人任何一方不承认或未有确切证据表明对方同意的情况下，法院是不承认的。

在本案中，福华贸易公司要求对方变更花色，只是打了一个电话，并未得到对方的同意，也没有签订任何书面协议。在这种情况下，福华贸易

公司由于缺乏必要的证据只能败诉，而服装厂完全按照合同内容履行义务，并没有任何过错，自然胜诉。

法条链接

《中华人民共和国合同法》

第七十七条　当事人协商一致，可以变更合同。法律、行政法规规定变更合同应当办理批准、登记等手续的，依照其规定。

（四）合同转让的类型和条件

对于企业来说，合同转让并非是一项简单的法律行为，相反，它所涉及的法律问题其实非常复杂。为了避免不必要的纠纷，企业必须签订书面形式的转让合同，以此来明确双方的权利义务。为了做好合同管理，企业必须了解合同转让的类型和条件，才能选择合适的转让方式，避免发生不必要的纠纷。

1. 合同转让的类型

在转让合同时，由于标准不同，企业可以分别对其划分类型，具体如下。

（1）合同全部转让和部分转让

根据合同转让的范围，有两种不同的转让方式，一种是全部转让合同，是指当事人一方将其合同权利、合同义务或合同权利义务全部转让给第三人；另一种则是部分转让合同，是指当事人一方将其合同权利、合同义务或合同的权利义务部分转让给第三人。

（2）合同权利转让、合同义务移转、合同权利义务一并转让

根据合同转让的内容，有以下三种转让方式：第一种是合同权利转让，是指当事人一方将其合同权利全部或部分转让给第三人；第二种是合

同义务转让，是指当事人一方将其合同义务全部或部分转移给第三人；第三种是合同权利义务一并转让，是指当事人一方将其合同权利义务一并全部转让给第三人。

2. 合同转让的条件

根据《合同法》的相关规定，企业想要转让合同，必须具备以下几个条件：

（1）存在有效的合同关系

与合同变更条件一样，合同是否有效也是合同权利义务能够转让的基本前提条件。如果合同本身就是无效的或者合同已经被撤销，那么转让合同也是无效的。当然，如果合同不存在或者合同已经履行完毕，同样也不会发生合同转让。

（2）符合法律规定的程序

根据《合同法》的相关规定，如果债权人想要转让合同债权，必须通知债务人；如果债务人想要移转合同义务，则须经过债权人同意才行；如果当事人一方转让合同权利和义务，须对方当事人同意才行。除此之外，如果法律、行政法规规定合同转让应当办理批准、登记手续的，当事人必须依法办理相应的手续。

（3）不具有禁止转让的法定事由

根据《合同法》的相关规定，如果合同中的权利义务属于合同性质，不管是按照合同当事人约定还是按照法律规定不得转让，合同当事人不都不能将其转让给其他人。除此之外，合同转让还不能违背社会公共利益。

以案说法

债权人将合同全部转让给第三人，债务人不履行义务，
第三人有权要求债务人继续履行吗？

2012年9月，李某与A公司签订了《商品房买卖合同》，约定李某购买A公司的房屋一套，总价款为52万元。2014年10月3日，李某向A公司一次性支付了全部房价款，A公司出具收条。在合同履行过程中，双方发生争议，经双方协商一致，解除了《商品房买卖合同》，A公司同意返还李某52万元房价款及利息。

2015年4月22日，程某与李某签订了一份债权转让协议书，协议约定李某将其对A公司的52万元债权及利息转让给程某。签订债权转让协议书的当天李某就向A公司送达了《债权转让通知书》，通知A公司应向程某履行义务，但A公司一直未履行义务。2015年8月，程某起诉至人民法院，请求判令A公司立即返还购房预付款52万元及利息，诉讼费由A公司承担。

审理结果

人民法院经调查认为，A公司收取李某的购房款52万元后双方解除了合同，李某又将债权转让给程某，并通知了债务人A公司，A公司没有退还所收取的款项，程某要求A公司退还52万元并支付利息的诉讼请求符合法律规定，予以支持。

本案涉及商品房买卖过程中的债权转让问题，在本案中，李某将其对A公司享有的52万购房款及利息的返还请求权全部转让给程某，自己脱离了原合同关系，使程某成为了该合同关系的新债权人，根据《合同法》的相关规定，债权人转让权利后，受让人取得与债权有关的从权利，但该从权利专属于债权人自身的除外，因此程某有权要求A公司履行义务。

法条链接

《中华人民共和国合同法》

第八十条　债权人转让权利的应当通知债务人。未经通知，该转让对债务人不发生效力。债权人转让权利的通知不得撤销，但经受让人同意的除外。

第八十四条　债务人将合同的义务全部或者部分转移给第三人的，应当经债权人同意。

第八十八条　当事人一方经对方同意，可以将自己在合同中的权利和义务一并转让给第三人。

第二节　合同的效力和违约责任

签订合同的目的是让自己的利益得以实现，如果企业不懂合同的效力和违约责任，一旦对方没有按照合同履行自己的义务，极有可能会因为合同无效或违约责任违法，让自己的利益无法受到法律保护。所以，研究合同的效力和违约行为对于保护企业的利益有着重要意义。

（一）合同效力的类型

随着市场经济的不断发展，合同运用的频率和要求越来越高，对合同效力的了解和认知的要求也随之变高。想要保护自己的合法权益，企业必须要了解合同的效力并合理运用合同，才能有效避免不必要的损失。

一般来说，合同效力有四种类型，具体如下。

1. 有效合同

有效合同是指按照法律的规定成立，并在当事人之间产生法律约束力的合同。《合同法》规定，有效合同必须具备以下生效要件：（1）行为人具有相应的民事行为能力；（2）意思表示真实，意思表示就是行为人将其设立、变更、终止民事权利义务的内在意思表现于外部的行为；（3）不违反法律和社会公共利益；（4）合同必须具备法律所要求的形式。

合同生效后，其效力主要体现在以下几个方面：

（1）在当事人之间产生法律效力

合同一旦生效成立，当事人应当依合同的规定享受权利、承担义务。

（2）对当事人以外的第三人产生法律约束力

合同生效成立后，任何单位或个人都不得侵犯当事人的合同权利，不得非法阻挠当事人履行义务。

（3）法律效果

如果当事人一方违反合同，将依法承担民事责任。必要时，人民法院也可以采取强制措施使当事人依合同的规定承担责任、履行义务，对另一方当事人进行补救。

2. 无效合同

无效合同是指合同已具备成立要件，但因欠缺一定的生效要件而自始无效的合同。由于无效合同具有内容违法而无效，其不具有法律约束力，同时不发生履行效力。根据《民法通则》的相关规定，合同具有以下情形的民事行为是无效的：（1）以欺诈、胁迫手段订立合同，损害国家利益；（2）合同法形式掩盖非法目的；（3）恶意串通，损害国家、集体或第三人利益；（4）违反公共利益；（5）违反法律、行政法规。

3. 效力待定合同

效力待定合同是指合同虽已成立，但因其不完全符合法律有关生效要件的规定，而其发生效力尚未确定，必须经有权人表示承认或追认才能生效的合同。根据《合同法》的相关规定，效力待定合同主要包括以下三种情况：（1）无民事行为能力人订立的和限制行为能力人依法不能独立订立的合同，必须经其法定代理人承认才能生效；（2）无权代理人以本人名义订立的合同，必须经过本人追认才能对本人产生法律约束力；（3）无处分权人处分他人财产权利而订立的合同，未经权利人追认，合同无效。

4. 可撤销合同

可撤销合同是指订立合同时，由于意思表示不真实，有撤销权的当事人行使撤销权，使已经生效的意思表示归于无效的合同。一般来说，可撤销合同具有以下几个特征：（1）在未被撤销前，可撤销合同是有效的；（2）可撤销合同的意思表示不真实；（3）有撤销权的当事人可以行使撤销权来变更或撤销可撤销合同；（4）人民法院或仲裁机构做出变更或撤销可撤销合同的决定。

根据《合同法》的相关规定，以下三种情形为可撤销合同：（1）因重大误解订立的合同；（2）显失公平的合同；（3）一方以欺诈、胁迫的手段或者乘人之危，使对方在违背真实意思的情况下订立的合同，受损害方有权请求人民法院或者仲裁机构变更或者撤销。

与无效合同一样，可撤销合同自始没有法律约束力。如果合同被撤销，也不会影响合同中有关解决争议方法的条款的效力。对因该合同取得的财产，应当予以返还。如果一方当事人有错，过错方应当赔偿对方因此而受到的损失；如果双方都有过错，各自承担相应的责任。

以案说法

在签订合同过程中，发现对方存在欺诈行为，可以撤销合同吗？

甲企业是一家快餐连锁企业，王欣看好这个快餐品牌的发展前景便决定加盟。双方协商一致后，王欣与甲企业签订了《加盟协议》，并支付该企业50万元的加盟费。当王欣接手加盟店后发现该企业在订立合同过程中隐瞒事实，伪造营业报表，存在欺诈行为，该企业之前发送的电子报表与加盟店的营业额有很大差距，足以影响王欣是否决定与其签订合同。随后，王欣认为自身利益受到了影响，就此事打电话质问甲企业，想解除该合同，而该企业矢口否认。王欣只好把甲企业起诉至法院。

审理结果

法院经过调查后认为，甲企业明知该加盟店的财务报表存在问题却不将真实情况告知王欣，已违反了《合同法》的相关规定，所以，法院最终判决，王欣解除合同的要求合法，予以支持。

在本案中，王欣加盟该企业的原因是看中该企业的商业效益及良好的发展前景，而营业额的具体数值就是判断该企业的商业效益是好还是坏。甲企业提供的电子报表让王欣误以为该加盟店生意很红火，接手后有扩大业务的机遇。甲企业知道自己的财务报表有问题，却故意隐瞒事实，让王欣在不知情的情况下签订了加盟协议，很显然，甲企业存在欺诈行为。

根据《合同法》的相关规定，一方以欺诈、胁迫的手段或者乘人之危，使对方在违背真实意思的情况下订立的合同，受损害方有权请求人民法院或者仲裁机构变更或者撤销。所以，王欣胜诉。

法条链接

《中华人民共和国合同法》

第五十四条　一方以欺诈、胁迫的手段或者乘人之危，使对方在违背真实意思的情况下订立的合同，受损害方有权请求人民法院或者仲裁机构变更或者撤销。当事人请求变更的，人民法院或者仲裁机构不得撤销。

（二）合同违约责任的承担方式

在《合同法》中，违约责任是一项非常重要的法律规定。对于合同缔约人来说，订立合同的目的是使自己的利益得以实现，而合同另一方当事人的违约行为可能会使当事人的利益无法实现。为了保护当事人的合法权利，违反合同的另一方当事人应当承担合同违约责任。

根据《合同法》的相关规定：当事人一方不履行合同义务或者履行合同义务不符合约定的，应当承担继续履行、采取补救措施或者赔偿损失等违约责任。在实践中，如何确定违约责任的承担形式须根据实际情况确定。违反合同的当事人承担违约责任的方式有以下几种。

1. 继续履行

继续履行又可称为实际履行，是指当事人一方不履行合同义务或者履行合同义务不符合约定时，另一方当事人可以要求其在合同履行期限届满后，继续按照合同所约定的主要条件完成合同义务的行为。

与一般履行行为不同的是，继续履行是法律对违约行为人的一种强制手段。除了具备一般违反合同的民事责任外，还具备合同未解除而受害方要求继续履行或者有继续履行的必要和继续履行的可能等条件。也就是说，如果法律规定无须继续履行或者违约方没有继续履行的能力，可以不适用于继续履行合同的责任要求。

从当事人违约的行为来看，继续履行有两种情况，一种是金钱债务违约，另一种是非金钱债务违约。根据《合同法》的相关规定，当事人未履行金钱债务的应当继续履行，而对于非金钱债务的违约，如果法律上或者事实上不能履行或是债权人在合理期限内未要求履行，又或是债务的标的不适于强制履行或者费用过高，但凡有此类情形之一的，权利人不能再向债务人提出继续履行的请求。

2. 采取补救措施

如果标的物质量不符合合同的约定，违约方应当按照当事人的约定承担违约责任，如果违约责任没有约定或约定不明确，受损害方可以根据标的性质和损失的大小，向违约方提出合理的要求，比如更换、退货、减少价款或报酬等。另外，根据《合同法》的相关规定，如果受损害方在要求违约方采取合理的补救措施后还有其他损失，受损害方有权要求违约方赔偿损失。

3. 赔偿损失

赔偿损失又称为"损害赔偿"，是指合同一方因违约而补偿、赔偿受损害方所遭受的损失的责任承担方式，是违约责任中最常见的一种违约补救方法，具有一定的补偿性和随意性，其构成要件因其适用的归责原则不同而不有所不同。在适用过错责任原则时，赔偿损失的构成要件包括损害事件、违约行为、主观过错，以及违约行为和损害事实之间存在因果关系。

另外，违约人依法赔偿受损害人损失时应当遵循完全赔偿、合理预见、减轻损害、损益相抵和责任相抵五项原则。虽然，赔偿损失具有一定补偿性，但它是有一定限制条件的，其赔偿损失额不得超过违约方订立合同时预见到或应当预见到的因违反合同可能造成的损失。

4. 支付违约金

违约金是指违约方按照合同约定向受损害方支付一定数额的金钱。违约金作为合同违约方应承担违约责任的一种方式，是由当事人在合同中约定而确定其数额的，而且违约金不应过高或者过低约定。另外，违约金条款是否适用取决于合同当事人是否违约。如果当事人未在合同中约定，则不产生违约金责任。

5. 定金

定金是合同订立或履行前，合同当事人一方向当事人对方支付一定数额的金钱作为担保的一种方式。当事人在合同中约定定金时，必须按照担保法的规定执行。约定定金的同时，如果也约定了违约金，当事人可以选择适用的定金条款或违约金。

以案说法

在合同中，既有违约金，又有定金。一方违约时，该如何赔偿？

2015年3月1日，王媛向李政订购了一款男士西服150套，总货款40万元，2015年4月30日前交货。双方签订书面合同时约定定金为10万元，货到后一周内付清全部货款。若一方违约均应按照总货款的20%偿付违约金，并赔偿对方相应的经济损失。王媛如约支付了定金。

2015年4月18日，李政正要发货，王媛却要求解除合同并退还定金，李政提出对方必须来人协商违约赔偿事宜，否则就要按照合同的约定发货，王媛没有给予回复还拒收了货物。最后，李政只好将这批西服降价处理，损失金额高达20万元。随后，李政向当地法院提交申诉，要求定金归自己所有，王媛须偿付违约金8万元，并赔偿20万元的经济损失。

审理结果

法院认为，合同双方签订的合同中既有违约金又有定金，根据《合同法》的相关规定，李政只能选择其中的一个，所以，法院最终判决王媛应赔偿李政四万元违约金。

法条链接

《中华人民共和国合同法》

第一百一十六条　当事人既主张约定违约金，又主张定金的，一方违约时，对方可以选择适用违约金或定金条款。

第三节　人事、劳动合同：
用工合同的签订、履行、变更和续订

无论哪个企业，为了自己的发展须大量招兵买马时，都要重视用工合同的签订、履行、变更和续订。企业稍不注意就会引发不必要的法律纠纷，不但会导致人才大量流失，还会遭受经济上的损失，甚至影响企业的发展。

（一）企业如何与员工签订劳动合同

对于企业来说，签订合同是每个企业都应该履行的法定义务。一旦招聘完成，用人单位应该根据劳动法的相关规定与员工签订劳动合同。可以说，劳动合同不但是确立企业和员工的劳动关系，并约束双方如实、全面履行劳动权利义务的依据，还是防止劳动争议，维护各自利益的重要凭据。企业与员工签订劳动合同时应该注意以下问题。

1. 及时与员工签订劳动合同

根据《劳动合同法》的相关规定，建立劳动关系应当签订劳动合同，企业应当在用工之日起一个月内与员工签订劳动合同。也就是说，员工到企业工作后，自其到岗之日起，企业应该在一个月内与其签订劳动合同。

另外，企业可以提前与员工签订劳动合同，根据《劳动合同法》的规定，企业自用工之日起与员工建立劳动关系，也就是说，无论企业何时与员工签订劳动合同，双方劳动关系都是自员工到岗之日起建立的，双方权利义务关系也自此时生效。不过，企业须注意的是，岗前培训是员工完成企业安排的工作任务，是为了工作做准备，所以在此阶段，企业不但要与员工签订劳动合同，还应当向员工支付工资。否则，企业将要按照法律的

"未签订劳动合同"支付员工双倍工资。

2. 劳动合同主要包括的内容

由于员工的职位不同，其劳动合同的版本也会有所不同。即便如此，劳动合同作为一种特殊的合同，是明确劳动关系双方权利义务的书面文件，按照《劳动合同法》的相关规定，企业与员工签订的劳动合同应当包括以下几项必备条款：（1）用人单位的名称、住所和法定代表人或者主要负责人；（2）劳动者的姓名、住址和居民身份证或者其他有效身份证件号码；（3）劳动合同期限；（4）工作内容和工作地点；（5）工作时间和休息休假；（6）劳动报酬；（7）社会保险；（8）劳动保护、劳动条件和职业危害防护；（9）法律、法规规定应当纳入劳动合同的其他事项。

除了以上几条必备条款外，企业和员工还可以在劳动合同中约定其他内容，如试用期、培训、商业秘密等事项。

3. 确认劳动合同期限的形式

按期限划分，劳动合同有三种，第一种是固定期限劳动合同，第二种是无固定期限劳动合同，第三种是"以完成一定工作任务"为期限的劳动合同。另外，还有一种就是口头形式的劳动合同，即"非全日制用工"的劳动合同。一般来说，企业与员工签订的第一份合同都是固定期限的劳动合同，不过，须确定固定期限的时间长短。

4. 劳动合同的生效

企业与员工签订合同时，须对劳动合同文本的意见进行确认，双方协商一致后就可以进行签字、盖章。劳动合同一式两份，企业和员工共同进行。员工必须本人签字，而企业须盖公司公章。当双方签订劳动合同后，合同即刻生效，双方各执一份。

以案说法

自员工参与岗前培训之日起，公司未及时签订合同，
公司需要承担法律责任吗？

经初步面试后，上海某销售公司通知李某于2014年11月15日至2014年11月16日（周六至周日）参加该公司新招人员的职前培训。李某参加培训时该公司承担了培训费，并向李某支付了300元现金的生活费和交通费补贴。2014年11月17日，张某开始在销售公司上岗工作，该销售公司从2014年11月17日开始支付李某工资。2015年1月9日，李某与该公司签订劳动合同。2015年6月，李某离职，并于2015年7月向上海市劳动争议仲裁院申请仲裁，要求该公司支付其2014年11月15日至2015年1月9日未签订劳动合同期间双倍工资的差额。

审理结果

上海市劳动人事争议仲裁院认为，李某在2014年11月15日至2014年11月16日期间参与公司的职前培训，时间是周末时间，而参与培训的地点是在专业的机构内。根据《关于确立劳动关系有关事项的通知》（劳社部发[2005]12号）中规定劳动关系成立条件的第二款：用人单位依法制定的各项劳动规章制度适用于劳动者，劳动者受用人单位的劳动管理，从事用人单位安排的有报酬的劳动。第三款规定：劳动者提供的劳动是用人单位业务的组成部分。李某培训期间应该属于入职前或用工前的培训，故而李某与该公司成立劳动关系的开始时间应在李某培训后上岗工作的2014年11月17日。因此，上海市劳动人事争议仲裁院判定，

公司应支付给李某2014年11月17日至2014年1月9日未订立书面劳动合同期间的双倍工资。

本案争议的焦点是员工职前培训是否与公司存在劳动关系，而劳动关系的判断标准应当适用于判断用人单位和劳动者之间是否用工。在本案中，参与职前培训的李某并没有完全接受该公司的管理，而李某仍可以在职前培训后拒绝在该公司工作，该公司支付给李某职前培训期间的报酬不能视为劳动报酬，双方并不能成立劳动关系。所以，劳动人事争议仲裁院判定的结果符合法律的相关规定。

法条链接

《关于确立劳动关系有关事项的通知》

第一条 用人单位招用劳动者未订立书面劳动合同，但同时具备下列情形的，劳动关系成立。

（一）用人单位和劳动者符合法律、法规规定的主体资格；

（二）用人单位依法制定的各项劳动规章制度适用于劳动者，劳动者受用人单位的劳动管理，从事用人单位安排的有报酬的劳动；

（三）劳动者提供的劳动是用人单位业务的组成部分。

（二）劳动合同的履行原则

当企业与职工签订劳动合同后，当事人双方都应该按照劳动合同规定的条件，履行自己应当承担的义务。那么，在履行劳动合同的过程中，当事人双方应当遵循哪些原则呢？

1. 亲自履行原则

实际上，亲自履行原则是由劳动本身的特点而决定的，能够有效地保证劳动关系的严肃性和稳定性。由于劳动合同主要是由用人单位与劳动者签订的，所以，它必须由劳动合同明确规定的当事人来履行，这是当事人双方应当履行劳动合同规定的义务，不允许当事人以外的其他人代替履行。

2. 全面履行原则

实际上，全面履行原则是实际履行原则的补充和发展。也就是说，一旦劳动合同生效，当事人双方不仅要按劳动合同规定去履行，还要按照《劳动合同法》规定的时间、地点、方式，履行全部义务。

3. 协作履行原则

在履行劳动合同过程中，当事人双方要有互相协作、共同完成劳动合同规定的义务，无论当事人哪一方有履行困难，另一方都应该在法律允许的范围内尽力为对方提供相应的帮助，以便双方都能全面履行劳动合同。

4. 实际履行原则

如果法律和劳动合同没有另有规定或者客观上已不能履行，当事人双方都要严格按照《劳动合同法》的相关规定完成各自应当履行的义务，未经权利人同意，不能用其他标的代替履行或以支付违约金来免除劳动合同约定的义务。

以案说法

职工在试用期内生病，也要继续履行劳动合同吗？

2015年4月，广东某合资公司聘用了王某，并与其签订了为期3年的劳动合同，试用期为三个月。上班的第三天，王某就患了流行性感冒，发烧39度，王某担心被解雇就带病工作，结果转成肺炎住进了医院。随后，该公司以王某在试用期生病为由，解除了王某的劳动合同。王某在征询有关法律人士的意见后，向劳动争议仲裁委员会提出申诉。

审理结果

劳动争议仲裁委员会经过调查后认为，王某虽然是在试用期内，但该公司在尚未证明王某不符合录用条件的情况下就单方面以王某患病为由解除了与其的劳动合同，这种做法不符合《劳动法》的相关规定。所以，劳动争议仲裁委员会最终判决，双方应该继续履行原劳动合同。

根据《劳动合同法》的相关规定，劳动者患病或者非因公负伤况，在固定的医疗期内用人单位不得解除劳动合同。医疗期是指企业职工患病或者非因公负伤须停止工作治病休息时，不得解除劳动合同的期限。《企业职工患病或者非因公负伤医疗期的规定》中的第三条规定："企业职工因患病或者非因工负伤况须停止工作医疗时，根据本人实际参加工作年限和在本单位工作年限，给予三个月到二十四个月的医疗期。"

在本案中，虽然王某是在试用期内生病，但试用期同样属于劳动合同中的医疗期限，按照《劳动合同法》的相关规定，王某可以享受三个月的医疗期。当王某病愈上班后，该公司应该继续对其进行试用，如果王某在医疗期满后不能从事原工作，也不能从事公司另行安排的工作，这时该公司就可以根据《劳动合同法》的相关规定，解除与其的劳动合同。

法条链接

《中华人民共和国劳动合同法》

第三十九条 劳动者在试用期内被证明不符合录用条件的，用人单位可以解除劳动合同。

第四十二条 劳动者患病或者非因工负伤，在规定的医疗期内的，用人单位不得解除劳动合同。

（三）劳动合同变更

企业与职工签订合同后，双方必须认真履行，任何一方不得擅自变更劳动合同。然而，在履行劳动合同过程中，如果企业的生产经营发生了变化或者职工的劳动或生活发生了变化，是可以变更劳动合同的。

劳动合同变更是指在劳动合同履行过程中，由于主客观条件发生了变化，当事人根据法律规定，对原合同进行修改、补充的法律行为。

一般来说，劳动合同变更主要有两种情况，分别是协议变更和法定变更。其中，协议变更是指经过协商一致后，双方当事人最终达成协议。而法定变更是指法律规定的原因出现后，当事人一方可以依法提出变更劳动合同，并与当事人另一方对变更的内容进行协商一致。不管是协议变更还是法定变更，都只能对劳动合同的内容进行变更，无法对劳动合同的当事人进行变更。

当劳动合同出现履行障碍时，双方当事人可以在劳动合同的有效期内对原劳动合同的相关内容进行变更。不过在劳动合同变更过程中，企业须根据《劳动合同法》的条件和程序进行。

1. 劳动合同变更的原则

变更劳动合同时，应当遵循"平等自愿、协商一致"的原则，如果企业不经过劳动者同意，强行变更劳动合同，就要承担违约责任。如果给劳动者造成了一定的损失，企业须承担损害赔偿责任。

2. 劳动合同变更的程序

变更劳动合同时，企业或职工应当向对方提出变更劳动合同的要求，并说明变更合同的理由、内容及条件，要求对方在一定期限内给予答复。如果双方当事人同意变更劳动合同并达成一致意见，就可以签订书面协议，即可完成劳动合同的变更程序。

3. 劳动合同变更的形式

劳动合同变更时，企业应当采用书面的形式通知劳动者。变更后的合同仍需要企业和劳动者签字盖章才能生效，而且双方各执一份劳动合同变更协议。此外，如果原劳动合同已经过鉴证，劳动合同变更协议也应当履行相关手续。

4. 劳动合同变更应当及时进行

劳动合同变更必须是在劳动合同生效后到终止前进行，当事人双方应当重视劳动合同变更的问题，不能拖到劳动合同期满后进行。

以案说法

职工怀孕影响公司经营，公司擅自变更劳动合同，对吗？

贾某是上海某公司的员工。2015年1月，贾某发现自己怀孕，上班期间经常感到腰酸背痛，便到医院就诊，医生建议她多休息。于是，贾某拿着医院的证明，按照公司规定提出请假的要求。因贾某怀孕后须时常请假休息，影响到公司经营，加上质检部门需要人手，公司便通知贾某到质检部门上班，按照质检岗位的标准享受相关待遇。

贾某不同意公司的决定，便以公司擅自变更劳动合同为由，向当地劳动争议仲裁委员会提出仲裁申请，要求恢复原工作岗位及原工资待遇。

审理结果

经审理，劳动争议仲裁委员会认为，贾某怀孕并不属于《劳动合同法》中规定的客观情况发生重大变化的情形，并且，在怀孕期间贾某也应当得到相应的保护。在此事件中，该公司没有与贾某协商就擅自变更劳动合同，不仅改变了贾某的工作岗位、工作内容，并且新的工作岗位还降低了贾某的工资待遇，这种单方变更劳动合同内容的行为属于无效行为，已违反了《劳动合同法》的法律规定。所以，劳动争议仲裁委员会最后裁决公司应当立即恢复贾某原工作及原工资待遇。

本案是一个典型的在劳动合同履行时，因用人单位单方面擅自变更劳动合同而引起法律纠纷的案列。根据《劳动合同法》的相关规定，用人单位与劳动者协商一致，可以变更劳动合同约定的内容，也就是说，公司想要变更劳动合同，必须要与职工协商一致，才能变更劳动合同内容。在生活中，与职工签订劳动合同的过程中公司占有绝对的主动权，这让很多公司都会固执地认为自己想让谁干什么活，谁就要干什么活，故而与员工引发了很多冲突。

法条链接

《中华人民共和国劳动合同法》

第三十五条　用人单位与劳动者协商一致，可以变更劳动合同约定的内容。变更劳动合同，应当采用书面形式。变更后的劳动合同文本由用人单位和劳动者各执一份。

（四）劳动合同终止的实务技巧

在劳动合同管理中，如何终止劳动合同，也是企业劳动合同管理中一项很重要的内容。企业不仅要考虑自身的需要，还要从员工的实际情况出发，结合法律的实体和程序规定来合理决定，并依法确定相应的工作程序和履行相关的手续。

1. 及时决定终止劳动合同

不管员工的劳动合同是否即将到期，如果企业想终止劳动合同，就要及时做出终止劳动合同的决定，最好提前一个月通知员工终止。对于即将到期的劳动合同，企业应该在合同到期前多长时间做出终止的决定并通知员工，在法律上并没有给予明确规定，但一些地方规定对此做出了相关要求，如《北京市劳动合同规定》第四十条明确规定，"劳动合同期限届满前，用人单位应当提前三十日将终止或者续订劳动合同意向以书面形式通知劳动者，经协商办理终止或者续订劳动合同手续。"因此，企业处理到期劳动合同时，不但要按照当地的规定执行，还要尽量避免合同期限届满前1~2天才通知员工，以免造成员工缺乏心理准备，进而双方因此而引起争议和纠纷。

如果企业在劳动合同期限届满后，既没有与员工续签劳动合同也没有终止劳动合同，就很容易因与员工形成事实劳动关系而引发纠纷。在这种情况下，企业必须要按照"未与员工签订书面劳动合同"的情况承担相应的法律责任。

2. 劳动合同终止的程序

（1）通知劳动合同终止的时间

《劳动合同法》及其《实施条例》都没有对企业终止劳动合同的程序做出明确规定。在实践中，各地有一些地方规定，如前述北京的规定，要求企业必须提前一定的时间通知员工终止劳动合同，一般为一个月，如果企业未提前30日通知劳动者劳动合同到期终止的，每延迟一日支付一日工资作为赔偿金。因此，企业应严格参照当地的规定执行，同时，提前通知也使员工获得了心理准备，避免引起其他争议和纠纷。

（2）通知劳动合同终止的形式

企业终止劳动合同是否必须采取书面形式，《劳动合同法》及其《实施条例》也没有做出明确规定。在实践中，一些地方规定要求企业终止劳动合同时必须采用书面形式通知员工。无论当地规定是否要求，从规范用工和便于举证的角度出发，我们建议，企业终止劳动合同时最好采用书面形式。

3. 劳动合同终止的后果

劳动合同依法终止后，企业应根据法律的规定和要求向员工支付经济补偿，经济补偿按劳动者在本单位工作的年限，以每满一年按一个月工资的标准向劳动者支付。但并不是所有情形下劳动合同的终止都须支付经济补偿。根据《劳动合同法》的规定，一般只有在劳动合同期满，用人单位被依法宣告破产，被吊销营业执照、责令关闭、撤销或者用人单位决定提前解散的情况下，企业才须支付经济补偿。

以案说法

员工劳动合同到期后，公司既没有续签，
也没有终止。劳动关系能随时终止吗？

2011年，郑彤彤大学毕业，应聘到某公司担任行政工作，与该公司签订了为期三年的劳动合同，月工资为3000元。2014年6月30日，合同到期后双方都没有提出续订劳动合同，但郑彤彤仍在该公司上班。2015年3月20日，公司由于经营不善，生意每况愈下，为了改变现状，该公司决定缩减人员。

在裁员时，该公司发现郑彤彤的劳动合同到期后，一直没有续签，便以书面的形式通知郑彤彤双方的劳动关系将于2015年6月30日终止。郑彤彤不服，便向当地劳动争议仲裁委员会提起仲裁，要求该公司支付2014年7月至2015年6月期间未续签劳动合同的双倍工资。

审理结果

劳动争议仲裁委员会经审理认为，郑彤彤的劳动合同期满后，该公司没有及时与郑彤彤续签而形成事实劳动关系，不认定为劳动合同到期后的自动续延，该公司应当承担未与郑彤彤续签劳动合同的法律责任。所以，劳动争议仲裁委员会最终裁决，该公司应在正常支付郑彤彤工资的基础上，再支付郑彤彤未续签劳动合同期间双倍工资的一半。

本案是一个典型的在劳动合同期满后因没有及时续签而形成事实劳动关系的案例。在《劳动合同法》施行前，上述情形的处理方式主要依据《最高人民法院关于审理劳动争议案件适用若干问题的解释》第十六条的规定，即"劳动合同期限届满后，劳动者仍在原用人单位工作，原用人单

位没有表示异议的，视为双方愿意以原条件继续履行劳动合同，一方提出
终止劳动关系的，人民法院应当支持"。也就是说，劳动合同期满后，公
司未续签劳动合同而员工仍然在企业工作的，视为劳动合同自动续延，一
方可以随时终止事实劳动关系。

上述规定导致在很长一段时间内，公司都不愿主动与劳动者续签到期
的劳动合同，但《劳动合同法》施行后法律规定发生了变化，劳动合同到
期后，如果公司没有与员工续签劳动合同将不再认定为原劳动合同自动续
延。如果劳动合同到期终止后一个月内公司都没有与劳动者续签书面劳动
合同，劳动者就可以要求公司支付双倍工资。在本案中，劳动争议仲裁委
员会就是根据法律的相关规定要求该公司支付未续签劳动合同期间的双倍
工资的，鉴于公司已经在未续签劳动合同期间向郑彤彤支付了正常工资，
所以，该公司只须再支付一倍工资就可以了。

法条链接

《北京市劳动合同规定》

第四十条 劳动合同期限届满前，用人单位应当提前三十日将终止或
者续订劳动合同意向以书面形式通知劳动者，经协商办理终止或者续订劳
动合同手续。

第四十七条 用人单位违反本规定第四十条规定，终止劳动合同未提
前三十日通知劳动者的，以劳动者上月日平均工资为标准，每延迟一日支
付劳动者一日工资的赔偿金。

第四节　买卖、担保、委托合同：让一切交易都透明化

无论双方是买卖关系还是担保关系，甚至是委托关系，在经济活动中签订相关的合同才能通过法律保护自己。为了避免合同纠纷，当事双方签订合同时一定要明确双方的权利、义务以及违约责任，让一切交易都透明化，只有这样才能保证双方的利益都能得以实现。

（一）签订买卖合同须注意哪些事项？

无论个人还是企业，想得到自己所需的商品和服务只能通过与他人交易才能得到。由于交易形式不规范或一些买卖当事人违背诚实信用等原则，会严重侵害另一方的合法权益，所以在与他人交易的过程中，双方须采用书面形式签订买卖合同来约束双方。

买卖合同作为商品交换的基本法律形式，是买卖方权利和义务的凭证，也是买卖合同纠纷的法律依据。在经济活动中，企业想要避免合同纠纷，签订买卖合同时要着重注意以下几项。

1. 合同主体

为了避免供方或需方既无供货或付款能力又无独立承担经济责任能力，当事人在签订合同时应该认真核实供方或需方的合同主体。

2. 买卖标的物或货物的基本情况

为了避免供方不将产品名称写全，不写产品牌号、商标和生产厂家，以次充好，蒙混过关，需方在与供方签订买卖合同时应该让供方写清产品全称、牌号、商标、规格、型号，以及生产厂家。此外，还应要求供方写清随机配备及数量、配件工具及数量和用品的供应办法及交货时间。

3. 标的物的数量和计量方法

产品的数量不是以本企业的标准或计量方式计算的，而是按照国家统一的标准计量单位计算的。如果产品数量没有统一计量单位，其表示方法应当由双方共同协商而确定。不过，计量方法必须具体明确，不能用含糊不清的计量表述，如一件或一打等。如果双方使用一打或一箱等计量方法，必须具体解释，如一打包括的产品数量是多少。

4. 标的物的技术标准（含质量要求）

不管产品质量是按照国家标准还是按照行业标准，都要写清主件和附件的质量标准。另外，还要写清质量负责的条件和期限，要写得科学、合理。

5. 标的物的包装方式和包装要求

在买卖合同中，不但要让供方写清包装物、包装标准、包装标签的内容等，还要写清包装物的供应、回收及费用负担，对包装不善引起货物损坏的责任约定也要写清楚。

6. 运输方式的要求及运杂费用的支付方式

在买卖合同中一定要写清运输方式，比如水路、铁路或联运等，同时还要写清货物到达的目的地。此外，运费由谁支付也要写清楚，如果是分担，还须写清分担的数额或段点。

7. 结算方式

为了防止需方延长付款期，供方一定要让其写清结算的具体方式和期限。如果需方是分期付款，还要写清每次付款的日期和确切数额。

8. 违约责任

在买卖合同中，为了防止可能违约的一方不写违约责任或者将违约责任写得过轻，违约责任应具体，最好将对方每项义务不履行的违约责任都分别写清楚，只有这样才能制约住对方，使其正确、全面履行合同义务。

9. 落款、署名、盖章

在合同上签字时，一定要写明签名人是法人代表还是法定代表人授权的或其他委托代理人。在合同上盖章时，盖的必须是公章，不能是没经过备案的合同章或企业下属部门的印章，此外，要把各种授权书留件备查。

10. 交货的期限、地点和方式

在买卖合同中一定要写清交货地点和方式。如果对方是代办托运，还要写清运输工具和运输路线。此外，合同中还要写清交货的时间，如果对方是分期交付，必须要写清每次交货的具体数量。

以案说法

买卖合同签订后，由于履行期限不明确，债权人拒绝履行合同。债务人有权要求债务人继续履行合同吗？

2015年1月，甲与乙签订了买卖合同，约定从2015年4月开始分批供货，每两个月结算一次货款，并对供货总量及单价作了约定，但未明确具体交货日期和数量。合同签订后，乙便赶制毛条。甲收到部分货物后要求乙暂停供货，等待通知。两个月后乙仍未接到供货通知，便找到甲进行协商，乙要求甲继续履行合同，却遭到甲拒绝。于是，乙便向劳动争议仲裁委员会申请仲裁，要求甲接收货物并赔偿损失。

审理结果

劳动争议仲裁委员会经审理认为，在甲与乙所签订的这份买卖合同中，只有开始供货的时间，而没有约定明确的交货日期。根据《合同法》的"履行期限不明确的，债务人可以随时履行"的规定，劳动争议仲裁委员会最终支持了乙的仲裁请求。

法条链接

《中华人民共和国合同法》

第六十二条 当事人就有关合同内容约定不明确，依照本法第六十一条的规定仍不能确定的，适用下列规定：

（一）质量要求不明确的，按照国家标准、行业标准履行；没有国家标准、行业标准的，按照通常标准或者符合合同目的的特定标准履行。

（二）价款或者报酬不明确的，按照订立合同时履行地的市场价格履行；依法应当执行政府定价或者政府指导价的，按照规定履行。

（三）履行地点不明确，给付货币的，在接受货币一方所在地履行；交付不动产的，在不动产所在地履行；其他标的，在履行义务一方所在地履行。

（四）履行期限不明确的，债务人可以随时履行，债权人也可以随时要求履行，但应当给对方必要的准备时间。

（五）履行方式不明确的，按照有利于实现合同目的的方式履行。

（六）履行费用的负担不明确的，由履行义务一方负担。

（二）担保合同的内容及范围

合同的担保是指依照法律的规定或当事人的约定而设立的确保合同义务履行和权利实现的法律措施，具有担保性、从属性、补充性及相对独立性等四大特征，其担保方式有五种，分别是保证、抵押、质押、留置和定金。它可以是单独订立的书面合同，当事人之间具有担保性质的信函、传真等也包括在内，也可以是主合同的的担保条款。

实际上，担保合同的种类比较多，包括保证合同、抵押合同、质押合同等，其具体内容和范围如下所述。

1.担保合同的内容

（1）抵押合同的内容

按照相关的法律规定，抵押合同的内容应包括：①被担保的主债权种类、数额；②债务人履行债务的期限；③抵押物的名称、数量、质量、状况、所在地、所有权权属或者使用权权属；④抵押担保的范围；⑤当事人认为须约定的其他事项。抵押合同不完全具备前款规定内容的，可以补正。

（2）质押合同的内容

质押合同的内容包括：①被担保的主债权种类、数额；②债务人履行债务的期限；③质物的名称、数量、质量、状况；④质押担保的范围；⑤质物移交的时间；⑥当事人认为须约定的其他事项。质押合同不完全具备前款规定内容的，可以补正。

（3）保证合同的内容

一般来说，保证合同必须具备以下几项内容：①被保证的主债权种类、数额；②债务人履行债务的期限；③保证的方式；④保证担保的范围；⑤保证的期限；⑥双方认为须约定的其他事项。如果保证合同不完全具备前款规定内容，是可以补正的。

2.担保合同的担保范围

（1）保证担保范围：主债权及利息、违约金、损害赔偿金和实现债权的费用。保证合同另有约定的，按照约定。当事人对保证担保的范围没有约定或者约定不明确的，保证人应当对全部债务承担保证责任。

（2）抵押担保范围：主债权及利息、违约金、损害赔偿金和实现抵押权的费用。抵押合同另有约定的，按照约定执行。

（3）质押担保范围：主债权及利息、违约金、损害赔偿金、质物保管费用和实现质权的费用。质押合同另有约定的，按照约定执行。

以案说法

订立借款合同时，借款人虽提供担保，但逾期未归还借款。担保人承担连带责任吗？

2014年1月21日，汪阳与孟晓晓签订了借款协议，约定：汪阳向孟晓晓借款20万元，四个月归还（从2014年1月21日起至2014年5月20日止），借款利息按月利率9%计算，汪阳请李菲作个人担保。双方在协议上签名盖章，李菲在担保人栏签名。随后，孟晓晓履行了借款义务，汪阳却逾期未归还借款。2015年2月，孟晓晓向法院提出诉讼，要求汪阳偿还借款，李菲承担连带责任。

审理结果

法院经审理认为，在本案中，借贷双方在借款协议上只约定了还款期限，并没有约定保证期间，根据《担保法》的相关规定，连带责任保证人与债权人未约定保证期间的，债权人有权自主债权履行期届满之日起六个月内要求保证人承担保证责任，在合同约定的保证期间和前款规定的保证期间，债权人未要求保证人承担保证责任，保证人免除保证责任。本案的保证期间为2014年11月20日届满，孟晓晓在保证期间内没有要求保证人李菲承担保证责任，李菲的保证责任应该依法予以免除。所以，法院仅支持孟晓晓要求汪阳偿债的请求，驳回其要求李菲负连带责任的请求。

法条链接

《中华人民共和国担保法》

第二十六条　连带责任保证的保证人与债权人未约定保证期间的，债权人有权自主债务履行期届满之日起六个月内要求保证人承担保证责任。在合同约定的保证期间和前款规定的保证期间，债权人未要求保证人承担保证责任的，保证人免除保证责任。

（三）委托合同有哪些种类？

委托合同是一种历史悠久的合同类型，其适用范围比较广泛，可以在任何一种民事主体之间产生，也可以在自然人之间、法人之间或自然人与法人之间缔结。实际上，委托合同又可称为委任合同，其目的是利于企业的生产经营，方便人们的日常生活，以及加强国际经济贸易的关系。那么，在与他人签订委托合同时，只有了解了委托合同的种类企业才能更好地管理合同。一般来说，根据不同的标准，委托合同可以分为以下几类。

1. 特别委托和概括委托

从受托人的权限范围来看，委托合同可以分为特别委托和概括委托。其中，特别委托是指委托人特别委托受托人处理一项或数项事务的委托，而概括委托是指委托人委托受托人处理一切事务的委托。

2. 单独委托和共同委托

从法律的角度来讲，单独委托和共同委托是两种相对的委托形式。其中，如果受托人为单一个人，就属于单独委托。如果受托人为两人或者两人以上，就属于共同委托。

3. 直接委托和转委托

从受托人产生的不同来看，委托合同可以分为直接委托和转委托。其中，直接委托是指由委托人直接选择受托人的委托，而转委托是指由受托人为委托人再选择受托人的委托。当受托人为委托人进行转委托时，除紧急情况下受托人为维护委托人的利益而须转委托以外，应当征得委托人同意。

以案说法

如果受托人为维护委托人的利益而转委托，未经委托人的同意，由谁来承担赔偿损失？

A公司和C公司签订了一份委托合同，准备将一批棉花存放在C公司的仓库里。C公司将棉花运到仓库存放时发现该仓库已严重破损，而且预报近两天会有大雨降临。C公司考虑到如果将棉花存放在仓库里肯定会遭受严重的损失，于是打电话给A公司，却一直无法与其取得联系，C公司只好将这批棉花转至D公司的仓库内存放，并委托D公司代为管理。然而，棉花遭盗窃。A公司得知此事后，要求C公司赔偿棉花被盗窃的损失，但C公司认为A公司受到的损失应该直接向D公司索赔。双方一直为此事争论不休。最后，A公司和C公司一起将D公司诉至法院。

审理结果

法院认为，C公司是在紧急情况下即因无法联系到A公司而将棉花委托D公司管理的，虽未经A公司同意，但符合《合同法》的相关规定。所以，法院最终裁判转委托有效，A公司的所有损失由D公司赔偿。

法条链接

《中华人民共和国合同法》

第四百条 受托人应当亲自处理委托事务。经委托人同意，受托人可以转委托。转委托经同意的，委托人可以就委托事务直接指示转委托的第三人，受托人仅就第三人的选任及其对第三人的指示承担责任。转委托未经同意的，受托人应当对转委托的第三人的行为承担责任，但在紧急情况下受托人为维护委托人的利益须转委托的除外。

第五节 合伙、联营合同：
亲兄弟，有事也得写在合同上

无论是个人还是企业，为了一个共同的经济目的，与他人或企业共同出资并参与企业经营管理，都是非常正常的经济行为。但为了保证双方的合法利益，必须订立合同。在订立相关合同的过程中，双方一定要明确当事人各自应履行的义务及违约责任，合同中的每项条列都要详细说明，以免因合同某处事项不明而引发纠纷。所以，企业要想维护自己的利益，就要做到即使彼此是亲兄弟，有事也要写在合同上。只有这样，企业才能正常经营，避免不必要的损失。

（一）订立合伙合同的注意事项

随着经济的发展，为了适应市场的发展趋势，同时扩大经营规模、增加利润，很多企业都意识到了合伙的重要作用。为了一个共同的经济目的，合伙双方共同出资并参与合伙企业的经营管理。既然是合伙做生意，即便是亲兄弟，有事也得写在合同上。那么，合伙人订立合伙合同时，应该注意哪些事项呢？

1. 合伙人的主体资格必须合法

如果合伙人一方或双方是限制行为能力或无民事行为能力的人，是不能成为合伙人的。也就是说，参与合伙的双方必须是具有完全民事行为能力的人。另外，根据《合伙人》的相关规定，法律、行政法规禁止从事营利活动的人是不可以成为合伙企业的合伙人的。这条规定中所说的"禁止从事营利活动的人"，包括国家工作人员、其他从事公务的人员、企事业单位的在职职工等。

2. 合伙人双方协商一致

合伙合同必须由全体合伙人协商一致，经过全体合伙人签名、盖章后，才能生效，也就是说，如果合伙人其中一人不同意，合伙合同都不能成立。只有当事人各方的意思表示一致时，合同才能成立。

如果合伙合同的当事人已约定共同出资，但出资不是以合伙合同成立时的现实履行为要件的，那么，企业须注意的是，合伙合同虽成立，但合伙并不一定就成立。根据《合伙法》的规定，合伙企业须经工商行政管理机关办理登记始可成立。所以，合伙合同先于合伙而成立，如果合伙不能成立，合伙合同也就失去了效力。

3. 合伙合同的主要内容

根据《合伙法》的相关规定，合伙合同应该包括以下内容：（1）合伙企业的名称和主要经营场所的地点；（2）合伙目的和合伙企业的经营范围；（3）合伙人的姓名及其住所；（4）合伙人出资的方式、数额和缴付出资的期限；（5）利润分配和亏损分担办法；（6）合伙企业事务的执行；（7）入伙与退伙；（8）合伙企业的解散与清算；（9）合伙企业的经营期限；（10）违约责任；（11）合伙人争议的解决方式。

4. 以书面形式订立合同

合伙人订立合伙合同时，不能以口头协议来确定合伙，必须以书面的形式进行，这样的合同才具有法律约束力。

以案说法

合伙做生意，只有口头协议，没有签订书面合伙协议。
这具有法律约束力吗？

潘某和史某是好朋友，两个人打算共同出资开一家五金压铸厂。2013年4月25日，潘某出资10万元，史某出资15万元。随后，他们对各自的合伙投入进行汇总，交给对方确认签署。因该厂未经工商登记也就没有订立书面合伙协议，两个人只是在四位权威人士面前进行了口头协议。随后，两个人便开始合伙做生意了。

2015年3月12日，史某想散伙，与潘某协商利润分配问题，潘某以双方合伙关系无效为由拒绝了史某的要求。史某只好向人民法院提出诉讼，要求潘某按合伙出资的比例支付他应得的财产。

审理结果

法院经审理认为，潘某和史某既无签订书面合伙协议，又未经工商行政管理部门核准登记，但有四个权威人士证明有口头协议，符合《关于贯彻执行〈中华人民共和国民法通则〉若干问题的意见（试行）》的相关规定，所以，人民法院最终判决潘某和史某存在合伙关系，史某应按合伙出资的比例额退还潘某应得的财产。

本案是一个因无书面合伙协议而引发纠纷的案例。根据《关于贯彻执行〈中华人民共和国民法通则〉若干问题的意见（试行）》的相关规定，当事人之间没有书面合伙协议，又未经工商行政管理部门核准登记，但具备合伙的其他条件，又有两个以上利害关系人证明有口头合伙协议的，人民法院可以认定为合伙关系。从这条法律条列中不难看出，潘某只要有两位以上无利害关系人证明有口头协议，就能证明潘某和史某存在合伙关系。

在本案中，由于潘某有四个无利害关系人为其证明有口头协议，根据《关于贯彻执行〈中华人民共和国民法通则〉若干问题的意见（试行）》的相关规定，合伙终止时对合伙财产的处理：有书面协议的，按协议处理；没有书面协议又协商不成的，如果合伙人出资额相等，应当考虑多数人的意见酌情处理；合伙人出资额不等的，可以按出资额占全部合伙额多的合伙人的意见处理，但要保护其他合伙人的利益。因此，潘某想要散伙，史某应当按其出资比例支付其应得的财产。

法条链接

关于贯彻执行＜中华人民共和国民法通则＞若干问题的意见

第五十五条 合伙终止时，对合伙财产的处理，有书面协议的，按协议处理；没有书面协议，又协商不成的，如果合伙人出资额相等，应当考虑多数人意见酌情处理；合伙人出资额不等的，可以按出资额占全部合伙额多的合伙人的意见处理，但要保护其他合伙人的利益。

（二）联营合同的订立其主要内容

为了企业的发展，很多企业都会积极主动与其他企业进行生产联营和经济的交往。然而，在与他人联营的过程中，很容易会因为利益而产生纠纷。为了维护自己的利益，联营的双方必须依法签订联营合同，明确双方各自履行的义务。只有这样，才能有效避免企业在联营中出现的一切风险，确保企业正常经营，为联营双方带来良好的经济效益。想要实现这一目的，企业非常有必要掌握联营合同的相关知识。

1. 联营合同的订立

订立联营合同时，企业不但要遵循合同订立的一般原则，还要注意以下事项。

（1）取长补短

实际上，联营的目的是提高企业的经济效益。企业想要做到投资少、见效快、产品质量好、数量多及技术进步快，应该注意扬长避短，根据自己的优势或劣势情况，如技术、资金及资源等方面，对对方当事人进行全面考查，了解他们的优缺点，用他人的长处，弥补自己的短处。

（2）采取合适的联营形式

通常来讲，联营不受所有制形式的限制，也不受地区、行业、部门的限制，根据发展需要，企业既可以与原材料生产与加工企业联合，也可以与民用工业、军工企业联合；既可以与其他企业进行资源的联合，也可以与其他企业进行人才方面的联合。此外，联营的组织形式主要有三种，分别是法人型联营、合伙型联营和松散型联营。不管是哪一种联营形式，订立联营合同时，当事人都应当从实际情况出发，且由参与联营的各方当事人通过协议的方式确定下来。

（3）合同应当采用书面形式

根据联营合同的法律特征，联营企业以口头形式订立的联营合同属于无效合同。由于联营合同涉及的主体是两个或两个以上当事人，其内容较为复杂，且履行期限比较长，具有多次履行的特点，因而无法即时解决。所以，订立联营合同时应当采取书面的形式，将各方当事人的权利义务关系确定下来。

（4）办理必要的批准手续

由于联营合同的形式不同，其办理的批准手续也是不一样的，具体又分三种：

①法人型联营合同

订立法人型联营合同时，如果联营当事人各方协商达成一致，经各自所在地政府授权部门批准后，再由工商行政管理部门按照有关规定予以登记注册，发给其《企业法人营业执照》，联营企业才能在一定的经营范围内进行一切经营活动。

②合伙型联营合同

订立合伙型联营合同时，联营企业须经过工商行政管理部门办理工商企业登记，发给其《营业执照》后才能合法经营。

③松散型联营合同

订立松散型联营合同时，联营企业无须办理批准登记手续。如果联营合同比较重要或期限较长，联营企业应当采取一些必要的保护措施，比如：申请办理公证或由他方当事人提供有效的担保，才能有效保证合同的真实性和合法性。不过，公证和担保作为合同的有效条件，其不属于合同成立的必要条件。

2. 联营合同的主要内容

一般来说，联营各方当事人应当根据不同的联营形式以及联营目的，共同协商并确定联营合同的内容，主要包括以下条款：（1）参与联营的各方当事人的基本情况；（2）联合经营的目标、目的；（3）联营企业的名称、所有制性质、地址，生产经营范围及隶属关系等；（4）联营的形式；（5）联营组织的资产来源；（6）联营内部的组织机构；（7）联营企业的生产、供应、销售等管理措施；（8）产品质量的检验，监督办法；（9）联营企业内部的组织管理；（10）职工工资待遇及福利待遇；（11）利润分配及亏损和风险承担；（12）联营期限及加入、退出联营组织的条件和程序；（13）联营合同终止后的财产清算程序；（14）违约责任；（15）争议的解决方式；（16）其他条款。

以上是联营合同的主要内容，联营当事人各方应当根据联营合同的各项原则订立联营合同，其内容应当详尽、具体、明确，才能有利于合同切实履行。

以案说法

在联营合同中没有明确规定违约责任的，
合同当事人一方违约，该怎么办？

2013年3月15日，甲厂、乙厂和丙厂签订了一份联营合同，约定：甲厂投资100万元，乙厂投资60万元，丙厂投资40万元，三方联合成立一家集团公司；公司在经济上实行独立核算，自负盈亏；按投资比例分享盈利，分担风险。2013年6月06日，公司正式成立，并开展经营活动。

后来，因为甲厂和乙厂分别抽回资金50万元和30万元，导致公司管理比较混乱。由于经营不善，公司出现严重亏损的情况，于2015年5月申请撤销。随后，三家投资单位共同成立了清理小组，经清理，公司共亏损122.3万元。之后，三家投资单位因为债务承担而发生纠纷。随后，丙厂以甲厂和乙厂暗中抽回投资款而致使公司倒闭为由向人民法院起诉，要求甲厂和乙厂承担公司的一切亏损，并返还其投资款。

审理结果

人民法院经查明认为，公司成立时三家单位虽按照合同规定的投资额作了投资，但公司成立后甲厂和乙厂分别暗自抽回50万元、30万元，不但使联营公司的实际资金从200万元缩减为120万元，还导致公司倒闭，造成公司经营管理混乱，亏损严重。这种行为已违反了联营协议的规定，严重影响了公司的正常经营活动，损害了丙厂的利益，故应对此承担违约责任。

最后，经调解，三方达成协议，人民法院判决，三方根据联营合同的规定按出资比例分担公司亏损额，退还丙厂投资款15.54万元，分为由甲厂支付9.7125万元，乙厂支付5.08275万元，均在20天内付清，由甲乙两厂各自负担一半诉讼费。

律师点评

本案是一起因联营合同中无明确规定违约责任而引发纠纷的案列。根据《经济合同法》中的相关规定，联营合同虽不在十大类合同之内，但属于其他经济合同之一，也适用于《经济合同法》。所以，甲厂和乙厂应按照《经济合同法》的规定承担违约责任。

一般来说，联营合同中有明确规定且又非明显违约的，应当按照合同中的规定来处理。如果合同中无明确确定，或者规定的内容明显违法，属于无效条款，应该根据实际情况处理。在本案中，三方签订的联营合同并没有做出违约责任的规定，人民法院采用调节的方法，使三家达成一致意见并解决了纠纷，合法又公正。

法条链接

《中华人民共和国合同法》

第一百一十四条 当事人可以约定一方违约时应当根据违约情况向对方支付一定数额的违约金，也可以约定因违约产生的损失赔偿额的计算方法。

约定的违约金低于造成的损失的，当事人可以请求人民法院或者仲裁机构予以增加；约定的违约金过分高于造成的损失的，当事人可以请求人民法院或者仲裁机构予以适当减少。

当事人就迟延履行约定违约金的，违约方支付违约金后，还应当履行债务。

第八章 <<

纠纷法律实务：
为合法利益保驾护航

企业要运营，就离不开与各种人、各种企业打交道，而有人、有利益的地方就难免会发生各种纠纷。身为企业管理者，只有准确掌握相关的法律知识并正确运用法律手段，才能有效化解和处理各种纠纷，维护自己的合法权益。

第一节　劳资关系纠纷：劳动纠纷、社保、劳动赔偿问题法律风险提示

劳资关系纠纷是指劳动者与用人单之间由于种种利益冲突而发生的纠纷，也称为劳资纠纷。这类纠纷通常是由于双方在各自要履行的义务及享受的权利上发生意见分歧而产生的，现阶段劳资纠纷的数量之多依然是不容忽视的，企业只有正确处理劳资纠纷，才能稳步、健康地发展下去。

（一）劳资关系纠纷的起因

由于我国非公有制企业具有"多、小、散、杂"的特点，一些中小企业特别是家庭作坊式企业水平参差不齐，管理制度不完善，因此劳动者与用人单位间的劳资纠纷经常出现，对双方甚至社会都产生了不好的影响。具体来讲，根据其不同的起因，劳资关系纠纷可分为以下几种情况：

1. 因执行国家的有关工资、保险、福利、培训、劳动保护等规定而产生的劳资纠纷

工资、保险、福利、培训、劳动保护等都关系到劳资双方的切身利益，因此劳动合同中对其的规定都比较复杂，也就在一定程度上造成了认知上的障碍。并且，通常劳动者与用人单位签订劳动合同时不会仔细查看其中的规定和内容，导致在以后的工作过程中容易遇到各种各样的问题，尤其是上述种种情况均与双方利益有着直接的关系，所以很容易产生纠纷

甚至导致矛盾激化。

2. 因劳动合同而产生的劳资纠纷

劳动合同是用人单位与劳动者之间为确立劳动权利义务关系所签订的协议，这既是对合同主体双方的保障，又是一种约束。订立和变更劳动合同，应当遵循"平等自愿、协商一致"的原则，但在实际生活中往往很难遵循这样的原则，因此在合同的签订、执行、更改及解除的过程中难免会产生各种纠纷。

3. 因用人单位开除、除名、辞退职工和职工辞职、自动离职而产生的劳资纠纷

劳资纠纷不只在劳动期间产生，解除劳动关系时同样有可能产生。职工若有违反劳动纪律等对用人单位不利的行为，用人单位可视情况严重与否依法给予开除、除名和辞退的行政处分。职工亦可辞职或者自动离职。

解除劳动关系特别容易引起劳资纠纷，因为涉及用人单位与劳动者双方的利益，因此企业要及时处理纠纷，否则极有可能就会遭受不必要的损失。

4. 法律、法规规定的其他劳资纠纷

《中华人民共和国企业劳动争议处理条例》中相关内容所规定的其他劳资纠纷，例如用人单位与孕期员工的纠纷，或者用人单位与其招用的已依法享受养老待遇或者退休金的人员之间的纠纷等，也应依法处理。

以案说法

员工违反了服务期约定，公司要求其支付培训费，这样做对吗？

张某是上海市某公司的销售总监,由于业绩比较突出,企业有意培养他,便将其派到国外,进行三个月的培训,为此共花了5万元人民币。培训结束后,按照服务期的约定,张某需要在公司工作五年,但张某工作刚

满三年，就向公司提出了辞职并离开。

这时，公司要求张某支付服务期的培训费5万元，张某不同意。于是，双方产生了纠纷。随后，公司向当地人民法院提出了申诉，要求张某支付违约金5万元。

审理结果

人民法院经审理认为，该公司为张某提供培训费用，对其进行技术培训，双方约定了为期五年的服务期，但张某只干了三年便离职，已违反了服务期约定，应当按照约定向公司支付违约金。根据《中华人民共和国劳动法》的相关规定，用人单位要求劳动者支付的违约金不得超过服务期尚未履行部分所应分摊的培训费用。因此，人民法院最终判定张某应支付该公司2万元。

本案是一个典型的因员工违反服务期需支付违约金而引发的纠纷，在本案中，该公司为张某花了5万元，那么违约金就不能超过5万元。张某接受培训后，已经履行了三年的服务期，那么，张某离职时，该公司让其支付违约金，就应该将张某已履行的三年服务期所应分摊的部分给扣除掉，余下的部分就是2万元。也就是说，该公司应让张某支付2万元的违约金。

公司出资培训员工，与员工约定服务期，这对公司和员工来说，都是公平的。因为企业专门出一笔钱，派员工到一个特定的环境接受培训，员工在很短的时间内，就能快速提高自己的劳动价值。员工的劳动价值的提高其实是由公司的投资造成的，投资以后，员工回到公司就不能马上离职。

如果公司投资较大，却没有得到回报，这对公司来说，是不公平的。所以，只要是公司出资培训的员工，就一定要有服务期，这是公司投资应得到的回报。如果在服务期内，员工要求提前解除合同，公司理应要求他支付相应的违约金。

法条链接

《中华人民共和国劳动争议调解仲裁法》

第二条　中华人民共和国境内的用人单位与劳动者发生的下列劳动争议，适用本法：

（一）因确认劳动关系发生的争议；

（二）因订立、履行、变更、解除和终止劳动合同发生的争议；

（三）因除名、辞退和辞职、离职发生的争议；

（四）因工作时间、休息休假、社会保险、福利、培训以及劳动保护发生的争议；

（五）因劳动报酬、工伤医疗费、经济补偿或者赔偿金等发生的争议；

（六）法律、法规规定的其他劳动争议。

（二）处理劳资纠纷问题的措施

据相关资料显示，我国企业的劳资纠纷问题日益凸显，案件数量越来越多，情况也越来越复杂，已引起社会的广泛关注。对于企业来讲，如果不能及时有效地处理好劳资纠纷，不仅会给企业造成负面影响，而且会对社会造成不良影响。那么，在企业解决劳资纠纷问题方面有哪些可行的措施呢？

1. 加大宣传教育力度，增强企业管理者和劳动者遵规守法的意识

为了预防和减少劳资纠纷，企业可以充分利用多媒体等工具广泛开展劳动法制宣传教育活动，加强企业管理者与职工的法律意识，从而促进劳资双方依法履行权利义务。同时，企业也可以对企业人力资源部门或者其他负责劳动关系管理的部门及新入职的员工反复强调劳动合同的重要作用，引起企业所有人的重视，明确工资奖金的计算原则及工时、假期等的

相关规定，避免劳资纠纷出现。

2. 完善企业协调机制

劳资纠纷发生后，不可能每一次都要通过仲裁或者诉讼解决，企业可以在相关部门的协助下尽快完善企业的协调机制，建立调解委员会。对于小型企业，还可设立调解小组。

3. 切实加强劳动合同管理

劳资纠纷较易发生的非公有制企业应主动将合同文本送至劳动保障部门鉴证，以便能及时检查、纠正合同中存在的问题和漏洞。

4. 仲裁与诉讼解决

如果劳资双方有一方想提起诉讼，必须经过仲裁程序，不可直接向人民法院起诉。当有一方不认同劳动争议仲裁委员会的裁决结果时，方可向人民法院提起诉讼。诉讼程序具有较强的法律性，做出的判决具有强制执行力。

以案说法

劳动合同管理不严格会导致什么后果？

李某原是某公司的一名合同制工人，于1999年与烟草公司签订了劳动合同，期限至2014年12月底。但在2006年该公司以效益不好要裁员为由，答应每月给李某900元的生活费，但前提是李某须一次性上交17000元的风险抵押金，于是李某被迫辞职，公司承诺形势好转后会通知李某回来工作，李某辞职后从公司领取了安家费2000元，工资补助1550元，养老金1650元。双方当时没有办理解除劳动合同手续，公司也没有按规定将档案移交相关部门。2012年李某打听到公司形势好转要求回到公司工作时，公司拒绝其请求并说已经解除劳动合同，于是李某请求仲裁庭仲裁，要求公司补发自己2006年至2012年的生活费与工资，并支付赔偿金。仲裁庭做出裁决后公司不服，遂将被告李某上诉至当地人民法院，请求确认原被告之间不存在劳动关系，原告无义务为被告补发生活费及工资，也无须再办理被告的退休手续。

审理结果

法院经审理认为，依照《中华人民共和国劳动法》第十七条、最高人民法院《关于审理劳动争议案件适用法律若干问题的解释（二）》第一条的规定，判决原被告之间存在劳动关系，原告应按当地生活费发放标准为被告补发生活费，若逾期未履行，原告应按当地每月平均工资的标准（高于生活费发放标准）为被告支付补偿费。

原告不服，向中级法院提起上诉，中级法院驳回其上诉，维持原判。

该公司利用欺诈的手段迫使已签订劳动合同的李某辞职已属违法行为，又未将解除劳动合同的证明及档案上交给相关部门，可见其对劳动合同的管理有待加强。公司要避免劳资纠纷发生，就要加强劳动合同管理，遵守合同规定。因此，法院的判决是合理的。

法条链接

《中华人民共和国劳动争议调解仲裁法》

第五条　发生劳动争议，当事人不愿协商、协商不成或者达成和解协议后不履行的，可以向调解组织申请调解；不愿调解、调解不成或者达成调解协议后不履行的，可以向劳动争议仲裁委员会申请仲裁；对仲裁裁决不服的，除本法另有规定的外，可以向人民法院提起诉讼。

第二节　经济纠纷：企业经济纠纷的处理

经济纠纷也称为经济争议。顾名思义，是因为经济而引起的纠纷，是依照法律规定，人民法院受理平等主体的法人之间、其他组织之间、公民之间及其相互之间因财产关系发生的经济权益纠纷案件，主要包括各种合同纠纷案件和经济损害赔偿纠纷案件。

（一）经济纠纷的类型

经济纠纷，是经济法律关系主体之间因经济权利和经济义务的矛盾而引起的争议。经济纠纷所涉及的内容比较繁多，比如经济损害赔偿、经济合同纠纷、企业破产、经济权属纠纷等。概括来说，经济纠纷主要有两大类：

1. 经济侵权纠纷

侵权行为是一种侵害他人权益的行为，经济侵权纠纷即因侵害他人经济权益而产生的纠纷，如知识产权（专利权、商标权等）侵权纠纷、所有权侵权纠纷、经营权侵权纠纷等。

2. 经济合同纠纷

经济合同纠纷是指当事人双方依法签订了经济合同后，在履行义务的过程中所产生的分歧或争议。经济合同纠纷主要包括买卖合同纠纷、借款合同纠纷、承揽合同纠纷、建设工程合同纠纷、技术合同纠纷等。一方违约，或者合同本身存在瑕疵等都可能引起纠纷。

在市场经济中，合同是平等的市场主体间确立交易关系，共同实施交易行为，追求和实现经济目的的普遍形式。因此，合同纠纷是经济纠纷的主要部分。

以案说法

拖欠工程款谁来负责？

2003年冬，杨某挂靠某工程公司承包了某工业园的部分工程施工项目，随后杨某又以该工程公司的名义与于某签订合同，将工业园外某商厦工程承包给于某。2004年年初，杨某与于某再次口头达成协议，将工业园食堂建设的工程承包给某。截至2005年年底，于某承建的两个工程均已交付使用。经审计，杨某共拖欠于某工程款239万元，于某多次催收杨某都未予支付，2006年2月，于某将杨某和某工程公司一同告上法院，请求判令两被告共同支付拖欠的工程款，并互负连带清偿责任。

被告某工程公司辩称：公司从未与于某达成任何协议，杨某越权将工程私下转包给于某的行为无效，故本案所产生的法律后果只能由杨某个人承担，工程公司不是本案的适格被告，故工程公司不予支付工程欠款。

审理结果

法院经审理认为，被告杨某与被告工程公司是挂靠与被挂靠的法律关系，工程公司主张其不是本案的适格被告，与法律规定不符，不予支持。根据最高人民法院《关于审理建设工程施工合同纠纷案件适用法律问题的解释》中的相关规定，杨某将工程非法转包给于某，所签合同无效，但工程已竣工并验收合格，于某请求支付工程款应予支持。经查明，杨某与于某签订的关于商厦工程建设的合同上加盖了工程公司的公章，故杨某应支付欠款165万元，工程公司承担连带清偿责任。食堂工程系由被告杨某个人承包并非法转包给原告施工，该工程款应由被告杨某个人承担，应支付欠款74万元。

在本案中，首先要弄清两个概念：一是"挂靠"，即所谓"公司挂靠经营"，就建筑业而言，是指允许一个施工公司允许他人在一定期间内使用自己公司名义对外承接工程的行为，二是"连带清偿责任"，是指数人债务者承担共同清偿债务的法律责任，也就说数人负同一债务。

这是一起由建设工程合同而引发的纠纷。在本案中，杨某与工程公司是挂靠关系，因此工程欠款由两方被告共同承担，而杨某个人私自将工程项目转包属违法行为，故本案中的食堂工程欠款由杨某个人承担。法院的判决是合理的。

法条链接

《关于适用〈中华人民共和国民事诉讼法〉若干问题的意见》

第四十三条 个体工商户、个人合伙或私营企业挂靠集体企业并以集体企业的名义从事生产经营活动的，在诉讼中，该个体工商户、个人合伙或私营企业与其挂靠的集体企业为共同诉讼人。

《关于审理建设工程施工合同纠纷案件适用法律问题的解释》

第二条 建设工程施工合同无效，但建设工程经竣工验收合格，承包人请求参照合同约定支付工程价款的，应予支持。

第四条 承包人非法转包、违法分包建设工程或者没有资质的实际施工人借用有资质的建筑施工企业与他人签订建设工程施工合同的行为无效。

（二）经济纠纷的成因

经济纠纷是因经济权利和经济义务发生矛盾冲突而产生的纠纷，因此经济纠纷离不开利益的因素，一旦涉及利益，往往会出现各种各样的问题。小到每个公民，大到一个企业，都应学会化解纠纷、解决问题，这样才能避免各种利益损失，维护自己的合法权益。

当然，引起经济纠纷的原因有很多，有主观方面的也有客观方面的。结合我国当前市场经济的情况，引起经济纠纷的主要原因有以下三个。

1. **依据不规范**

很多企业自身制度不够完善，思考问题不缜密，导致其在进行经济活动时所订立的合同内容不合理，合同的依据也不规范，缺乏有力的法律保障，在这样的情况下履行合同时便会产生各种各样的纠纷。有的市场主体甚至签订君子合同，即没有书面协议只是口头约定，仅仅靠双方的道德和自觉意识履行合同的内容，这使得经济合同在履行的过程中更是无章可循，从而产生纠纷。

2. **不履行合同**

在进行经济活动时，一些市场主体的自觉意识与自律意识较差，法律意识薄弱，不严格按照规章制度来做事，甚至为了自己的利益故意不履行合同，或者为了应付对方而订立假合同或无效合同，导致侵害他人权益，从而产生纠纷。

3. **行政干预**

行政干预指国家行政机关运用行政权力对所管辖的人和活动的干涉、过问等行为。在现代国家中，除司法干预外，行政干预已成为国家干预的主要部分。因此现在越来越多企业的经济活动都会或多或少受到行政干预的影响。不过，并不是所有行政干预都是合理合法的，行政干预难免出现纰漏，有关部门的行政干预，有时也会导致经济纠纷。

知道了经济纠纷的起因，便能从根本上处理问题，处理经济纠纷最好的方式是友好协商，可以省时省力并将损失降至最低。倘若双方仍无法达成一致协议，便要申请仲裁或者上诉至法院，依靠法律的力量来保护自身的合法权益。

以案说法

包含不切实际的内容的合同有效吗?

2014年6月,某度假公司为了推销一款旅游产品,举行了一个度假推销会。会上,经过讲解和推介,很多用户购买了其产品,参会的张先生也同意购买这款旅游产品,但要求先看合同,公司相关负责人表示先付款后看合同,最终在张先生预付了部分费用后公司负责人将合同出示。结果,张先生发现合同中的内容有些不切实际,比如100多个国家出境旅游,可是就目前国家规定来看,中国公民不可能去到100多个国家旅游,而且合同中对于提供相关服务的款项很不具体。张先生不再想购买该产品,要求公司退回其付款,公司拒绝,于是张先生将该旅游公司告上法庭。

审理结果

法院经审理认为,本案合同中的100多个国家出境旅游无法实现,因此该份合同属于无效合同,其在内容上违反了相关法律规定,故该合同欠缺合同生效要件,不具有法律效力。当事人签订了无效合同后,不必承担不履行合同的违约责任。最终法院判定旅游公司退还张先生所交费用。

法条链接

《中华人民共和国消费者权益保护法》

第八条 消费者享有知悉其购买、使用的商品或者接受的服务的真实情况的权利。

消费者有权根据商品或者服务的不同情况,要求经营者提供商品的价格、产地、生产者、用途、性能、规格、等级、主要成份、生产日期、有效期限、检验合格证明、使用方法说明书、售后服务，或者服务的内容、规格、费用等有关情况。

（三）经济纠纷的处理

能引起经济纠纷的原因有很多，合同不规范、依据不可靠、行政干预等，这些都能引起经济纠纷。企业出现经济纠纷，切莫陷入慌乱之中，而应在第一时间冷静分析，做出最理智的判断，选择有力的法律武器，维护企业的合法权益。

具体来讲，出现经济纠纷后，有签订合同的，可以按照合同中订立的纠纷解决方式解决，若没有订立这项内容则可事后达成协议。当然并不是所有纠纷都可达成一致协议，甚至有的纠纷发生根本没有可依据的合同，在这样的情况下，便要起诉或仲裁，总结为以下三种处理方式：

1. 申请经济合同仲裁

出现经济合同纠纷时，企业可以申请经济合同仲裁。经济合同仲裁是指经济合同当事人之间发生纠纷，双方协商不成，根据一方当事人的申请，由经济合同仲裁机关依法做出具有法律约束力的裁决。

企业在仲裁活动中享有申诉权、答辩权、申请回避权、申请保全措施权和申请执行权。企业要充分利用这些权利，努力收集并提供证据，以有效地维护自身的合法权益。

2. 进行经济诉讼

经济诉讼，也称经济审判，是指人民法院在当事人和其他诉讼参与人的参加下，依法审理经济纠纷并做出裁判的诉讼活动。诉讼比仲裁更具有强制力，但两者的案件管辖权不同，仲裁是根据仲裁协议对案件实行管辖，法院对无仲裁协议的案件实行强制管辖。发生经济纠纷后应先判断其所属范围，再进行处理。

3. 进行行政诉讼

行政诉讼是个人、法人或其他组织认为国家机关作出的行政行为侵犯其合法权益而向法院提起的诉讼行为。企业因行政干预而引起的经济纠纷就要进行行政诉讼，对于国家行政机关的不合法行为要学会维护自己的权利，正确运用法律来保护企业的合法权利。

以案说法

因借贷合同引起的纠纷如何处理？

2012年4月，某汽车公司与某汽车板厂签订了《借款合同》，约定汽车公司将580万元借给汽车板厂，期限两年，时间从2012年4月15日至2014年4月14日。合同签订后，汽车公司将借款580万元汇到汽车板厂的账户上，而合同到期后，汽车板厂并未履行还款义务。

2014年5月，汽车板厂所属的集团公司向汽车公司出具《承诺函》，承诺其所辖汽车板厂对某汽车公司的欠款580万元由集团公司负责归还，还款最后期限为2014年7月。汽车板厂于同日也向汽车公司出具了《承诺函》，表示自己与汽车公司的借款580万元会分批分期于2014年年底全部归还。但到期后汽车板厂及其所属集团公司双方均未如约偿还，汽车公司便将汽车板厂与其所属集团公司通通告上法院，请求法院判令两被告给付自己欠款580万元。

审理结果

该汽车公司是非金融机构，与某汽车板厂签订的借款合同违反了国家有关金融法律法规的规定，应认定为无效合同。根据无效合同的处理原则，汽车板厂应返还某汽车公司的欠款580万元。该集团公司主动向该汽车公司出具还款承诺函，此行为应认定是该集团公司自愿加入履行还款责任。由于该集团公司和该汽车板厂未约定还款份额，故该集团公司和该汽车板厂应连带承担还款责任。法院据此判决：一、原告该汽车公司与被告该汽车板厂签订的借款合同无效；二、被告该汽车板厂和某集团公司于判决生效后十日内共同给付原告该汽车公司人民币580万元。

本案涉及一个概念，即"合同第三人"，合同第三人是合同当事人以外的与当事人一方或双方发生一定法律联系、享有特定的权利和义务、其行为影响到合同当事人或其他地位受合同当事人行为影响的独立的民事主体。该集团公司即为借款合同履行中的第三人，故其应与汽车板厂共同承担还款责任。法院判决是合理的。另外，根据我国现有的各种相关法律法规来分析，非金融机构的企业之间相互借贷是禁止的，应当认定此种借款合同无效。

法条链接

《中华人民共和国仲裁法》

第二条　平等主体的公民、法人和其他组织之间发生的合同纠纷和其他财产权益纠纷，可以仲裁。

《中华人民共和国合同法》

第五十二条　有下列情形之一的，合同无效：

（一）一方以欺诈、胁迫的手段订立合同，损害国家利益；

（二）恶意串通，损害国家、集体或者第三人利益；

（三）以合法形式掩盖非法目的；

（四）损害社会公共利益；

（五）违反法律、行政法规的强制性规定。

第五十六条　无效的合同或者被撤销的合同自始没有法律约束力。合同部分无效，不影响其他部分效力的，其他部分仍然有效。

第三节　股东纠纷：不懂合伙，迟早散伙

如今，为了更加有效地整合各种资源，合伙已经成为创业或者经营企业的一种常规形式，并且这种形式也的确给很多企业带来了收益。不过，凡事有利则有弊，当两个或两个以上的人来共同管理一个企业时，难免会出现各种各样的纠纷与争议。对于企业来说可谓是：不懂合伙，迟早散伙，因此，企业必须学会正确认识和有效处理各种股东纠纷的方法。

（一）几类常见的股东纠纷

股东是企业存在的基础，也是企业的核心要素。股东大会更是直接决定整个企业的命运，企业的重大事项都要由股东大会进行决策，可见股东对于企业来说是非常重要的。一个企业不只有一个股东，每个股东都可能持有不同的意见和见解，因此时常会产生纠纷，几类比较常见的股东权益纠纷如下：

1. 因股权问题而产生的纠纷

在合伙企业中，股权分配问题至关重要。它一方面决定着权责和利益分配，另一方面也决定着合伙人之间的关系。但在很多合伙企业中，经常出现先做事、后分配股份，或者股权分配不合理等情况。这些都会在一定程度上导致纠纷。

2. 因利益分配问题而产生的纠纷

股东具有决策表决权、选举权、知情权、收益权等，收益权则是分配企业年终利润，利润分配不均或者未按规定分配甚至不分配等都可能引起

股东间的纠纷。

3. 因职责和权限问题而产生的纠纷

企业的股东所持有的股份不尽相同，因此有大股东与小股东，他们在企业的地位与管辖范围不一样，时常会有股东疏于职守或者股东越权处理事务的情况发生，这些情况也极有可能会导致股东纠纷。

4. 股权转让引起的纠纷

在企业中，股份转让的情况时常发生，《中华人民共和国公司法》中对此有明确的规定，即当股东向非股东转让股份必须经全体股东过半数通过。由于其规定比较死板且复杂，大多数企业在现实中都没有很好地执行，也没有制定具体的关于股份转让的细则，因此导致股权转让时出现各种纠纷。

以案说法

小股东有知情权和分配权吗？

王某和孙某合开了一家汽车美容所，王某只有20%的股份并且汽车美容所的实际操作权在孙某手上。公司开起来后生意非常火爆，但孙某一直以公司没有盈利为由不分盈利给王某，公司的所有财务问题包括员工工资支付和公司收入情况都不愿告诉王某。王某觉得这样无法再继续合作，于是要求退股并要求孙某返还自己的股金。孙某说可以退钱但是要分两年时间退还。最后，两人再三商谈无果，王某将孙某告上了当地法院，要求孙某退还股金并且按营业额分配公司盈利。

审理结果

经调查，王孙二人签订的合同真实有效，具有法律效力，那么双方当事人必须履行合同。但孙某在合伙企业成立后并没有按照合同行事，而是剥夺了王某作为股东应有的知情权和分配权，属违法行为。法院判决孙某在20天内结算王某应得的企业分红，并且退还王某的投资金额。

合伙企业中合伙人之间必须秉"平等、公开、公正"的原则行事，不得向合伙人隐瞒公司实际收入，更不应该拒付合伙人的盈利分红。

法条链接

《中华人民共和国合伙企业法》

第二十八条　由一个或者数个合伙人执行合伙事务的，执行事务合伙人应当定期向其他合伙人报告事务执行情况及合伙企业的经营和财务状况，其执行合伙事务所产生的收益归合伙企业，所产生的费用和亏损由合伙企业承担。

合伙人为了解合伙企业的经营状况和财务状况，有权查阅合伙企业会计账簿等财务资料。

（二）如何处理股东纠纷

当股东发生纠纷时，整个企业的发展无疑会受影响，因此必须及时处理纠纷，才可使企业在激烈的竞争中立于不败之地。了解如何处理股东纠纷是十分必要的，下面是三种处理股东纠纷的措施。

1. 友好协商

首先要明白的是，无规矩不成方圆，企业更是如此。股东身为整个企业的领导者与决策人，更应以身作则。当然，并不是每个股东都可以严于律己，况且每个股东的想法与判断各不相同，所以股东间发生矛盾或利益冲突也是在所难免的。当然，纠纷发生后，合伙人一定要明白，合伙纠纷在所难免，大家既然最初商议合伙，那么一定是有彼此合作的基础，也有互补的地方。因此，纠纷发生后千万不能动辄便考虑散伙或者走法律程序，而要平静下来，搁置成见，坦诚相待，友好协商。这样才能心平气和地解决问题，找出处理问题的最佳方案。

2. 召开股东大会

对于股权的问题，如果企业其他股东知道实际出资人并且已认可其权益，那么可以要求确认其股权，并要求名义出资人转交股份财产权利。股东的分配权应以股东大会决议为依据。对于股份转让的问题，也可以通过召开股东会议来征求其他股东的意见。

3. 仲裁诉讼

当然，并不是所有纠纷都可以协商解决的，有时双方各持意见争执不下便要采取其他手段来解决处理了。召开股东大会虽是最有效的方式，但有时一些股东从中作祟，刻意不召开股东大会，那就只好采取仲裁和诉讼的手段来解决了。

以案说法

想要确认股东资格该怎么办？

2001年2月，钟某和柳某合伙成立了一家有限公司，但经营一直不景气。2003年4月，两人邀请陈某携资50万元入股。为省麻烦，三人没有到工商行政管理部门办理股东变更登记手续，也未在公司原始章程上签名，只是给陈某出具了一张加盖了公司财务专用章、注明是投资款的收条。此后，陈某参与了公司的经营管理，并领取了应得的分红。

转眼到了2005年12月，由于公司的效益大增，钟某和柳某遂提出陈某的50万元是借款，要将款还给陈某，并要求陈某退出公司经营。陈某当然不干，经多次协商未果，便上诉要求确认其股东资格。

审理结果

法院经审理认为，工商行政管理机关的登记不是认定股东资格的最终或唯一依据，陈某出资50万元并已行使股东权力管理公司与分红，因而陈某应为隐名股东，法院判定公司确认其股东身份并予以登记。

法条链接

《关于审理公司纠纷案件若干问题的规定》

第十七条　记载于有限责任公司股东名册的公司股东向公司主张股东权利，公司无相反证据证明其请求无理的，人民法院应予支持。有限责任公司未置备股东名册，或者因股东名册登记管理不规范，未及时将出资人或者受让人记载于股东名册，但以其他形式认可出资人或者受让人股东身份的，出资人或者受让人可以依照前款向公司主张权利。

第四节　企业诉讼的法律实务

诉讼，即人们平常所说的打官司，是指人民法院根据纠纷当事人的请求，运用审判权来决定双方的权利和义务，从而解决双方之间的纠纷问题。俗话说得好，有人的地方就有麻烦。对于一个企业来讲，各种纠纷问题更易发生。为了保护企业利益并且维护企业声誉，管理者必须要清楚了解诉讼的相关事宜，才可更好地"见招拆招"。

（一）引发企业诉讼的原因

从企业的角度来讲，诉讼主要可以分为以下三类。

1. 企业内部的诉讼

企业内部的诉讼包括企业对股东和管理人员的诉讼、股东因股权等对企业的诉讼，以及股东和股东之间因违约侵权等行为的诉讼。企业内部的诉讼是关于管理者的，若是普通职工因权利义务等对企业提起诉讼则属于劳资纠纷。

2. 对行政机构的诉讼

企业的经济活动会受到行政机构的行政干预，因此针对行政机构的违法行为，企业可对行政机构提起诉讼。包括企业对吊销营业执照、营业许可证或责令停产停业不服的，向行政机构申请营业许可证且符合条件但行政机构拒绝办理或者不予答复的，要求行政机构依法履行人身权、财产权等但相关机构拒绝其要求或者不予答复的，认为行政机构没有履行其法定职责，例如发放抚恤金等，对于行政机构以上行为不服或者有异议的企业，均可对行政机构提起诉讼。

3. 对其他企业的诉讼

现在，企业与企业之间的诉讼更加常见，对于其他企业做出的有损自身名利或者采用不正当手段竞争的行为都可依法提起诉讼，例如非法侵占财产、土地、房屋，盗用知识产权、商标权等。当然，更为复杂的行为还须视具体情况而定，这就要求企业管理者时刻保持清醒的头脑，以便能随时应对可能发生的状况。

以案说法

别的公司与自己企业名称类似怎么办?

某外资企业广州××医疗器械有限公司在一次展会上发现济南一家同样经营医疗器械的公司在其名称中包含了自己的商号××,该济南公司的名称为济南××舒成医疗器械有限公司。该外资企业意识到自身的合法权益已被侵犯,须采用诉讼的法律手段。外资企业认为,自己公司在中国已具有一定的知名度,尤其是在济南已开拓了很大的市场,业务量相当可观。济南公司之所以在其名称中使用自己的商号,是有意利用自己公司在济南的商誉,是一种侵犯企业名称权的行为,于是该外资企业将这家济南公司诉至法院。

审理结果

法院经审理认为,两家公司均是同一行业的经营者,且外资企业已具有一定的知名度,因此济南公司存在有意使用他人商号为自己谋利的不正当企图,遂判决济南公司停止使用该商号。

本案中的外资企业在广州登记注册,根据最新法条规定,其名称专有权限于广州地区,故济南公司虽使用了相同的商号,但尚不构成侵犯名称权的行为。但两家企业属同一行业,利用相同商号会使社会公众混淆,因此济南公司的行为属不正当竞争,遂不可继续使用该商号,因此法院的判决是合理的。

法条链接

《中华人民共和国民事诉讼法》

第四十八条 公民、法人和其他组织可以作为民事诉讼的当事人。

法人由其法定代表人进行诉讼。其他组织由其主要负责人进行诉讼。

第一百零七条 人民法院裁定先予执行的，应当符合下列条件：

（一）当事人之间权利义务关系明确，不先予执行将严重影响申请人的生活或者生产经营的；

（二）被申请人有履行能力。

人民法院可以责令申请人提供担保，申请人不提供担保的，驳回申请。申请人败诉的，应当赔偿被申请人因先予执行遭受的财产损失。

（二）起诉的注意事项

起诉本就是用来解决问题的，可若是没有留意一些细节，不仅原来的问题解决不了，还会带来更多的问题。企业想顺利地完成一次诉讼，就要注意以下事项。

1. 起诉状的内容

起诉状中须写明原告与被告各自的企业全称与企业地址，法人代表的姓名与职位，还要写明诉讼请求并陈述事实依据，以及说明证据来源及证人的姓名和住所。除上述内容外，还应写明诉状递交的法院名称及起诉时间，并由原告签名和盖章。

2. 选择有管辖权的人民法院

民事案件一般由被告住所地人民法院管辖，侵权案件由侵权行为地或者被告住所地人民法院管辖，不动产案件由不动产所在地人民法院管辖，合同纠纷案件由被告住所地或者合同履行地人民法院管辖。由于管辖方面的法律规定较多，这里就不一一例举了，相关法律对此做出了详细的介绍。

3. 劳动争议案件必须经过仲裁才可起诉

对于劳动者与用人单位之间的劳动争议处理，根据《最高人民法院关于审理劳动争议案件适用法律若干问题的解释（二）》第三条规定，劳动者以用人单位的工资欠条为证据直接向人民法院起诉，诉讼请求不涉及劳动关系其他争议的，视为拖欠劳动报酬争议，按照普通民事纠纷受理。此类案件劳动者可不经过劳动仲裁直接起诉。除上述情形外，劳动争议处理必须经过申请仲裁才能进行诉讼。

以案说法

无管辖权裁决是未经仲裁吗？

原告孙某系烟台市某建筑公司的一名员工，因种种原因一直未能与该公司签订劳动合同，因此孙某的薪资待遇低于公司的其他员工。为此孙某多次与公司负责人协商均未果，最终，孙某以"所在单位某建筑公司一直未与自己签订劳动合同且自己不能享受与其他员工同等的待遇"为由请求烟台市劳动争议仲裁委员会仲裁。仲裁委员会认为，孙某是与西曲县某职业介绍所签订了劳动合同才被介绍到现在的建筑公司来工作，因此本案不属于烟台市劳动争议仲裁委员会管辖，于是驳回孙某的仲裁请求。次日，孙某向烟台市人民法院提起职业诉讼，法院认为孙某提供的劳动合同书等材料均证明其用人单位系西曲县某介绍所，裁定将本案移送至西曲县人民法院。

审理结果

西曲县人民法院经审理认为，烟台市劳动争议仲裁委员会以不属该委员会管辖驳回原告孙某的申请请求，故本案未进入实质的仲裁程序，人民法院审理该案的条件尚未成熟。在劳动仲裁机关未对本案所争议事项进行裁决前，人民法院不应予以审理。因此，人民西曲县人民法院最终裁定驳回原告孙某的起诉。

实际上，本案尚未进入仲裁程序，因为双方在烟台市劳动争议仲裁委员会仲裁时，只争议了仲裁管辖权，该仲裁委员会以"不属本委员会管辖"驳回了孙某的仲裁请求，那么本案实际上还未进入仲裁程序就已终结了仲裁，更不必说完成仲裁程序了。

劳动争议提起诉讼前，孙某必须经过仲裁委员会仲裁，否则法院不予受理。这是因为劳动争议调解仲裁法以及相关法律规定"先裁后审"，其目的是借助劳动争议仲裁委员会方便查清事实及时解决劳动争议。

本案没有经过劳动争议仲裁委员会裁决，法院受理后，需要查明事情的真实情况，但因为法官没有仲裁员具备相关专业知识、了解该公司的劳动合同情况等优势，在调查事情的真实情况时，很难做到准确、高效，不利于本案争议的及时化解，而劳动仲裁能及时、准确地化解争议，维护劳动者的合法权益。因此，法院根据未经仲裁的事实驳回孙某的起诉，符合相关法律的立法目的，不会损害孙某的合法权益。

法条链接

《中华人民共和国劳动争议调解仲裁法》

第二十九条 劳动争议仲裁委员会收到仲裁申请之日起五日内，认为符合受理条件的，应当受理，并通知申请人；认为不符合受理条件的，应当书面通知申请人不予受理，并说明理由。对劳动争议仲裁委员会不予受理或者逾期未做出决定的，申请人可以就该劳动争议事项向人民法院提起诉讼。

第五节　企业仲裁的法律实务

仲裁活动与法院的庭审活动相类似，目的都是解决纠纷，但仲裁相对来说简单快捷，所需费用也较低，而且作为解决民事争议的方式之一，同样具有专业性和法律效力。因此，当企业遇到纠纷或争议问题时，应首先考虑采用仲裁的手段来维护自身的合法权益。

（一）仲裁的适用范围

仲裁是指纠纷当事人自愿达成协议，将协议上交给非司法机构的第三方进行审理。仲裁机构与法院也有所不同，是当一方提起诉讼，另一方就必须应诉，而仲裁则需要双方事先达成一定的协议才可执行。

企业在应用的过程中，不但要了解仲裁是干什么的，还要清楚其适用范围。《中华人民共和国仲裁法》的第二条规定："平等主体的公民，法人和其他组织之间发生的合同纠纷和其他财产权益纠纷，可以仲裁。"通过上述规定，我们可以明确仲裁适用的三条原则：

（1）发生纠纷的双方当事人必须是民事主体。

（2）仲裁的争议事项是当事人有权处分的。

（3）仲裁范围必须是合同纠纷和其他财产权益纠纷。

此外，根据仲裁法的规定，有两类纠纷不能仲裁：

（1）婚姻、收养、监护、继承纠纷不能仲裁，这类纠纷虽然属于民事纠纷且在一定程度上涉及财产争议，但这类纠纷往往涉及当事人本人不能自由处分的身份关系，因此这类纠纷需要法院或政府机关判决，不属仲裁机构的管辖范围。

（2）行政争议不能仲裁，行政争议是指国家行政机关之间或者国家行政机关与企、事业单位间及社会团体与公民间因行政管理而引起的争议，这类争议往往只能通过行政诉讼解决。

以案说法

用人单位主动解除劳动合同，须支付劳动者一定的经济补偿金吗？

许某于2006年8月与某科技公司签订了劳动合同，其中约定了许某的月薪为2500元，许某进入公司担任行政助理，后又兼职市场助理的工作，在职期间一直表现良好。许某认为自己的工作量比以前多了，要求加薪，但公司以许某顶撞上司、不服从管理等理由要与许某解除劳动合同。

为此，许某向劳动仲裁委员会提出书面仲裁申请，要求与公司解除劳动合同并要求支付自己经济补偿金。

审理结果

仲裁委员会审理后认定，劳动者若严重违反劳动纪律或扰乱社会秩序且屡教不改者，用人单位可以与其解除劳动合同，但本案中该科技公司未能举证证明许某顶撞上司、不服从管理，因此单方面与劳动者解除劳动合同属违法行为，故判决科技公司支付许某解除劳动合同后的经济补偿金。

本案所涉及的纠纷是典型的合同纠纷，是《中华人民共和国仲裁法》中所规定的可仲裁范围内的纠纷，同时又属于劳资纠纷，因此要使用仲裁的手段来解决。本案告诫用人单位要擅于发现人才、使用人才，切不可因为一点小的利益失去人才，不要因小失大。

法条链接

《中华人民共和国仲裁法》

第二条 平等主体的公民、法人和其他组织之间发生的合同纠纷和其他财产权益纠纷，可以仲裁。

第三条 下列纠纷不能仲裁：

（一）婚姻、收养、监护、扶养、继承纠纷；

（二）依法应当由行政机关处理的行政争议。

（二）仲裁的基本程序

不同的仲裁机构所使用的仲裁规则是有差异的，在选择好仲裁机构后，要了解其仲裁规则，以免发生不必要的麻烦。当然，仲裁也是须上交一定费用的，合同中应明确规定仲裁费用的负担问题。一般规定由败诉方承担，也有的由仲裁机构酌情决定。

选定仲裁机构后，便由当事人向劳动仲裁委员会提出仲裁申请，并上交一份书面申请材料即申诉书，申诉书中应明确记载申诉人的详细身份信息及被诉人的姓名、住址及联系方式，若被诉方为企业，则要写明企业的名称、地址及法人代表的身份信息。申诉书应着重记载仲裁请求及所根据的事实理由，并提供相关证明材料。

提交了申诉材料后，便正式进入仲裁阶段。仲裁的基本程序如下：

1. 受理阶段

仲裁委员会收到申诉书，认为满足受理条件的，在五个工作日内向申诉人发出受理通知书，并向被诉人发出仲裁通知书。双方收到通知书后应做下列准备工作：申诉人上交审理费用，被诉人上交答辩书。若被诉人不明下落，则申诉人应主动寻找并提供其详细住所，否则将影响仲裁程序顺序进行。

2. 组庭阶段

双方当事人应当在规定的期限内选择仲裁庭的组成方式及仲裁员，若未进行选择则由仲裁委员会主任选定。仲裁庭组成后，委员会向双方发出通知，若当事人对仲裁庭的组成不满，可在第一次开庭时提出。

3. 开庭审理阶段

仲裁委员会应在规定期限内向双方发出开庭通知书，双方当事人接到通知书后应注意：

（1）申诉人在规定开庭的日期确实有事不能到场的，应在规定期限内向委员会申请延期开庭，由委员会决定是否允许。对于无故未到场或者中途退出者，视为放弃仲裁。被诉人无故未到场，仲裁庭可以缺席判决。

（2）双方当事人要严格遵守开庭纪律。

（3）在庭审过程中，双方当事人均拥有辩论和发表最后意见的权利。

4. 裁决阶段

仲裁庭将双方争议部分调查清楚并评议后宣布闭庭，此时采取多数仲裁员的意见，未形成意见时由首席仲裁员最终裁决。在裁决阶段，双方享有以下的权利：

（1）可以申请仲裁庭就事实清楚的部分先行裁决。

（2）在收到裁决书后的30日内，如若发现裁决书中出现错误或遗漏，可以申请仲裁庭补正。

裁决后，双方应自觉履行各自的义务。

以案说法

申请人提出仲裁，被诉人提出反请求。仲裁机构如何处理？

2014年7月，张某为招商引资进行油田钻采开发项目，在没有采矿权资质下与王某签订了合作开发合同。由于国际油价暴跌，而张某在合作时没有进行任何风险告知，使王某蒙受了巨大的损失。因此，王某向当地仲裁机构提出申请，要求解除双方的合同并赔偿损失。

张某认为该开发项目是招商引资项目，之所以能获得该项目，主要基于王某所属的公司是一家知名企业，拥有较强的资质和技术。在签订合同时，双方是真实意思的表示，王某现在提出解除合同，是因为国际油价下跌，而合同本身并不存在问题，故向仲裁提出反请求，请求确认双方的合同合法有效，并要求王某赔偿其擅自停止开采作业而造成的损失。

审理结果

仲裁机构经审理认为，在双方当事人共同参加的专家咨询会中，专家一致认为张某进行油田钻采开发项目，却没有采矿权资质，在没有合同资格能力的情况下，与王某签订合同，该合同违反了法律强制规定，应当确认无效。因此，仲裁机构最终判决，双方签订的合同无效，由评估机构对王某前期投资进行评估，双方应根据评估结果进行清算。

法条链接

《中华人民共和国劳动争议调解仲裁法》

第三十六条　申请人收到书面通知，无正当理由拒不到庭或者未经仲裁庭同意中途退庭的，可以视为撤回仲裁申请。

被申请人收到书面通知，无正当理由拒不到庭或者未经仲裁庭同意中途退庭的，可以缺席裁决。

第六节　企业刑事责任的处理

刑事责任，是指按照国家刑事法规定，对犯罪分子依法追究的法律责任。刑事责任可以判处死刑，是最严厉的制裁，因此企业经营过程中千万不要触碰这条高压线。对于一个企业来说，企业单位或其管理人员被追究刑事责任是最严重的法律风险，这将直接关系到企业是否能继续发展，但是危险可防可避，并不可怕，可怕的是不知危险所在与毫无防备。

（一）企业刑事责任的范畴

了解企业在运营发展的过程中容易出现哪些违法犯罪行为，须承担什么样的刑事责任，是企业能够合法健康发展的重要前提。只有加强企业每个员工、每个管理者的法律意识，规范每个人的行为，才能将企业的刑事责任风险降到最低。为了方便管理者和员工更清楚地了解企业刑事责任的范畴和类别，下面介绍企业单位与管理人员五类常见的刑事责任风险。

1. 受贿行贿类风险

在企业当中，受贿行贿的现象屡见不鲜，包括管理人员受贿行贿，企业单位受贿行贿，利用权力地位的影响力受贿，以及巨额财产来源不明罪和隐瞒境外存款罪。

2. 财税发票类风险

只要涉及钱，就容易有纰漏。这类风险包括擅自篡改财务报表罪，逃税抗税罪，非法伪造、购买、出售及使用增值发票罪等。

3. 经营管理类风险

一个企业的经营管理涉及诸多方面的问题，因此这里的风险是更大的，比如虚假破产罪、虚假广告罪、损害商业信誉罪、非法经营罪、传销罪及非法转让土地使用权和非法处置财产罪等。

4. 生产销售类风险

这类风险包括生产销售违法产品，例如假药、有毒有害食物及各种不符合生产标准的产品，还包括违章作业、使用童工，以及谎报安全事故等。

5. 公司证券类风险

不少企业或其管理者利用这个炒股盛行的时代，编造证券、期货交易虚假信息，诱骗投资者买卖证券、期货合约，操纵证券、期货市场及内幕交易等，都属于公司证券类风险。

除了上述这五类企业常见刑事责任风险，还包括金融诈骗类风险、知识产权类风险，以及盗伐林木和污染环境罪等。总而言之，凡是违法的，就要追究其责任。

以案说法

化工公司废水外排，造成江水污染究竟是谁的责任？

2014年，某化工公司违法试生产，大量高浓度氨氮废水直接外排。该化工公司后因废水浓度太高无法处理便直接继续外排，导致某江严重污染，下游地区近百万的群众饮水源中断一个月之久，造成的经济损失难以估量。

审理结果

经过法院一年多的调查、侦查、起诉和审理，人民法院一审对涉嫌构成重大环境污染事故罪的化工公司三名责任人员和江区环保局的三名工作人员分别做出有罪判决。其中，判处化工公司总经理有期徒刑三年、缓刑三年、处罚金人民币三万元；副总经理有期徒刑四年、处罚金人民币两万元；环安处处长有期徒刑五年、处罚金人民币四万元，判处涉案江区环保局副局长有期徒刑两年零六个月，环境监测站站长有期徒刑两年零六个月，环境监理所所长有期徒刑一年零六个月、缓刑两年。

《环境保护法》中对此类环境污染问题有明确规定，造成重大环境污染事故导致公私财产损失甚至造成人员伤亡的，对其责任人员追究刑事责任，该次污染十分严重，造成的损失也不计其数，因此法院的判决是非常合理的。

法条链接

《中华人民共和国环境保护法》

第六十八条　地方各级人民政府、县级以上人民政府环境保护主管部门和其他负有环境保护监督管理职责的部门有下列行为之一的，对直接负责的主管人员和其他直接责任人员给予记过、记大过或者降级处分；造成严重后果的，给予撤职或者开除处分，其主要负责人应当引咎辞职：

（一）不符合行政许可条件准予行政许可的；

（二）对环境违法行为进行包庇的；

（三）依法应当作出责令停业、关闭的决定而未作出的；

（四）对超标排放污染物、采用逃避监管的方式排放污染物、造成环境事故以及不落实生态保护措施造成生态破坏等行为，发现或者接到举报未及时查处的；

（五）违反本法规定，查封、扣押企业事业单位和其他生产经营者的设施、设备的；

（六）篡改、伪造或者指使篡改、伪造监测数据的；

（七）应当依法公开环境信息而未公开的；

（八）将征收的排污费截留、挤占或者挪作他用的；

（九）法律法规规定的其他违法行为。

第六十九条 违反本法规定，构成犯罪的，依法追究刑事责任。

（二）企业刑事责任的风险防控与处理

企业内部结构错综复杂，整日要处理的事务也是不计其数，因此出现问题是十分正常的。当企业出现问题时，不要惊慌，冷静分析、及时处理问题才是关键。同时，一个企业更要懂得防患于未然，努力将企业的损失降到最低。企业只有做到及时防控风险与处理问题，才能更好更快地发展。

1. 刑事责任风险的防控

刑事责任风险对企业影响深远，一旦发生，不仅可能会面临经济损失，还有可能因为刑事责任而承受刑事处罚。因此，企业一定要时刻保持危机意识，将危险扼杀在摇篮里，以保证企业利益不受损。

企业要做好刑事责任风险防控，首先要提高企业管理人员自身的素质与修养，只有管理人员以身作则，员工们才能以其为榜样，约束好自身行为。同时要在企业内部广泛开展法律宣传教育活动，增强企业中每个人的法律意识。最好在企业内部建立相关机制，以便随时检查与警示，保证企业做好风险防控措施。

2. 刑事责任的处理

有些危险会突如其来，当危险来临时企业要勇于承担责任，正面解决问题，及时运用法律的手段，依靠专业律师，这样才能真正高效准确地解决问题。同时，企业管理者自身也要事先多了解法律知识，做到心中有数，努力搜集相关证据，维护自己的合法权益。

公司偷税会受到什么处罚？

某公司近年来成为远近闻名的企业，职工薪资待遇非常好，但于2013年7月，税务机关在查账时发现了该公司偷税的事实。原来，早在2004年3月间，公司总经理肖某在召开的公司业务会上便做出设立账外账的决定，并通过不公开销售发票，用收款收报和公刮的增值税提货单收款作为公司账外经营收入记载的方法，达到账外偷税的目的。截至2013年7月，该公司已偷税达105万元，经检查机关立案侦查，查实该公司的犯罪事实后，向人民法院提起公诉。

审理结果

人民法院审理后，认定该公司构成偷税罪，公司总经理肖某经公司业务会集体研究做出决定导致公司偷税，显然构成了单位犯罪，因此法院判处该公司罚金236万元，判处直接责任人肖某有期徒刑六年。

首先要明白一个概念，"单位犯罪"是指公司、企业、事业单位、机关、团体实施的危害社会的行为。单位犯罪的，对单位处以罚金，并对直接负责人判处一定刑罚。

法条链接

《中华人民共和国刑法》

第三十条　公司、企业、事业单位、机关、团体实施的危害社会的行为，法律规定为单位犯罪的，应当负刑事责任。

第三十一条 单位犯罪的，对单位判处罚金，并对其直接负责的主管人员和其他直接责任人员判处刑罚。本法分则和其他法律另有规定的，依照规定。

第九章 <<
企业的法律风险防控

在法治经济体制下，法律风险贯穿企业始终。如果企业不能正确及时地认识和处理法律风险，不但会面临经济损失，还有可能将承受严重的法律后果。因此，树立正确的法律观念，建立健全企业法律风险防控体系是企业发展的重中之重，也唯有如此，才能规避企业经营中的各种风险。

第一节　合同法律风险防控

合同是企业从事经营活动、取得经济效益的桥梁和纽带，同时也是明确合作双方权利义务的有效凭证。然而，在快速发展的市场经济中，一些企业法律知识匮乏，对合同的法律风险防范意识不强，合同签订技巧不足，无法化解、规避合同法律风险，这样可能导致企业签订合同时出现法律风险，引发合同争议。

（一）常见的合同法律风险

一份合同从订立到终止的过程中，每个环节都可能存在法律风险。如果企业缺乏法律风险防范意识，就有可能将企业置于法律风险和法律纠纷之中，最终影响企业的健康、良性发展。为了避免这种情况，在合同订立及履行过程中，企业应该有意识地去识别和规避其中的法律风险。

1. 合同签订前的法律风险

合同签订前，有些企业往往对合作对象不了解，甚至对合同签订人的身份认识不清，草率地与履约能力有欠缺、或者与主体资格有瑕疵的当事人签署合同，往往导致合同无法履行、合同无效或合同效力待定。

2. 合同签订时的法律风险

合同签订时的法律风险主要表现在合同内容和合同形式上。一般来说，发生在合同内容方面的法律风险主要表现在合同内容不符合相关法律法规，合同为无效合同；发生在合同形式方面的法律风险则主要表现在合同形式不齐备，其本身就存在隐藏的法律风险。另外，合作方应加盖其单位的公章，公章要清晰可辨，或者合作方的经办人应提供加盖了其单位公章的签约授权委托书。

3. 合同履行过程中的法律风险

合同履行过程中的法律风险主要是指在合同履行过程中一方由于主观原因或者其他原因失去履约能力，而对合同另一方当事人的生产经营造成重大损失，应承担违约责任。此外，由于乙方生产经营或者战略发生重大调整，使对方发生违约也须承担违约责任的风险。

以案说法

如何认清债务纠纷中的主体借款人？

小王的朋友小李是甲公司的法定代表人。2014年7月，小李向小王借款40万元，写了正式借据，盖了甲公司的章。事后，小王追讨债务，小李不肯还款，小王把小李告上了法院。小李辩称甲公司才是借款人，自己只是以法人代表身份在借据上签字。结果，法院以起诉主体错误为由驳回了小王的起诉，小王败诉。

事后，小王又起诉甲公司，胜诉。可甲公司已破产，根本没有偿还能力，《公司法》规定，公司的股东只以出资额为限承担有限责任，最终小王的40万元借款血本无归。

审理结果

法院认为，李某利用甲公司代替了自己的借款人主体地位，借款合同的双方却为王某与甲公司，但甲公司破产，没有偿还能力，而《公司法》规定公司的股东只以对公司的出资承担风险，所以，法院最终判定王某的经济损失不予偿还。

双方在签订合同之前，对合同主体的审查是实现合同目的的前提与保证。如果对合同主体签订人身份认识不清，仅凭其名片、介绍信、工作证、公章、授权书、营业执照复印件等证件就轻易相信对方，会给自己造成不可挽回的经济损失，所以一定要杜绝凭关系或者熟人介绍草率签订合同。

法条链接

《中华人民共和国合同法》

第一百一十三条 当事人一方不履行合同义务或者履行合同义务不符合约定，给对方造成损失的，损失赔偿额应当相当于因违约所造成的损失，包括合同履行后可以获得的利益，但不得超过违反合同一方订立合同时预见到或者应当预见到的因违反合同可能造成的损失。

第四十二条 当事人在订立合同过程中有下列情形之一，给对方造成损失的，应当承担损害赔偿责任：

（一）假借订立合同，恶意进行磋商；

（二）故意隐瞒与订立合同有关的重要事实或者提供虚假情况；

（三）有其他违背诚实信用原则的行为。

（二）合同法律风险防范措施

企业相关人员要熟知经济合同的有关法律知识，充分了解《合同法》，并结合自身与市场的实际，从上到下树立起依法签约、依法履行的法律观念，要深刻认识到法律风险一旦发生就会带来严重的后果，所以企业要抓紧防范工作，积极采取措施来规避合同法律风险。

1. 争取合同的起草权

一般来说，谁起草合同，谁就占有了主动权，谁就可以根据双方协商的内容，认真考虑写入合同中的每一条款，也可以斟酌选用对己方有利的措辞，这样就能更好地保护自己的利益。

2. 用词要严谨

签订合同时，用词一定要准确且严谨，应字斟句酌、反复推敲，切不可使用一些含糊不清或模棱两可的词句。同时，还要仔细检查合同条款，是否有重复的地方，或者前后是否自相矛盾，以免出现纰漏。比如"合同生效后45天之内，甲方应向乙方缴纳××万元的履约保证金，如果甲方超过两个月未能如期缴纳，则合同自动失效。"在此条款中，"两个月"究竟是从合同生效之日算起，还是合同生效45天以后算起并没有明确，这样就很容易产生合同纠纷。

3. 要明确合同纠纷的解决方式和诉讼管辖地

合同中一般要约定，若在履行合同期间发生纠纷，双方应协商解决，协商不成的理应通过诉讼（仲裁）方式解决。另外，在签订合同时，不能笼统地在合同中写在甲方（或乙方）所在地仲裁部门解决，而应写具体的名称如北京市仲裁委员会。当然，有相关专业人员参与合同签订，或送至签证机关进行公证及聘请律师进行咨询，也可以规避合同法律风险。

以案说法

签订了劳动合同就确立了事实劳动关系吗？

2002年11月，某服装加工厂在当地招工，赵某应聘后被工厂录用。双方签订了劳动合同。在劳动合同中工厂没有规定劳动者的上下班时间，只要求劳动者自带生产工具，劳动者只要完成工厂交给的工作量就可以下班回家。劳动报酬也随着工厂效益有多有少。

2005年1月，赵某在劳动过程中被切伤左手，事后经鉴定评定为7级伤残，住院治疗共计花费30000元。赵某认为自己应当按照工伤对待。服装加工厂却认为其与赵某之间是一种加工承揽关系，不是劳动关系。协商不成之后，赵某只好向当地劳动争议仲裁委员会提请仲裁。随后，仲裁委员会予以裁决，认定双方存在事实上的劳动关系。该加工厂不服此裁决，便向法院提出申诉。

审理结果

法院经审理认为，由于工厂的生产条件不完善，张某自带生产工具也是完全按照工厂要求，双方既然签署了劳动合同，赵某与某服装加工厂之间就存在事实上的劳动关系。按照《民法通则》和有关司法解释的规定，当事人对造成损害均无过错，但一方是在为对方的利益或者共同利益进行活动过程中受到伤害的，可以责令对方或者受益人给予一定的经济补偿。所以，该服装加工厂作为受益人，应该给予张某一定的经济补偿。

由于目前一些企业管理混乱，用工制度不规范，企业的经营者有意逃避自己的责任和义务，不重视签订的合同，不想明确劳资双方关系，只顾追求自己的经济利益，甚至将劳动关系辩称为加工承揽关系，所以劳动者要重视合同，更要明确合同，依法履行，这是对劳动者的权益保障。

法条链接

《中华人民共和国劳动合同法》

第十条的第三款 用人单位与劳动者在用工前订立劳动合同的，劳动关系自用工之日起建立。

第十七条 劳动合同应当具备以下条款：

（一）用人单位的名称、住所和法定代表人或者主要负责人；

（二）劳动者的姓名、住址和居民身份证或者其他有效身份证件号码；

（三）劳动合同期限；

（四）工作内容和工作地点；

（五）工作时间和休息休假；

（六）劳动报酬；

（七）社会保险；

（八）劳动保护、劳动条件和职业危害防护；

（九）法律、法规规定应当纳入劳动合同的其他事项。

第二节　市场营销法律风险防控

随着经济全球化的发展，中国企业竞争压力越来越大，企业为了追求经济利益，提高企业竞争力，会开展市场营销活动。然而，在营销过程中，会出现很多不利的因素导致企业实际收益与预期收益发生偏差，甚至会出现种种不利于企业发展的法律风险。有鉴于此，企业必须学会一些防控市场营销法律风险的知识和手段，以此保证企业的营销活动顺利开展。

（一）市场营销中的法律风险

对于企业来说，市场营销贯穿于企业整个经营活动过程。由于市场营销直接面向的是广大顾客，甚至是社会公众，所涉及的范围极广，法律风险大小可想而知。所以，在开展市场营销活动过程中，企业必须要分析其可能出现的法律风险，并制订相应的控制措施和方案，只有这样，企业才能有效防控法律风险，从而实现企业的营销目标。

那么，在市场营销过程中，企业应该注意哪些法律风险呢？

1. 营销定价中的法律风险

企业在制订营销战略时要合理公正地给出产品价格，不能为了排挤竞争对手，独占商品市场，故意在短时期内将其某种商品或服务以低于同类市场产品的价格进行倾销，这样不仅会扰乱市场上正常的价格秩序和生产经营秩序，还会侵害国家利益，影响税收。从法律角度来看，这种低价倾销行为属于不正当的竞争手段，是被明令禁止的，所以企业在市场价格营销中一定要规避此类风险。

2. 销售渠道法律风险

产品从生产出来到转移到消费者手中，这一过程中发生的不利事件或损失就是销售渠道风险。有的经销商实力欠佳，不能满足企业产品的销售条件。有的经销商地理位置不好，销售状况不好，就会出现恶意窜货的行为。还有的经销商长期拖欠货款，企业无法及时收回账款，造成企业无法运营的局面。因此，企业在选择经销商时要注意甄别。

3. 特许经营中的法律风险

为了规范商业特许经营活动，国家制定了《商业特许经营管理条例》，以此来约束国内从事商业特许经营活动的企业依法遵守。然而，即便这样，也无法避免在特许经营销售渠道中出现的诸多法律问题，比如商标保护、商业秘密保护、海关监管方面的法律事务及其他营销活动中遇到的法律问题等。如果注意不到或者不能有效防范，就有可能给企业带来巨大的法律风险。

4. 产品质量相关法律风险

企业在制定产品营销策略时要以顾客为中心，如果企业生产的产品与消费者的要求不符，产品就很难销售出去，企业就会陷入市场销售额降低、消费人群减少的困境，所以企业为了摆脱困境、扭亏为盈，就应该及时转变营销策略。然而在市场竞争中，有些企业为了追求自身经济利益，制造假冒伪劣产品，侵犯消费者权益，甚至不顾消费者的人身安全。这些行为都会让企业处于法律风险之中。

以案说法

企业违反了《消费者权益保护法》，该承担怎样的法律责任？

2014年9月，某日用化学用品厂生产了一款增白产品，很多消费者使用该款商品后，脸部不但没有变白，反而有灼痛感，有些消费者的脸上甚至留下了像雀斑一样的深色印记。之后，使用过该款商品的消费者纷纷到当地消费者协会投诉。

消费者协会调查后，发现该增白产品里面含有大量苯酚。苯酚主要用于消毒，浓度较低时可防止皮肤瘙痒；浓度较高时则对皮肤有腐蚀作用。该厂生产的这款增白产品中苯酚含量已经超标。调查清楚后，消费者协会将此情况告知公安部门，公安部门查明情况后将此案移交检察院，由检察院向人民法院提出公诉，要求追究该日用化学用品厂及负责人员的刑事责任。

审理结果

法院经审理认为，该日用化学用品厂生产的增白产品里面含有大量苯酚，浓度较高，危害了消费者的身体健康，根据《产品质量法》和《关于惩治生产、销售伪劣商品犯罪的决定》的相关规定，人民法院判决，依法对该日用化学用品厂处以罚金五万元，没收其非法所得三万元，并赔偿相关的消费者医疗费、误工费等经济损失四万元，销毁全部剩余产品，并对直接主管人员和其他责任人员，做出分别处以两年以下有期徒刑或拘役的处罚决定。

本案是一个因违反《中华人民共和国产品质量法》而构成犯罪的典型

案例。在本案中，该日用化学用品厂生产该款增白产品的目的是为了赚取更多利润，属于财产犯罪，应该处于罚金。同时，还应对直接负责的主管人员和其他直接责任人员依法追究刑事责任。

法条链接

《中华人民共和国产品质量法》

第四十九条 生产、销售不符合保障人体健康和人身、财产安全的国家标准、行业标准的产品的，责令停止生产、销售，没收违法生产、销售的产品，并处违法生产、销售产品（包括已售出和未售出的产品）货值金额等值以上三倍以下的罚款；有违法所得的，并处没收违法所得；情节严重的，吊销营业执照；构成犯罪的，依法追究刑事责任。

（二）企业市场营销法律风险防范措施

法律在市场经济中既约束企业行为，也为企业提供保护措施。在竞争日趋激烈的市场竞争中，企业应该严格遵守市场经济秩序，依法经营和管理，合理地采取营销方式，提高法律风险防范意识，采取有效的措施以规避企业在市场营销中的法律风险。

1. 提高全体员工法律素养

企业法律风险防范是市场营销中的一项重要工作，企业必须对企业领导人、经营管理人员甚至普通员工进行法律知识培训，在整个企业内进行普法教育，形成法律宣传知识的常态化、制度化。企业领导人要依法办事、依法决策，企业管理人员在提高自身管理水平的同时，更要重视员工的法律宣传教育。这样才能保证企业在市场营销过程中不会因为人为因素而出现法律问题，同时也有利于提升整个企业的法律风险防控意识和能力，规避法律风险。

2. 加强市场营销环境的调研

营销环境是企业进行市场营销活动的制约因素，一切活动依赖营销环境才能正常进行。营销的微观环境包括与企业紧密相连、可以直接影响企业营销能力的因素，如参与者、经销商、顾客等；宏观环境则是指人口、经济、政治法律及自然生态等一系列因素。

在市场经济条件下，每个企业都会受到市场规律的支配，能否适应变化莫测的市场营销环境，成为企业生存与发展的关键。由于企业无法改变市场营销环境，只能去适应它，通过市场营销环境的调研，企业就能采取相应的对策，调节需求，争取达到共赢和协调一致的需求，以提高企业的竞争力。

3. 聘用法律顾问或者在企业内部成立相应机构

企业聘用法律顾问或者法律机构能有效地避免营销法律风险，及时挽回法律风险给企业带来的重大经济损失。因此，在营销过程中，对于这些人员给出的专业意见，企业和营销人员必须加以重视。

以案说法

企业名称中含有他人注册商标字样，使人误认而造成混淆，是否侵犯了他人的商标专用权？

2012年7月，"大明"注册商标被授予商标专用权，核定生产水泵与电机等产品。原商标权人为阳春某机电有限公司。2012年8月16日，经国家商标局核准，"大明"注册商标权人正式更改为广东大明机电有限公司。

2014年6月20日，经工商核准，河北一家同类泵业公司大明泵业有限公司注册，该公司出资人及法定代表人为广东阳春人曹景阳，生产基地也在广东阳春，主要经营潜水泵、自吸泵等产品。

为了更好地营销该产品，从2014年6月起，河北大明泵业公司在产品自吸泵、潜水泵泵体的显著位置上标注"河北大明"或"河北大明泵业"字样，其产品外包装箱上的商标为"吉申"，此商标仅获得国家商标局的受理，并未核准授权。为此，广东大明向人民法院提出诉讼，要求河北大明和曹景阳停止侵权，并赔偿其损失。

审理结果

人民法院审理后认为，广东大明是"大明"商标注册权人，其注册商品专用权应该受到法律保护。河北大明生产的产品与广东大明注册商标的泵与电机等产品类别相同，而且在产品泵体上突出位置使用"河北大明"或"河北大明泵业"等企业名称简称，足以使人产生误认而造成混淆，这种行为已侵犯了广东大明的"大明"注册商标专用权。

所以，人民法院最终判决，在阳春地区以外的区域，河北大明不得在其生产销售、产品包装、宣传及其他经营活动中，以任何形式突出、不当使用"大明"文字及相关企业简称，并于本判决生效后十日内赔偿广东大明经济损失12万元，案件费用由河北大明负担12008元，广东大明负担3002元。

企业在推广销售自己产品的过程中，可能会经常遇到商标纠纷问题。对于商标权，如果已经提出申请但是尚未注册，可以在商标上标注"TM"标记以防止其他人提出重复申请。如果商标已经注册，要标注"®"防止侵权。如果企业在生产销售的过程中发现商标被侵权时应采取措施，及时制止其侵权行为。若因企业合并、兼并或改制而发生商标使用权转移，企业也必须到商标局办理注册商标的转让手续。

法条链接

《中华人民共和国商标法》

第五十七条　有下列行为之一的，均属侵犯注册商标专用权：

（一）未经商标注册人的许可，在同一种商品上使用与其注册商标相同的商标的；

（二）未经商标注册人的许可，在同一种商品上使用与其注册商标近似的商标，或者在类似商品上使用与其注册商标相同或者近似的商标，容易导致混淆的；

（三）销售侵犯注册商标专用权的商品的；

（四）伪造、擅自制造他人注册商标标识或者销售伪造、擅自制造的注册商标标识的；

（五）未经商标注册人同意，更换其注册商标并将该更换商标的商品又投入市场的；

（六）故意为侵犯他人商标专用权行为提供便利条件，帮助他人实施侵犯商标专用权行为的；

（七）给他人的注册商标专用权造成其他损害的。

第三节　劳动用工法律风险防控

企业与劳动者个人签署劳动合同，劳动者在企业的管理下提供有偿劳动，这就是劳动用工。近年来随着劳动者文化素质的提高，维权意识的不断增长，用人单位在劳动用工领域所面临的法律风险也日益突出。因此，如何防范企业劳动用工法律风险，已成为企业在维护自身经济利益的过程中不得不考虑的重要问题。

（一）劳动用工常见的法律风险

用人单位在招聘和用工过程中会存在各种法律风险，处理不当就有可能会影响企业整体的发展。企业要认识到这种风险的严重后果和影响力，了解劳工合同风险的类别，维护企业正常的经营活动。

1. 用工单位未与劳动者签订书面合同的法律风险

有的用人单位为了使用廉价劳动力，减少用工成本，刻意不与劳动者签订书面劳动合同，用工单位认为这样不仅可以不用给劳动者缴纳社会保险，而且还可以随时解雇劳动者，无须承担任何责任。其实用人单位这样做将会带来巨大的法律风险，根据《劳动合同法》，用人单位自用工之日起超过一个月不满一年未与劳动者订立书面劳动合同的，应当向劳动者每月支付双倍的工资。

2. 未依法支付劳动报酬、违法解除劳动合同的法律风险

支付员工劳动报酬是企业用工的前提和义务。但在实际经营中，有些企业不乏一些在支付劳动报酬方面存在法律风险的行为，比如没有及时向劳动者足额支付劳动报酬；要求劳动者加班，却不依法支付劳动者加班工资；劳动报酬低于当地最低工资标准等。一旦出现这些问题，企业就等于给风险打开了一扇大门，最终不仅可能须支付各种经济补偿金、赔偿金，还有可能会面临法律的风险。

3. 用人单位未履行法定义务，未给劳动者购买保险的法律风险

如果用人单位未履行法定义务，未给劳动者购买社会保险，那么劳动者在工作期间发生意外，造成伤害的，用人单位要按照社保的标准自行负担，所以用人单位不应通过任何形式进行规避，放弃给员工购买保险，否则极有可能会发生经济纠纷和法律风险。

4. 劳动合同条款设计的法律风险

由于企业经营范围不同，给劳动者提供的劳动合同内容也不同。然而，在现实生活中，为了规避法律责任，有些企业在合同内容中并没有设置必要条款，试图想通过减少合同条款来免除自己应尽的义务，甚至在雇佣劳动者之前一些与员工利益相关的事项不直接说明，那么当劳动合同解除时，企业与劳动者之间就容易因为合同条款而发生劳资纠纷。

以案说法

用人单位该如何公示劳动合同中未涉及的规章制度？

2014年5月，小杜入职广州某通信公司，并与其签订了为期三年的劳动合同。在合同中，特别约定：如违反公司规章制度，情节严重者，公司有权提前解除劳动合同，且无须支付经济补偿金。2015年8月，由于小杜在工作期间经常使用聊天工具，该公司以小杜违反公司规章制度为由，解除了与其的劳动合同。

小杜辩称不知公司有该规定，公司从未将公司规章制度的内容向其公示，公司称规章制度已向其公示，但无法举证规章制度公示的事实。为此小杜把公司告上了法院。

审理结果

法院经审理认为，本案中该通信公司不能举证证明规章制度已公示，因此应视为其是在小杜不知该公司有其规定的情况下就辞退小杜，根据法律规定，公司的各项规章制度均须在民主、合法、公示的原则下进行制订并付诸实施。因此，法院判处该通信公司解除与小杜的劳动合同不能得到支持。小杜可继续在公司工作，履行完三年的劳动合同。

如果用人单位在合同条款里没有明确规定，甚至故意与劳动者签署缺乏必备条款的合同，无故辞退员工，那么公司将承担全部法律责任。用人单位与劳动者签订劳动合同时，如果条款内容、公司规章制度涉及劳动者自身利益，用人单位应公示或者告知劳动者。如果在劳动者不知情的情况下，按照公司的规章制度自行履行劳动合同是不具备法律效力的。因此公司为了规避与劳动者发生劳资纠纷，应及时有效地向劳动者公示规章制度。

法条链接

《最高人民法院民事诉讼证据的若干规定》

第六条 因用人单位做出开除、除名、辞退、解除劳动合同、减少劳动报酬、计算劳动者工作年限等决定而发生劳动争议的，由用人单位承担举证责任。

（二）劳动用工法律风险防控措施

风险防控是企业经营管理过程中的一个重要环节，企业要协调好与员工的关系。同时，防范劳动用工争议，还需要企业掌握劳动用工法律风险防控措施，以防患于未然。

1. 签订劳动合同要谨慎

企业可以从风险防范的角度出发，在遵守国家法律法规的原则下，根据自身情况合理地制订合同文本。同时，企业还要仔细研究劳动合同中的核心条款，并与劳动者协商确定，比如工作岗位、合同期限（包含试用期）、劳动报酬、保密与竞业限制等，约定的这些内容都要尽量详尽，与劳动者协商一致，在双方自愿的情况下，才能有效避免劳资纠纷发生。

2. 签订劳动合同的注意事项

在与劳动者签订劳动合同时，企业必须要让劳动者提供与前单位解除或终止劳动合同的相关证明，并保留证明原件。如果发现劳动者尚未解除劳动合同，企业可以要求其原单位出具同意该员工入职的书面证明。

3. 企业制定规章制度要有法可依

规章制度是企业经营管理必不可少的，企业在与员工签订劳动合同的时候，离不开规章制度的条款。关于规章制度的制定有几点须注意：一是要全面细致，尽可能地将企业管理的各个方面都考虑到并加以规范，做到有法可依，如薪金制度、培训、考核、晋升、奖惩、辞职、财务等，然后予以公示或者下发给相关人员进行确认。二是要公示规章制度，不能让员工模棱两可，在入职时，更要加以强调。

4. 劳动者入职时要签订劳动合同

企业必须重视《就业促进法》《劳动法》的有关规定。在劳动者入职的一个月内，用人单位要与其签订合同，如果有个别员工拒绝签订劳工合同，用人单位应该书面通知劳动者终止劳动关系，并且无须支付任何赔偿。关于员工保险方面，劳动者入职后，企业应当尽快为劳动者购买社会保险，尤其是工伤保险，企业可以根据自身的经济实力，为劳动者购买一些商业保险，进一步降低企业的用工风险。

以案说法

公司未与劳动者签订劳动合同，因员工无法胜任工作，
解除了与其的劳动合同，是否要赔偿劳动者相应的经济赔偿？

2014年3月，陈某进入某传媒公司担任人事主管，主要负责公司全体员工劳动合同的签订、保管等工作。同年10月，该公司以不能胜任工作为由，与陈某解除了劳动合同。离职后，陈某向人民法院提起了仲裁申请，要求该公司支付2014年3月至当年10月期间未签订劳动合同的双倍工资5万元。该公司却称，公司早已在陈某入职一个月内，就与她签订了劳动合同，离职前，陈某将已签订的劳动合同销毁，对于这一主张，该公司并没

有提出有效证据。

审理结果

人民法院经审理认为，该用人单位在陈某入职时，未与其订立劳动合同，根据《劳动合同法》第八十二条，用人单位违反本法定不与劳动者订立无固定期限劳动合同的，自应当订立无固定期限劳动合同之日起向劳动者每月支付两倍的工资，而该传媒公司未能提供有效证据证明与陈某签订了劳动合同。后经法官调解，双方和解，因此判决该公司向陈某一次性支付三万元作为经济赔偿。

在本案中，陈某既是劳动者，又是该公司的人事主管。用人单位因无法证明与陈某已经签订合同，所以要承担法律责任，但根据现在国内劳工合同案件类型增多，在审理涉及高管的劳动合同争议案件时，有必要综合考虑高管的职权、岗位职责等工作因素来认定由谁承担法律后果，用人单位可以证明签订劳动合同属于该劳动者职责范围，也可主张劳动者应负相应的法律责任。如果是普通劳动者，用人单位要按照《劳动合同法》承担相应的法律责任。

法条链接

《中华人民共和国劳动合同法》

第四十六条 用人单位未依法为劳动者缴纳社会保险的，用人单位应向劳动者支付经济补偿。同时，如果这种情况下员工发生工伤，那么用人单位须自行承担全部工伤待遇。

第八十二条 用人单位违反本法不与劳动者订立无固定期限劳动合同的，自应当订立无固定期限劳动合同之日起向劳动者每月支付两倍的工资。

第四节　知识产权法律风险防范

知识产权是增强公司竞争力的重要无形资产，包括企业商标权、专利权、著作权、商业秘密等。知识产权具有价值易变性，容易受侵犯，所以保护好知识产权，增强企业法律风险应对能力，至关重要。

（一）常见的知识产权法律风险

明确在知识产权可能会面临的法律风险，企业就可以通过法律的保护，以及采取相应措施，免受损失。具体来讲，在知识产权方面主要包括以下几类法律风险。

1. 专利侵权的法律风险

专利权是法律赋予申请人实施发明创造的权利，企业须利用专利生产经营，而其他企业要想实施专利，必须得到专利权人的许可，并按照双方协议支付费用，否则就是侵权。

2. 著作权的法律风险

著作权，是指作者和其他著作权人对文学、艺术和科学工程作品所享有的各项专有权利。法律规定，企业在著作权方面可能发生的侵权行为包括：企业未经著作权人许可，发表其作品或者未经合作作者许可，将与他人合作创作的作品当做自己单独创作的作品发表的；没有参加创作，为谋取个人名利，在他人作品上署名的；歪曲、篡改他人作品的；剽窃他人作品的；未经出版者许可，使用其出版的图书、期刊的版式设计的；未经表演者许可，从现场直播或者公开传送其现场表演，或者录制其表演的等。

这些侵权行为要根据具体情况承担停止侵害、消除影响、赔礼道歉、赔偿损失等民事责任；损害公共利益的，可以由著作权行政管理部门责令停止侵权行为，没收违法所得，没收、销毁侵权复制品，并可处以罚款；情节严重的，如果构成犯罪的，还会依法追究刑事责任。

3. 知识产权出资投资中的法律风险

知识产权的评估价值关系到市场应用及其盈利价值，如果企业在评估过程中，审核高新技术前期开发费用不实，对同类产品或技术的市场风险预测不准确，市场潜力和价值分析出现偏差，后续开发费用投入预测失当，那么技术出资方将在知识产权价值保护上承受重大不利。

4. 企业经营过程中的法律风险

企业在转让技术中，如果利用包销条款欺诈受让方、变相高价出卖设备、已转让技术进行再转让、利用不实报道进行欺诈，那么转让方企业的信誉就会受损，所以企业在签订合同时，为了防止风险发生，要选择那些信誉度高的客户作为交易伙伴。

5. 注册商标的法律风险

企业在注册商标时一定要进行查询，如果不进行查询，与其他商标出现相似或者相同，那么商标根本无法注册。另外，查询商标也有盲期，盲期的时间以商标局数据录入时间为准，查询盲期为6个月左右。如果在盲期内，即使有人和你申请相同的商标，也是查询不到的。

在商标的审查阶段，如果未注册的商标出现与其他商标近似，商标就会被审查员驳回。在商标公告与异议方面，商标公告期为三个月，如果在这期间，出现商标类似、商标抢注、侵犯某个体利益等问题，商标就无法注册，并且还有可能会面临法律纠纷。

以案说法

企业注册地名商标一直未使用。这种行为是否属于恶意抢注？

2011年7月8日，张全向国家工商行政管理总局商标局申请注册"亚龙湾"商标，注册内容涉及了所有与旅游有关的项目，比如：饭店、旅游出租、不动产开发等。不久，张全便获国家工商行政管理总局商标局核准，成功注册了"亚龙湾"商标。

2015年10月，当地人民政府一直致力将亚龙湾打造为"国家海岸"国际休闲度假区，终于获国务院批准。于是，当地政府开始正式投资建设亚龙湾，但亚龙湾管委会被告知，"亚龙湾"作为商标已经被张全注册了。亚龙湾管委会没有想到地名居然被注册成商标，为了不影响亚龙湾的后续开发建设，亚龙湾管委会以张全恶意抢注商标为由，向国家工商行政管理总局商标评审委员会提出申请，要求撤销张全注册的"亚龙湾"商标。

面对亚龙湾管委会提出的争议商标撤销申请，张全认为亚龙湾作为县级以下地名，可以将其注册为商标，而且自己申请注册商标四年，是先注，不是抢注，符合商标法遵循在先注册的原则。亚龙湾管委会认为，张全申请注册亚龙湾的时间点，在政府公布亚龙湾开发计划之后，张全申请注册亚龙湾是有利可图的，而且申请商标后，张全一直没有使用。

审理结果

国家工商总局商标评委员会经审理调查认为，商标注册先注和商标抢注不能仅凭注册时间先后来判断，当地政府早已对亚龙湾进行规划开发，具有一定的商业价值，张全得知此消息后注册这一商标，看重的是亚龙湾的商业价值，而不是地名，而且张全自注册之日以来并没有使用这一商标。因此，国家工商总局商标评审委员会最终判决，撤销张全以不正当手段抢先注册的"亚龙湾"商标。

法条链接

《中华人民共和国商标法》

第十条　下列标志不得作为商标使用：

（一）同中华人民共和国的国家名称、国旗、国徽、军旗、勋章相同或者近似的，以及同中央国家机关所在地特定地点的名称或者标志性建筑物的名称、图形相同的；

（二）同外国的国家名称、国旗、国徽、军旗相同或者近似的，但该国政府同意的除外；

县级以上行政区划的地名或者公众知晓的外国地名，不得作为商标。但是，地名具有其他含义或者作为集体商标、证明商标组成部分的除外；已经注册的使用地名的商标继续有效。

（二）知识产权法律风险防控措

造成企业知识产权面临法律风险的原因主要是企业在生产经营过程中，一味地追求经济利益，过于重视生产经营，忽视对知识产权的保护意识。大部分企业又没有建立合理完善系统的管理体制，发现问题，也没有办法采取有效的措施解决问题。所以如何采取有效的手段预防保护知识产权的法律风险是企业所面临的重要问题。

1. 提高企业领导者及员工的风险防范意识

作为企业的管理者，应该树立正确的知识产权保护与法律风险防范意识，学习知识产权方面的法律知识，定期对员工加以培训，把相关的工作落实到所有岗位的工作流程中，要坚持事前防范和事后维权工作相辅相成的原则。

2. 注重培养与引进知识产权管理人才

我国近年来培养的知识产权管理人才多数就职于外资企业和跨国公司，国内企业普通缺乏这方面的人才。针对这种情况，企业可挑选一些综合素质高的员工参加国家知识产权局、高等院校组织的知识产权业务培训，以提高企业内部人员的整体素质。

3. 加强对知识产权法律风险的动态评估

企业要加强对专利信息的搜索能力，在保护自己的同时，也要避免侵犯他人的知识产权。比如，可以利用国家知识产权局的专利文献信息查询系统，避免重复研发技术和引起专利纠纷。国际工商总局网上商标信息查询系统可以帮助企业全面监控信息商标动态，保护自身商标权不受侵害。

4. 企业要制订保护知识产权的相关制度

建立有关知识产权的制度在发达国家中已经司空见惯，国内的企业也可以结合自身性质和经营目标建立自己的知识产权保护体系。具体来讲，企业的知识产权管理制度可以包括专利和商标的管理制度、技术合同的管理制度、保密制度及知识产权档案制度。当然，拥有自己的企业知识产权法律顾问，是建立健全知识产权法律风险防范机制的重要组织保障。

以案说法

公司未经相关部门批准，也未取得经营许可证，销售假冒注册商标的伪劣产品，将承担哪些责任？

2014年3月起至2015年6月间，被告人于某在未经药品监督管理部门批准及未取得《药品经营许可证》的情况下，为谋取非法利益，以每粒人民币5元的价格购入某假冒伪劣药品，而该药品已被美国A制药公司注册商标。而后于某通过网络联系方式，再以每粒1.2~1.5美元的价格先后4次将上述假冒药品向他人销售，共计14030粒，销售金额共计人民币13余万元。

2015年6月14日，于某被刑事拘留，同年7月12日被逮捕。公诉机关指控被告人于某犯非法经营罪。

审理结果

法院经审理认为，本案被告人于某销售假冒药品的行为既侵犯了药品管理制度，侵害了公民的身体健康，也是对我国知识产权保护制度的侵害，更是对社会主义市场经济秩序的破坏。被告人于某在没有药品经营许可证的情况下非法销售假冒药品，扰乱市场秩序，情节严重，其行为已构成非法经营罪。根据《最高人民法院、最高人民检察院关于办理生产、销售伪劣商品刑事案件具体应用法律若干问题的解释》第十条的规定，实施生产、销售伪劣商品犯罪，同时构成侵犯知识产权、非法经营等其他犯罪的，依照处罚较重的规定定罪处罚。因此，被告人于某犯非法经营罪，判处有期徒刑两年，并处罚金人民币15万元，违法所得予以没收。

法条链接

《中华人民共和国刑法》

第二百一十四条 销售明知是假冒注册商标的商品，销售金额数额较大的，处三年以下有期徒刑或拘役，并处或单处罚金；销售金额数额巨大的，处三年以上七年以下有期徒刑，并处罚金。

第五节 并购过程中的法律风险防控

随着市场经济的高速发展，优势企业吞并劣势企业的现象变得十分普遍，这也大大提高了社会范围内资源的有效利用率。而目前许多企业在实施并购过程中存在诸多问题，影响了企业稳定发展，比如决策不明智、运作不规范、内容不合法等，这些都会导致企业不能达到并购的目的，同时企业防范法律风险机制不完善也是让企业并购不能顺利进行的主要原因。

（一）并购的法律风险

企业实施并购的整个过程中法律风险无处不在，主要包括并购前的决策、并购的实施阶段及并购整合的法律风险。

1. 并购前目标公司信息方面的法律风险

国内企业在并购前须对目标公司进行信息收集和分析，比如股权信息、资产信息、负债信息、经营和治理等信息，如果吝啬这方面的费用，并购各方信息不对称，那么企业掌握的错误信息所导致的后果是不可估量的。

在现实生活中，有些出让方往往会对目标公司进行商品包装，并向并购方隐瞒一些不利信息，过分夸大利好信息，而并购方也经常过分夸大自己的并购实力，给出让方制造一个期望空间，这样，双方信息披露都存在严重失真的情况。所以，在并购过程中，经常有企业盲然行为，最终导致失败，或者是交易后，且才发现上当受骗了。这样的案例比比皆是。

2. 并购后股权控制权方面的法律风险

如果被并购的目标公司的股权过分分散，并购后如果并购方在目标公司中只是相对控股，很容易造成其他股东一致行动、联手操纵表决将并购方逐出董事会从而控制目标公司的情形。所以，并购中要尽量争取股权的控制权，如果股东会召集人未按规定的程序召集会议、未允许股东行使有关权利，或者决议的内容违反法律、章程或社会公共利益，那么股东会的决议就属于无效的或应撤销的决议。对于股东会、董事会的决议违反法律、行政法规，侵犯股东合法权益的，并购方成为股东后可以向人民法院提起要求停止该违法行为和侵害行为的诉讼。

3. 并购后股权转让方面的法律风险

在股权转让协议签署过程中，如果受让方错误地与目标公司签订股权转让合同，而不是与目标公司的股东签订，就会造成合同不能履行。还有一种风险就是股权瑕疵风险，此种风险主要源于股东未出资、股权被采取司法限制措施、已转让的股权再次转让等情况，这些都有可能会影响股权的质量和价值。

如果目标公司股权转让未经全体股东过半数同意，或者转让过程中侵犯了其他股东的合法权益，错误地将股权转让金支付给目标公司，而不是出让股权的股东。实际上，股权转让合同签署后，这并不代表受让方就能成为目标公司的股东。如果不及时办理股权过户手续，就会给出让方将股权"一女二嫁"创造机会，从而使受让方不仅浪费了人力和物力，还错失了商机。

以案说法

2014年10月22日，由于王某帮助甲公司完成相关项目的批准手续，因而成为甲公司的股东，拥有1%的股权。2015年6月8日，通过招商引资，甲公司控股股东通过股东会决议，将其股权转让给乙公司，由此，乙公司成了甲公司的控股股东，王某仍持有1%的股权。乙公司成为控股股东后，停止了与王某及其工作团队的工作。

2015年6月23日，为了排斥王某的表决权，乙公司找来了李某作为该公司的"董事"，并要求王某同意李某决策公司的一切事宜。双方发生争议后，该公司的任何会议和事项都不通知王某，以此阻碍王某参与决策，以行使股东权益。2015年9月15日，王某请求甲公司和乙公司按合同的价格收购其名下的股权，却遭到拒绝。于是，王某向人民法院提出申诉。

审理结果

人民法院经审理认为，王某向法院起诉的时间是2015年9月15日，而甲公司控股股东向乙公司转让股权的时间为2015年6月8日，根据相关法律王某的起诉已超过九十日的法定期限，其股权收购请求权丧失。所以，人民法院驳回了王某的诉讼请求。

法条链接

《中华人民共和国公司法》

第七十四条　有下列情形之一的，对股东会该项决议投反对票的股东可以请求公司按照合理的价格收购其股权：

（一）公司连续五年不向股东分配利润，而公司该五年连续盈利，并且符合本法规定的分配利润条件的；

（二）公司合并、分立、转让主要财产的；

（三）公司章程规定的营业期限届满或者章程规定的其他解散事由出现，股东会会议通过决议修改章程使公司存续的。

自股东会会议决议通过之日起六十日内，股东与公司不能达成股权收购协议的，股东可以自股东会会议决议通过之日起九十日内向人民法院提起诉讼。

（二）企业并购的法律风险防控措施

与企业内部资本积累相比，并购是民企实现快速扩张的重要手段。然而，实现并购并非是一个简单交易的过程，在并购的过程中往往潜藏大量的法律风险和陷阱，如果能够防范其中的法律风险，将对企业成功并购具有关键意义。那么，对于民企来说，在并购过程中，如何采取有效的措施规避法律风险呢？

1. 信息法律风险防控措施

对于信息法律风险防范，企业可以通过合法高效的方法来获取真实、全面的信息，排除那些错误、虚假的信息，确认或修正那些片面、有偏差的信息。一般来说，信息法律风险防控措施主要有主动方式和被动方式两种。其中，主动方式就是并购方主动进行审查评鉴。也就是说，并购方认真调查与评估目标公司的外部环境和内部情况，并从中发现、了解和评估目标公司的现状与潜在风险。被动方式就是由目标公司自行披露信息，也就是说，目标公司可以根据并购方的要求或法律的相关规定，将本公司的实际情况真实、完整、不会产生误导地披露，并保证。同时，出让方也应该审查评鉴并购方。只有这样，并购方才能全面了解目标公司及出让方的资信情况，以及相关风险，而出让方也可以充分了解并购方的经营能力及交易诚意。

在这种情况下，在签订并购协议之前，双方才能科学地确定各项协议条款，而在签订并购协议之后，双方也可以根据具体情况随时调整并购策略和协议条款。同时，一旦发现对方资信情况或承诺与实际情况严重不符时，也能及时采取相应的措施，从而有效避免企业潜在的风险和不必要的损失。

2. 并购中企业控制权争夺的风险防控

在并购过程中，应尽量争取企业控制权。获得控制权的最直接的方法就是取得控股权，但控股权的本质和目的是对企业的控制权，并购过程中应该注意目标公司董事长的权利问题，有的企业在章程中赋予董事长在重大紧急情况下对企业事务行驶特别裁决权和处置权，并购方要对此提高警惕，如果并购方董事不能在目标公司担任董事长，则应该取消该规定，按照合理的要求予以调整。

3. 债权转让的风险防范措施

在债权转让过程中，应进行债务人确认，它虽不是债权转让的条件，但根据合同法的相关规定，债权转让只须通知债务人便有效成立。然而，所转让的债权主要依靠债务人清偿，只有预先了解债务人的态度，才能保证转让债权顺利进行。

除此之外，要有债权人担保，同时还要落实从权利的权利，因为并非所有的权利都可自然转让。有些从权利可随债权自然转让，比如留置权；有些从权利必须履行变更抵押登记手续，转让才能生效，比如抵押权；有些从权利须保证人认可才能转让，比如保证措施。总之，对于受让人来说，债权转让的风险比较多，为了防范债权风险，保护自己的合法权益，在转让过程中，尽量多做调查核实工作，多采取一些保证措施。

以案说法

企业法人通过注销公司来逃避债务，是否承担法律责任？

2009年12月9日，文某等人投资成立甲公司，文某为该公司董事长。2010年10月至2012年4月，张某为甲公司承建了值班室等多项基础工程，在这期间，甲公司也支付了部分工程款。2011年10月，双方核对后，该公司还有9万元工程款未支付。2012年3月22日，赵某收购了该公司部分股东的股份，成为该公司董事长。之后，张某曾多次要求该公司支付剩余工程款，却遭到该公司拒绝。

2014年12月27日，张某向人民法院提出申诉，要求该公司支付剩余工程款。同年12月30日，该公司收到了诉状副本及其他应诉材料。2015年2月3日，文某、赵某向当地工商行政管理局申请注销该公司，并提供了两人签名的《股东会决议书》和《清算报告》，这两份材料都注明了"公司债权债务已全部结清"。同年2月4日，工商行政管理局根据文某、赵某提供的相关材料对该公司予以注销。

审理结果

人民法院审理后认为，张某多次向甲公司催款，且向人民法院起诉，该公司已经收到诉状副本及其他应诉材料，文某、赵某作为该公司的法定代表人及主要股东对此事应该是知道的。在诉讼期间，文某、赵某向工商部门提交的《股东会决议书》和《清算报告》都注明"公司债权债务已全部结清"，而张某的工程款并没有计入公司债务，可以认定该《清算报告》是虚假的，因而可以认定文某、赵某在公司注销过程中有过错，使公司被注销。

根据相关法律规定，有限责任公司的股东利用有限责任公司的性质规避公司债务，给债权人造成损失的，应由公司股东承担相应的赔偿责任。所以，人民法院最终判决，文某、赵某应立即支付张某工程款9万元及相应的利息。

法条链接

《中华人民共和国合同法》

第七十九条 债权人可以将合同的权利全部或者部分转让给第三人，但有下列情形之一的除外：

（一）根据合同性质不得转让；

（二）按照当事人约定不得转让；

（三）依照法律规定不得转让。

第六节　企业财务法律风险防控

财务管理是企业最重要的管理活动之一，在进行财务活动时，由于受到内外环境以及各种可控、不可控因素的影响，企业很可能会面临各种财务法律风险。而一旦出现，它就可能会对企业的生产经营产生重大影响。因此，如何客观正确地分析和认识财务法律风险，并采取有效的措施控制，已经成为企业急需解决的重要问题。

（一）企业财务法律风险

财务风险是现代企业面临市场经济竞争的必然产物。很多企业在财务方面也存在诸多问题，比如负债过多，融资成本高；企业领导人投资盲目，加大了经营风险及财务风险；企业在财务管理环节薄弱，出现越权管理，缺乏科学性等，这些企业所面临的财务现状引发了各种法律风险。

1. 财务人员的法律风险

在企业的运营过程中，财务人员起到了非常重要的作用，企业从创立到经营、从决策到管理各方面都离不开财务的支持。随着市场经济体制的不断完善，财务人员逐渐成为企业利益的分配者。处于各方利益交汇点的财务人员被企业赋予了相当重要的职责。正是由于财务人员的重要性，在各类经济犯罪中财务人员经常被推向风口浪尖，使企业与财务人员本身都处于危险之中。基于财务人员的这些职业特点，我们必须提高对财务人员的法律风险的重视度，清楚全面地了解财务人员法律风险并努力防范这种风险。

财务人员的法律风险主要是指财务人员在执业过程中被迫或无意而产生犯罪的风险，根据以上定义，常见的财务人员法律风险主要有：职务侵占罪、贪污罪、受贿罪、行贿罪、挪用资金罪、提供虚假财务报务罪、偷税罪等。

2. 财务实操中的法律风险

企业内部的财务问题会直接影响企业的正常经营运转，如果财务部门没有依法进行税务登记，尚未按期足额履行纳税申报义务，如果没有按期交纳相关税金，甚至存在偷税漏税行为，发票领用、填开、核销手续也不完善，这些财务风险将承担行政法律责任。

企业资产无法正常和确定地转移现金，企业无法正常履行债务和付现，情节严重者企业需要承担相应的法律责任。账款发生或回收过程中，如果应收账款催讨不力企业也将面临法律风险。如果欠款企业存在重大经济纠纷或经营不利，甚至破产，丧失偿还能力，企业将很难收回欠款。应收账款的诉讼时效是2年，如果不能及时催讨，便丧失胜诉权。

3. 融资过程中的法律风险

企业在发展过程中面临着各种融资的困境，有的企业迫于压力，急于获取资金，融资的风险可能是外在的虚假投资方的诈骗行为，可能是真实投资方为规避自身风险而将投资及经营风险完全转嫁给企业家的行为，有的公司发起人、股东违反公司法的规定未交付货币、实物或者未转移财产权，虚假出资，或者在企业成立后又抽逃其出资。这些企业误以为国家不再追究虚假出资、抽逃出资罪了，进而随意抽逃出资、虚假出资，从而引发企业重大法律风险。还有的企业盲目认为不需要实际缴纳注册资本，只要注册的资本金越高越好，其实注册资本金高的企业一般意味着更强的经营能力和更高的承担民事责任的能力。

企业融资过程中的法律风险有哪些？

2009年12月14日，张某、李某与案外人赵某共同投资成立了某机械设备公司，公司注册资本为100万元，张某为法定代表人，其中张某出资70万元，李某和赵某各出资15万元。当天，在办理该机械设备公司设立登记过程中，张某、李某、赵某分别向开立于广东省农村合作银行的验资账户中以货币方式缴纳了足额的投资款。

2009年12月16日，张某以借款名义从该机械公司的验资账户上转出95万元至其个人账户，同时以取现方式支取现金4.95万元作为备用金。经销商公司与该机械设备公司于2010年9月3日签订了《加工合同》二份。2010年12月24日，张某与该经销商签字确认，该机械设备公司尚欠经销商加工款为31.6651万元，之后，该设备公司支付给经销商2000元加工款，余款至今未付。该机械设备公司现因未参加工商年检，被吊销了营业执照。该经销商因此向法院提起诉讼。

审理结果

法院经审理认为，张某在经营该机械设备公司时，具有抽逃注册资本的行为，依照《合同法》第二百六十三条、《公司法》第三十六条、《最高人民法院关于适用〈中华人民共和国公司法〉若干问题的规定（三）》第十二条、第十四条第（二）款、《民事诉讼法》第六十四条第一款、第一百四十四条之规定，该机械设备公司应于判决生效后十日内支付经销商加工款31.6651万元；张某对上述款项中机械设备公司不能清偿的部分承担补充赔偿责任；驳回经销商的其他诉讼请求。

为了防范刑事责任风险，对于暂不实行注册资本认缴登记制的行业不得有虚报注册资本、虚假出资、抽逃注册资本的行为。对于已经实行认缴制的公司，已经有虚报注册资本、虚假出资、抽逃注册资本的行为的，应当及时予以补足。

法条链接

《中华人民共和国合同法》

第二百三十一条 因不可归责于承租人的事由，致使租赁物部分或者全部毁损、灭失的，承租人可以要求减少租金或者不支付租金；因租赁物部分或者全部毁损、灭失，致使不能实现合同目的的，承租人可以解除合同。

《中华人民共和国民事诉讼法》

第六十四条 当事人对自己提出的主张，有责任提供证据。当事人及其诉讼代理人因客观原因不能自行收集的证据，或者人民法院认为审理案件需要的证据，人民法院应当调查收集。

（二）企业财务法律风险防控措施

在市场经济条件下，企业的正常运转，离不开财务这一环节，所以企业必须加强风险防范，努力把财务法律风险降到最低。在财务管理的各个环节中，企业的经营者、管理者以及财务人员都必须实施有效风险防范措施。为了确保企业的生存和可持续发展，就必须实时了解企业财务运营状况，优化企业财务结构，规避财务法律风险，才能有效地改善企业的不良经营状况。

1. 强化风险意识

财务法律风险存在于企业的各个管理环节，企业应该加强财务管理者的风险意识，同时建立有效的风险防范机制和制度，明确权责。

2. 建立完善的财务管理体系

一个企业要想长期有序地发展，就要设立高效的财务管理机构，配备高素质的财务管理人才，明确全面风险管理部门职能，并且成立由企业财务管理部门、内部审计部门、法律事务部门组成的领导机构。

3. 建立内部控制机构

建立起完善的内部控制机构，不同岗位间互相分离，相互制衡；实施内部牵制制度，对不相容的岗位实行相互分离、相互制约；建立财务人员回避制度；财务管理人员的配偶、姻亲等直系亲属不得担任出纳人员；规范货币资金使用制度，严禁擅自挪用；严禁收入不入账；财务支付款项所需印章应由多人保管，互相监督；采购与付款、销售与收款业务中不得由同一部门或个人办理；销售收入要及时入账。谨防公司、企业、其他单位人员利用职务上的便利，索取他人财务或者非法收受他人财物，为他人谋取利益的行为。

案例分析

非国家工作人员受贿应该如何处理？

北京某建筑公司原项目经理李某利用负责一个商厦项目工程的职务便利，向分包防水工程的公司法定代表人王某索要人民币10万元，否则将防水工程项目分包给其他公司做，王某被逼无奈给了李某10万元。后来李某被人举报，经过公安机关侦查，李某向王某索要钱财的情况属实，遂移送检察院审查起诉。

审理结果

法院经审理认为，本案中李某作为公司项目经理，利用职务上的便利，索取他人的财物，已经违反国家规定，根据《刑法》第163条规定，公司、企业或者其他单位的工作人员利用职务上的便利，索取他人财物或者非法收受他人财物，为他人谋取利益，数额较大的，处五年以下有期徒刑或者拘役；数额巨大的，处五年以上有期徒刑，可以并处没收财产。因此收受各种名义的回扣、手续费，以非国家工作人员受贿罪判处李某有期徒刑两年。

法条链接

《中华人民共和国刑法》

第一百六十三条　公司、企业或者其他单位的工作人员利用职务上的便利，索取他人财物或者非法收受他人财物，为他人谋取利益，数额较大的，处五年以下有期徒刑或者拘役；数额巨大的，处五年以上有期徒刑，可以并处没收财产。

公司、企业或者其他单位的工作人员在经济往来中，利用职务上的便利，违反国家规定，收受各种名义的回扣、手续费，归个人所有的，依照前款的规定处罚。

第七节　诉讼与仲裁阶段的法律风险防控

企业在日常运营过程中，难免会产生各种法律纠纷，在面临诉讼风险时，企业经理人、企业法务需要充分了解诉讼程序和诉讼技巧，才能使企业的合法权益不受侵犯。但实际上，很多企业为了赢得诉讼，既付出了很大的代价，又没有得到满意的诉讼结果。因此，企业不仅需要不断增强自己的法律意识，还要掌握合理的法律处理技巧。

（一）诉讼的法律风险

诉讼分为起诉、审理和执行三个阶段。每个阶段都不同程度地存在各种类型的诉讼风险，如果这些风险不能得到妥善的处理，将很有可能引发诉讼的失败。

1. 起诉阶段的法律风险

起诉阶段的诉讼风险，集中体现在原告身上，常见的有原告或被告身份形式上的不适合，争议内容不属于法院主管范围或非受诉法院管辖等，这些风险都是由当事人起诉行为引起的并且在法院审查受诉的时候就会使当事人处于不利地位。这部分风险在整个诉讼过程中所占比例相对较小，而其引发的后果往往是在庭审的相关步骤中才体现出来，并直接置自己于不利地位。

2. 审理阶段的法律风险

原告起诉或被告反诉，没有证据或证据不足的，负有举证责任的当事人应承担不利甚至败诉的后果。当事人虚假的证据不具有证明力，伪造证据、提供虚假证据触犯我国《民事诉讼法》第102条，严重者还可能触犯《刑法》，被追究刑事责任。

当事人提供的证据如果不是原始证据，将有可能不被采信并导致败诉；若证据是在境外形成的，还应履行相应的证据效力证明手续，否则会导致证据无效。当事人以侵害他人合法权益或者违反法律禁止性规定的方法取得的证据，不能作为认定案件事实的依据，当事人须承受证据无效的风险。

3. 执行阶段的法律风险

当事人及其代理人，如果一方不出庭，将承担相应的诉讼风险，证人不出庭将可能导致证言效力受损，当事人需要承担证据不充分或不确实而不被采信的风险。申请执行人无法定理由逾期申请的，将承担视为放弃申请执行，人民法院不予受理，当事人须承担丧失申请执行权的风险。申请人如不能提供被执行人的下落和财务状况，法院又无法查实被执行人可供执行财产的，申请人将承担暂缓执行甚至无法执行的风险。执行请求漏项，会导致未请求部分视为放弃的风险。执行请求的增加、变更，需要在执行期限内提出，逾期不予执行，将按照放弃权利处理。

以案说法

庭审过程中伪造证据该如何处罚？

2003年7月18日6时许，某镇村民李某与本村牛某因宅基地的出水问题引发争斗，李某将牛某的妻子小丽打成重伤，后李某被逮捕羁押。被告人王某是现场目击证人，并向公安机关作了证言，李某故意伤害案提起公诉后，李某的亲属找到王某，让王某为李某开脱罪责，被告人王某在法院开庭审理过程中，先后向法院和公安机关作了李某误伤其妻，李某无罪的证言，被告人王某的行为严重扰乱了正常的诉讼活动，因此公诉机关请求依法惩罚。

审理结果

法院经审理认为，被告人王某在刑事诉讼中，故意作虚假证明，意图隐匿罪证，使犯罪嫌疑人逃避法律追究，其行为已构成伪证罪，公诉机关指控的罪名成立，本院予以支持，依照《中华人民共和国刑法》第三百零五条之规定，判决如下：被告人王某犯伪证罪，判处有期徒刑一年。

民事伪证者侵犯的是被伪证者各种形式的权利，如工作和劳动的权利，给被伪证者造成了严重的伤害，且干扰了正常的法律秩序，浪费法律资源，蓄意挑战司法和法律公正，其对社会的危害性远远大于偷盗罪，依据我国《刑法》第14条的规定，明知自己的行为会对社会产生危害和造成不良后果，仍然希望或者放任这种结果发生，因此构成犯罪的属于故意犯罪。故意犯罪，应当负刑事责任。

法条链接

《中华人民共和国刑法》

第三百零六条　在刑事诉讼中，辩护人、诉讼代理人毁灭、伪造证据，帮助当事人毁灭、伪造证据，威胁、引诱证人违背事实改变证言或者作伪证的，处三年以下有期徒刑或者拘役;情节严重的，处三年以上七年以下有期徒刑。

（二）诉讼的法律风险防控

为了有效避免诉讼的法律风险，我们在明确了诉讼三个阶段可能存在的风险之后，还必须知道防控这些风险的措施。

1. 起诉阶段的风险防范

起诉阶段是整个诉讼活动的起始阶段，因为这个阶段的特殊性，很容易使原告放松警惕，以为一纸诉状提交上去就没问题了，把其他的程序都推给了对方，缺乏及时的风险审查和应对意识，给日后的诉讼活动带来障碍和影响。决定起诉之后，原告需要全面审视每一个步骤，通过正确选择被告和制定合理的诉讼请求抢占诉讼先机，将诉讼引向到对自己有利的方向。

2. 审理阶段的风险防范

一个案件举证风险的防范总体上应遵循"分析预警方案评估防范"的步骤和合理合法、敏感高效的原则，首先进行证据的收集，在专业律师的指导下根据案件采取的诉讼策略列好证据清单，整理好证据，关键是有计划地提交，避免因证据的疏漏造成举证不力。

3. 执行阶段的风险防控

若想让判决正确并及时地执行，在申请执行过程中需要注意以下几个要点：

（1）知道案件执行的管辖法院。我国《民事诉讼法》规定：发生法律效力的民事判决、裁定，以及刑事判决、裁定中的财产部分，由第一审人民法院负责执行。

（2）法院受理执行的条件：①申请或移送执行的法律文书已经生效；②申请执行人是生效法律文书确定的权利人或其继承人、权利承受人；③申请执行人在法定期限内提出申请；④申请执行的法律文书有给付内容，且执行标的和被执行人明确；⑤义务人在生效法律文书确定的期限内未履行义务；⑥属于受申请执行的人民法院管辖。

（3）向法院申请执行需要提交：①申请执行书；②作为执行根据的生效法律文书；③申请执行人的身份证明；④继承人或者权利承受人申请执行的，应当交继承或者承受权利的证明文件。

（4）先予执行。性质特殊的案件可以不经当事人申请，直接将案件的生效判决移送执行庭执行，例如涉及国家利益、社会利益和妇女、儿童、老人的生活急需等案件，都是属于判决一经做出就立即执行的。

以案说法

法院判决结果不立即执行该承担怎样的法律后果？

杭州市萧山区人民检察院指控：被告人徐某于2010年到2012年向杭州市某饲料公司购买饲料，尚欠饲料款9万元未付，2013年5月，杭州市某饲料公司向人民法院提出诉讼保全申请。同年，杭州市人民法院作出对被告人徐某价值8万元的财产诉讼保全民事裁定书，对被告人徐某所养殖的

2000只鹅和15000只鸭进行了诉讼保全，同时告知其上述财产变卖后必须用于支付杭州某饲料有限公司的货款。但被告人徐某在判决生效后逾期拒不履行判决，对杭州市人民法院的限期执行通知书不加理睬，反而将查封的部分家禽予以变卖，所得款项支付给他人，致使判决无法执行。

审理结果

法院经审理认为，被告人徐某在法院的判决、裁定生效后，将法院查封的财产予以变卖，所得款项支付给他人，而对人民法院已经发生法律效力的判决、裁定，有能力执行而拒不执行，造成法院的判决无法执行，情节严重，其行为已经构成了拒不执行判决、裁定罪。公诉机关指控罪名成立，适用法律正确。为打击犯罪，维护司法秩序，依照《中华人民共和国刑法》第三百一十三条之规定，判决如下：被告人徐某犯拒不执行判决、裁定罪，判处有期徒刑二年（刑期从判决执行之日起计算。判决执行以前先行羁押的，羁押一日折抵刑期一日）。

从本案中可以明显看出，徐某的行为不同于其他刑事犯罪，被告人未履行民事判决，如果司法拘留可以使其认错悔改，就不用追究刑事责任，当民事案件中被执行人有能力执行却拒不执行且拒不悔改时，执行法院在这种情况下可以启动刑事诉讼程序给予其刑事处罚。

法条链接

《中华人民共和国刑法》

第三百一十三条 对人民法院的判决、裁定有能力执行而拒不执行，情节严重的，处三年以下有期徒刑、拘役或者罚金；情节特别严重的，处三年以上七年以下有期徒刑，并处罚金。

（三）仲裁的法律风险

仲裁是市场经济发展到一定阶段的必然产物，但是随着市场经济的深入发展和人们依法办事意识的提高，再加上仲裁自身的局限性和难以克服的缺点，所以就出现了仲裁风险，正确理解和区别这种险别，对于降低仲裁成本，避开风险的发生有着重要的意义。

1. 当事人申请仲裁不符合法律规定条件的风险

对于不符合法定条件的仲裁申请，仲裁委员会不予受理。因为根据"不告不理"的原则，对未提出的仲裁请求仲裁庭不会审理。当事人提出的仲裁请求要适当，不要随意扩大仲裁请求范围；无根据的仲裁请求，当事人得不到仲裁庭的支持，还要负担相应的仲裁费用。

2. 超过一定期限或时效的法律风险

当事人增加、变更仲裁请求或者提出反请求，超过仲裁委员会规定期限的，可能不被审理。如根据《广州仲裁委员会仲裁规则》规定，当事人增加、变更仲裁请求或者提出反请求的，应在收到受理通知之日起15日内以书面形式提出。

3. 不按时出庭或中途退出仲裁庭

申请人经书面通知，无正当理由拒不到庭，或者未经仲裁庭许可中途退出仲裁庭的，仲裁庭将按自动撤回仲裁申请处理；被申请人提出反请求的，仲裁庭将对反请求内容缺席审理。被申请人经书面通知，无正当理由拒不到庭，或者未经仲裁庭许可中途退出仲裁庭的，仲裁庭将按缺席裁决。

以案说法

劳动仲裁时公司拒不出庭怎么办？

小李于2012年1月1日到某传媒公司工作，月工资2600元，2012年12月

15日该传媒公司将其辞退，未支付其解除劳动合同经济补偿金。其自2012年12月15日后未到该传媒公司工作，该传媒公司未支付其2012年12月1日至15日期间的工资。小李向劳动争议仲裁委提出仲裁申请，要求该传媒公司支付其2012年12月1日至15日的工资、2012年1月1日至2012年12月15日期间的法定节假日加班工资及解除劳动合同经济补偿金。庭审中，小李提交《劳动合同书》，《劳动合同书》表明小李于2012年1月1日到该传媒公司工作，该劳动合同期限为2012年1月1日至2012年12月31日，合同签字确认处落有该传媒公司公章。

仲裁委向该传媒公司送达了出庭通知书、举证通知书等法律文书。该传媒公司无正当理由未到庭，也未向仲裁委提交答辩书等材料。

审理结果

经劳动仲裁委员会裁决，该传媒公司未参加庭审，也未提交其单位的工资支付记录等相关材料，故仲裁委对小李提交的劳动合同予以采信，对小李称其月工资2600元，该传媒公司于2012年12月15日提出与其解除劳动合同、未支付其解除劳动合同经济补偿金、该传媒公司未支付其2012年1月1日至2012年12月15日期间法定节假日加班工资及2012年12月1日至15日期间工资的说法均予采信，对小李各项申诉均予支持。传媒公司应该在裁决后支付拖欠小李的工资。

律师点评

如果职工遇到劳资问题，职工被企业辞退，向劳动仲裁申诉，要求企业支付解除劳动合同经济补偿金及拖欠工资，因用人单位拒不到庭，也未向仲裁委提交答辩书等材料时，仲裁最终应该裁决企业支付拖欠劳动者的工资并给与一定的经济补偿。

法条链接

《中华人民共和国劳动争议调解仲裁法》

第三十六条规定 被申请人收到书面通知，无正当理由拒不到庭或者未经仲裁庭同意中途退庭的，可以缺席裁决。

《中华人民共和国劳动争议调解仲裁法》

第六条规定 发生劳动争议，当事人对自己提出的主张，有责任提供证据。与争议事项有关的证据属于用人单位掌握管理的，用人单位应当提供；用人单位不提供的，应当承担不利后果。

（四）仲裁的法律风险防控

仲裁活动虽然复杂，但其并不是没有规律可寻的，只要掌握了仲裁活动的内在规律，就可以使其简化，并且大部分仲裁风险都能得到有效的控制。

1. 仲裁准备阶段的防控措施

控制与防范仲裁风险的根本在于当事人和仲裁代理人的正确应对。第一，要做好仲裁准备工作，包括事实、证据和法律，这些是任何一个民事案件的重中之重，所以仲裁之前一定要将这些基础打牢，兵家讲的"兵马未动，粮草先行"正是这个道理，只有建立了稳固的基石，才能使自己立于不败之地。现实案例中，很多就是事实、证据和法律适用方面一个小小的疏忽导致了仲裁最后的失利。第二，要牢记各项仲裁活动的期限。逾期所引发的后果想必已不用赘述。最后，要了解可能导致仲裁风险的各种因素以及应对措施。"知己知彼，百战不殆"，当做到了对各种可能的仲裁风险了然于心，并且能够采取相应的对策，风险其实也就不那么险了。

2. 建立合理规范的制度，加强律师队伍的专业化

完善风险防范机制越来越重要。从广义上说，防范仲裁风险需要社会的力量，具体而言可以分为四个方面进行完善。第一，仲裁委员会采用风险提示制度，在当事人提交仲裁申请、进入仲裁程序之初即提醒当事人可能存在的各种风险。第二，由于仲裁的复杂性和专业性，适用普通程序审理的仲裁案件，为了更好地控制仲裁风险，律师代理是最好的选择。第三，加强律师队伍的专业化建设，提高律师的法律水平，提升律师的仲裁技能、技巧。第四，在律师事务所内部建立完善的仲裁风险防范制度以及办案全过程的质量控制体系。

3. 树立当事人仲裁观念，强化风险意识

对待仲裁风险，当事人应该正确看待，树立正确的仲裁观念，形成一定的风险意识。不管是诉讼还是仲裁，都有一定的风险性，在倡导用仲裁方式解决经济纠纷的同时，也要告诉人们正确、理性、认真地对待仲裁风险。人们需要形成这样一个观念：仲裁是解决经济纠纷的有效途径，但不是唯一的途径。此外，人们更应该认识到，虽然仲裁存在风险，但是只要认真对待，每个环节都做好充足准备，一定能够防范和控制住仲裁风险，实现仲裁目的。

以案说法

仲裁决定有问题，交于法院执行，法院能否不执行？

2010年5月4日，凤祥公司和张某签订了《工程承包合同书》。2015年11月10日，凤翔公司以无法按合同约定履行其义务，造成张某30多万元的损失为由，补偿给张某30万元，具体补偿方式是用其开发的两个商铺进行抵付。

2015年11月20日，张某向南京仲裁委员会提交仲裁申请书，请求裁决商铺归自己所有，南京仲裁委员会同意了他的请求。该裁决书生效后，张某向南京人民法院申请执行，法院审理后，执行局作出执行裁定书，将其中一个商铺登记至张某名下。

不久，王某和李某作为商铺的购买人，向南京人民法院提出了执行异议，因为两人早在2009年就分别与凤翔公司签订了《商品房购销合同》，约定购买上述商铺并付款，但凤翔公司一直拖延，至今还没有办理房产证。随后，人民法院介入审查，并初步判断仲裁裁决有可能存在错误，便依职权启动了仲裁司法审查程序，由民四庭以不予执行仲裁裁决案受理。

审理结果

人民法院经审查后认为，凤翔公司在将涉案商铺出售给他人的情况下，将此商铺给张某以抵扣工程款，凤翔公司存在明显的过错。另外，自项目实施至今已有五年，王某和李某实际使用至今，按常理可以判断，张某应知道商铺的情况，而张某和凤翔公司在仲裁中却没有向仲裁提交凤翔公司与企业存在房屋买卖合同关系的证据，以和解协议的方式处理了凤翔公司已出售的商铺，且抵扣价格低于市场价值，也低于双方协商抵扣的真实价款，由此可以认定张某与凤翔公司存在恶意串通损害他人合法权益的行为。因此，人民法院最终裁定不予执行该仲裁裁决。

法条链接

《中华人民共和国仲裁法》

第十八条　仲裁协议对仲裁事项或者仲裁委员会没有约定或者约定不明确的，当事人可以补充协议；达不成补充协议的，仲裁协议无效。

声明：本书由于出版时没有及时联系上作者，请版权原作者看到此声明后立即与中华工商联合出版社联系，联系电话：010-58302907，我们将及时处理相关事宜。